Édouard Petit
Inspecteur général de l'Instruction publique
Président de l'Union nationale des Mutualités scolaires

De l'École
à la Guerre

Paris, FÉLIX ALCAN, Éditeur

De l'École à la Guerre

DU MÊME AUTEUR

De l'École à la Cité. — De l'École au livre. — De l'École au métier. — De l'École à la cité. — De l'École au Congrès. — De l'École à la retraite. — Discours et Allocutions. — 1 volume in-16, broché, 3 fr. 50.(Paris, Alcan.)

La vie scolaire, 1 volume in-12, broché, 3 fr. 50. Relié pleine toile, 4 fr. (Paris. Alcide Picard.)

L'École de demain, 1 volume in-12, 3 fr. 50. (Paris, Alcide Picard.)

Eugène Pelletan, 1 volume in-12, 3 fr. 50. (A. Quillet.)

De l'École à la Guerre

par

ÉDOUARD PETIT

Inspecteur Général de l'Instruction Publique
Président de l'Union Nationale des Mutualités scolaires

L'École avant la Guerre.
L'École et les Œuvres de Guerre.
L'École et la Guerre. — Chez les adolescents.
Après la Guerre.

PARIS
LIBRAIRIE FÉLIX ALCAN
108, BOULEVARD SAINT-GERMAIN, PARIS
—
1916
Tous droits de reproduction, de traduction et d'adaptation
réservés pour tous pays.

AVANT-PROPOS

L'École, pendant la guerre, a conquis une place d'honneur dans l'armée et dans la cité.

D'une part, les instituteurs qui, dans ce qu'on a appelé « l'avant-guerre », avaient contribué, sans bruit, mais pratiquement, à la préparation militaire de la jeunesse ouvrière et rurale, comme à sa formation patriotique et civique, ont scellé de leur sang l' « Union sacrée [1] ».

D'autre part, institutrices, instituteurs, se sont dépensés, dévoués, sans répit, dans les multiples services de l'arrière : concours prêté aux Municipalités et aux Préfectures, assistance aux enfants, aux réfugiés, aux blessés, aux prisonniers, aux combattants. Ils ont compris, dès le début, le rôle, la mission qui incombait à l'école et ils ont su fournir, avec méthode, et avec passion,

---

1. Cf. *De l'école à la cité*. 1 vol. in-18. (Paris, F. Alcan.)

une aide à la fois matérielle et morale aux civils comme aux soldats.

Dans une série de tournées faites dans différentes régions de la France, il m'a été permis d'assister, surtout dans le sud-est, à l'émouvant et réconfortant spectacle que donnait l'Ecole travaillant pour la Patrie en guerre. Le soir, au gîte d'étape, j'ai noté les scènes où se reflétait le mieux l'âme des éducateurs et de l'enfance, de l'adolescence élevées par eux. La Revue pédagogique, *la* Revue de Jean Finot, *le* Journal des Instituteurs *que dirige M. A. Seignette, ont bien voulu publier ces Impressions rédigées sous la dictée des faits. L'on me demande de les réunir en volume et je me risque à le faire pour apporter mon humble contribution à la « Petite Histoire » de l'École dont quelques traits peuvent s'inscrire en marge de la grande histoire.*

E. P·

DE L'ÉCOLE A LA GUERRE

I

L'ÉCOLE AVANT LA GUERRE

La guerre a dissipé un préjugé, ou, si l'on veut, une erreur. L'École était, paraît-il, gagnée à des doctrines béatement humanitaires, donnait dans un pacifisme amollissant et démoralisant. De ce qu'elle ne prêchait pas la haine, la férocité, la sauvagerie barbare, on en concluait volontiers qu'elle développait, parmi l'enfance et l'adolescence, des instincts de préservation égoïste. Ces hommes, ces femmes d'École croyaient à la justice, au progrès. Ils faisaient, à côté de la raison, place au sentiment. Ils fondaient des Ligues de Bonté ; donc, ils étaient dupes et préparaient les générations nouvelles à s'endormir dans une confiance qui les conduirait droit à la défaite et à la ruine.

On oubliait que les bons sont les forts. On ne se rendait pas compte que si des milliers d'enseignants rêvaient le triomphe de la paix par le droit, — ce droit que les nations coalisées conquerront par l'épée, — ils portaient en eux, ils répandaient autour d'eux une admirable foi patriotique, ils ne cessaient d'inculquer à leurs disciples l'amour du pays natal. Il s'attachaient à célébrer sa gloire dans le passé, à exalter sa destinée historique. Chaque leçon passagère fortifiait le culte de la France éternelle.

L'on ignorait aussi que les jeunes instituteurs dont on suspectait les tendances, passaient par l'École Normale de Joinville, s'en assimilaient l'esprit, s'y exerçaient à la gymnastique, aux exercices physiques, au tir, qu'ils devenaient, à la sortie du régiment, d'excellents moniteurs encadrant les pupilles des Sociétés de Préparation militaire, les entraînant, les dressant à la défense et à l'attaque. C'est par les instituteurs, devenus sergents, officiers de réserve, qui se sont groupés autour des Cazalet, des Mérillon, des Adolphe Chéron, des Lattès, et de leurs collaborateurs militaires, qu'ont été formées les viriles promotions qui ont fait preuve de tant de courage, de tant d'endurance. L'exemple venait de l'École, de ses maîtres, était suivi par leurs élèves de la veille.

C'est l'École qui a donné une âme commune à ces armées nouvelles, instruites, convaincues, sachant pourquoi elles combattent, ayant la conscience du devoir qu'elles accomplissent, de la mission que leur confie la nation. C'est l'École qui a stimulé les dons d'initiative que l'on a si fort admirés sur le terrain quand il a fallu se décider vite, remplacer le chef absent. C'est l'École qui a développé chez les soldats de 1914 et de 1915 les vertus d'action solidaire ; qui, à l'encontre des hordes teutoniques disciplinées seulement par commandement, les a inclinés à l'acceptation volontaire de l'obéissance, à la confiance dans les chefs, à l'entr'aide dans l'épreuve. Les sentiments de mutuelle affection, la pratique du mutuel secours, gravés au profond des cœurs dans les heures de calme et de paix, se sont affirmés aussi, quand il a fallu marcher coude à coude, faire bloc contre l'ennemi, sous le feu des balles et des obus. Si l'Armée a le droit d'être fière des soldats qu'elle a exercés, l'École a droit d'être fière aussi des jeunes hommes dont elle a trempé les caractères et qu'elle a dressés vraiment, par un enseignement fraternel, à la fraternité des armes. Si l'on a pu dire, en 1870, que l'instituteur allemand avait, en répandant le savoir, assuré la victoire, il ne sera pas injuste d'ajouter qu'en 1914-1916 l'instituteur français aura collaboré au succès, en opposant au réalisme prussien, qui est barbare, l'idéalisme français, qui est humain.

LA PRÉPARATION MORALE

On entend répéter communément, depuis le début de la guerre : « Nous n'étions pas suffisamment prêts. Le 75 est excellent, mais les munitions n'étaient pas assez abondantes. L'artillerie lourde faisait défaut. » Et sur les causes de notre infériorité pour l'armement, les avis diffèrent dans les conversations — que la censure ne réprime pas et que n'inspire pas toujours l'Union sacrée.

Mais si la préparation matérielle, qui, au jour le jour, a été merveilleusement organisée, n'était pas au point, on a pu constater, dès la première heure, que la préparation morale avait pénétré profondément les masses populaires et avait permis que se réalisât l'Action sacrée.

D'aucuns, ou par intérêt ou par préjugé, allaient répétant : « Les factions s'entredéchirent dans le pays. On y tient école officiellement ouverte de doctrines qui affaiblissent les caractères ; on y donne dans un vague humanitarisme, qui nuit à la discipline, qui détruit les qualités militaires de la race. » Et d'autres Jérémies, enchérissant, et pour cause, sur la plainte, s'écriaient : « L'école dite neutre, donc l'école sans Dieu, la morale purement laïque, tue l'idéal. Au nom de quels principes, si une crise extérieure se produit, le peuple se défendra-t-il, lui que l'on incline à ne plus « croire à rien ? »

Or, ce peuple que l'on inclinait à « ne croire à rien », l'école l'incitait au contraire à croire au juste, au vrai, au beau, au bien. Elle cultivait en lui, le sentiment, tout en fortifiant sa raison. Elle lui enseignait le respect de la foi jurée, la droiture, l'horreur du mensonge, et aussi que, s'il ne faut pas attenter, par envie et par passion de conquête, aux droits des autres nations, il faut s'apprêter « à défendre sa patrie comme on défendrait une mère ». « Vivre libre ou mourir », c'est ce que proclamaient les pères, au temps de la Révolution. C'est ce que l'on répétait aux enfants.

Tel est l'enseignement qui s'est dégagé, depuis près d'un demi-siècle, et de la parole des maîtres et de la pensée enclose aux livres dont l'écolier de France absorbait la moelle.

Et d'avoir voulu et reçu cette culture, d'avoir fait fleurir en soi cet idéal humain de douceur, relevée de dignité, d'avoir cru à autre chose qu'à la haine et à la force, la France recueille aujourd'hui sa récompense, retire profit et gloire.

Sa préparation morale lui vaut d'exercer un pouvoir d'attraction qui fait accourir à elle des peuples se refusant à croire que le but de la vie, individuelle et collective, soit de tourner tous progrès à d'infernales inventions, destructrices de la civilisation.

L'idée, ou plutôt le sentiment mènera toujours le monde. La nation un peu utopiste, artiste et rêveuse, la nation idéaliste, voit marcher de toutes parts vers son étoile qui rayonne et réchauffe à la fois, les nations, secouant le joug de la race autoritaire et dominatrice, qui, sur la terre, agite une torche d'incendie. « La doulce France » et qui a su rester « doulce », ce qui ne l'empêche pas d'être forte, d'être héroïque, l'emporte dans les cœurs sur la barbare et dure Germanie.

La préparation morale fut bonne qui, toute rationnelle qu'elle était, réalisa ce qui fut, pour d'aucuns, le « miracle », — un miracle sans merveilleux, un miracle sans intervention surnaturelle, et qu'on pouvait prévoir, et qui est simplement le résultat normal d'une formation lente et sûre, résistante et souple, et qu'il faudra maintenir, surtout maintenant qu'elle a fait ses preuves.

Comme l'écrivait M. Albert Sarraut, dans son éloquente circulaire du 10 septembre 1915 :

« Si la nation armée a manifesté tant d'héroïsme et la population civile tant de haute discipline et d'abnégation, c'est sans doute que son moral avait été fortement préparé.

La France a pu improviser des munitions ; elle n'aurait pu improviser des âmes. La crise présente n'a pas prouvé seulement en faveur de l'éducation morale par l'école de la République ; elle a vérifié ce principe, jusque-là contesté, qu'il existe un fonds d'idées morales sur lequel peut se réaliser l'unanimité d'une nation. Ainsi l'union française passera du présent à l'avenir comme elle est passée des tranchées à l'école. »

DE LA DOCTRINE A L'ACTE

La doctrine de l'école avant la guerre était celle qu'avaient élaborée les Condorcet, les Lakanal. Les Duruy, les Jules Ferry, les Gréard, les Buisson l'avaient précisée, adaptée aux aspirations de l'âme contemporaine. Elle était noblement idéaliste. Elle tâchait de graver au profond des consciences le respect de la personne humaine, l'amour du droit, de la justice.

Ce qu'elle eût pu avoir d'un peu rigide et d'un peu froid avait été comme atténué, corrigé, depuis un quart de siècle, par l'influence de l'éducation sociale, qui avait pénétré peu à peu la discipline. Le sentiment avait réclamé sa place à côté de la raison, et l'avait conquise. La théorie de la solidarité qu'avaient préconisée M. Léon Bourgeois et ses disciples, avait été discutée par les philosophes, mais acceptée par ceux qui enseignent l'enfance populaire. Elle avait mis de l'amitié et de la fraternité dans les cœurs. Du haut des chaires retentissaient les généreux préceptes de la morale vulgarisant l'Entr'aide : « Aimez-vous. Croyez à la bonté. Pratiquez-la. »

Mais si l'on répandait une doctrine empreinte de douceur et d'humanité, en regard, comme par une sorte d'entrevision d'événements qui pouvaient amener un brusque réveil, par souvenir aussi et par évocation des épreuves qu'avait subies la génération antérieure, la grande majorité des instituteurs développaient dans la génération qui monte, les qualités d'initiative et d'action inhérentes à la race. La grande masse des « éducateurs nationaux » pour leur donner le nom cher à la Convention, échappait à l'influence d'une avant-garde singulièrement active, mais moins suivie qu'elle ne le croyait et qui a, du reste, scellé de son sang l'union sacrée devant l'ennemi. Elle entretenait avec un soin jaloux la flamme du patriotisme, la foi dans l'idéal vraiment républicain, parmi les enfants et les adolescents. Elle secondait par prévoyance, avec une claire vision de l'avenir, l'effort des novateurs qui voulaient fortifier la race par la culture physique, des Cazalet, des Mérillon, des Chéron, des Démeny, des Tissié, des Bellan, des Hébert qui ont trouvé parmi les éducateurs du peuple des collaborateurs passionnés. L'appui des chefs, surtout celui de M. Liard, vice-recteur de l'Académie de Paris, ne manqua pas. La Ligue française de l'Enseignement, fidèle à la pensée d'Emmanuel Vauchez et de Jean Macé, dans tous ses congrès, pendant un demi-siècle, ne cessa d'inscrire à l'ordre du jour la question de la formation patriotique de la jeunesse française.

Quiconque suivait le développement des Sociétés de gymnastique, de tir, de préparation militaire, du triple apprentissage auquel on soumettait l'adolescence ouvrière et rurale accourant avec joie à l'appel de ceux qui en assumaient la noble tutelle, quiconque voyait avec quelle énergie, quel dévouement, quelle suite dans le labeur, les instituteurs s'appliquer à se transformer en instructeurs, était rassuré sur la véritable orientation donnée à l'école par ceux qui avaient la mission d'en diriger les destinées. Ce qu'était l'âme de l'école, ceux qui la voyaient directement, sans passer par les opinions et jugements qu'interposaient les intérêts, les passions et les préjugés, le savaient.

L'optimisme n'était pas de commande qui affirmait sa confiance dans les éducateurs nationaux, — et dans ce que M. Paul Lapie appelle la « pédagogie libérale »[1].

La Jeune Nation armée pratiquait les sports, apprenait le maniement du fusil, se rompait aux exercices militaires, mais se réclamait en même temps d'un généreux idéal. Elle avait conscience qu'elle obéissait à un double devoir. Elle satisfaisait à la double tâche que lui imposaient le péril du dehors et la nécessité de l'organisation solidaire, de l'entr'aide, — mais entre Français.

Quand la guerre a éclaté, quand la Barbarie, au

---

[1]. *La science de l'Éducation* par Paul Lapie (A. Colin.)

nom de l'égoïsme rationaliste, a voulu par la Force dompter le Droit, la Jeune Nation armée, formée physiquement et moralement à l'école et par l'école, a défendu la France, la civilisation, d'une part parce qu'elle s'était exercée au combat, de l'autre, parce qu'elle savait pourquoi, au nom de quelles idées, de quels sentiments, elle luttait. Elle a fait preuve d'un splendide courage parce qu'elle comprend pourquoi il lui faut être courageuse. L'action a été pensée et la pensée, sentiment. La réalité vivante s'est traduite en gloire à l'heure de bataille. Et ce fut ce qu'on a appelé le Miracle français, — dont on pouvait prévoir à coup sûr la logique merveille, préparée depuis près d'un demi-siècle, à la faveur de la Liberté.

On a beaucoup parlé, et, il faut le croire, avec un sincère étonnement, de France nouvelle, transformée, régénérée. Il n'y a pas eu brusque éclosion de vertus insoupçonnées. La culture en avait été lente et sûre, menée d'une main souple et patiente. L'épanouissement n'a pas surpris ceux qui attendaient l'heure propice pour la pleine floraison.

LA PRÉPARATION MATÉRIELLE
L'UNION DE L'ÉCOLE ET DE LA PATRIE[1]

MESDAMES, MESSIEURS,

M. Steeg, ministre de l'Instruction publique, devait présider votre fête. Retenu par d'impérieuses obliga-

---

1. Discours prononcé au Trocadéro (Novembre 1911) à la soirée de Gala offerte par l'Union des Sociétés de Préparation Militaire en réponse à un discours de M. Adolphe Chéron, président.

tions, il a délégué un de ses collaborateurs pour le représenter parmi vous. Il vous eût dit avec quel intérêt passionné il suivait vos travaux, avec quelle joie sincère il applaudit à vos succès et quels liens étroits doivent unir l'École et l' « Union des Sociétés de préparation militaire ».

L'École, Messieurs, peut vous remettre avec confiance les générations qui montent, car l' « Union » est digne de les abriter.

L' « Union » est, en effet, comme une École de santé physique et morale, qui enseigne à l'adolescence ouvrière et rurale la pratique des mâles vertus, la sobriété, la tempérance, l'équilibre où doivent s'harmoniser la force et l'intelligence, le vif élan du courage et le calme sûr et fort de la discipline.

L' « Union » est aussi l'École de patriotisme. Elle apprend aux promotions que conduit vers elle l'instituteur, à aimer la France, à mettre à son service énergie et patience, à se plier, pour elle, à un nécessaire entraînement. Elle fait comprendre et sentir à la jeunesse populaire qui entre dans ses rangs que le travail consenti, recherché volontairement pour se préparer à mieux servir sous les drapeaux, doit être joie, honneur, fierté vaillante.

L' « Union » est École de civisme. Elle forge des soldats pour le régiment. Elle forge des citoyens pour la République, car monitrice d'exercices rationnellement professés, elle sait être éducatrice. Elle donne à ses pupilles le pli de la Liberté qui sait respecter la Liberté d'autrui, de l'Égalité qui s'incline devant les supériorités reconnues, de la Fraternité s'appliquant à l'entr'aide effective dans la solidarité du travail collectif,

L' « Union », qui fait œuvre nationale, prolonge l'effort de l'école nationale, où déjà les caractères ont été habitués à l'obéissance, ont reçu l'empreinte de l'association organisée.

Aussi ne faut-il pas s'étonner que tant d'instituteurs soient devenus vos collaborateurs, car ils constatent, à l'user, que vous êtes l'union vraiment vivante entre l'école et l'armée, seconde école de la nation.

Ce qu'a fait l'instituteur français pour rendre la France de demain plus forte, plus sûrement prête à l'accomplissement du devoir militaire, couronnement du devoir scolaire, je l'ai pu voir en dépouillant les dossiers des propositions de récompense, adressées par l'administration universitaire en faveur des adeptes et des auxiliaires que vous comptez parmi les maîtres de l'enfance.

Oh! Messieurs, combien fut réconfortante la lecture des notices fournies par vos lauréats! Quelle ingéniosité, quelle verve inventive pour découvrir, aménager stands, champs de manœuvres, pour former les équipes, pour improviser les ressources! Quel généreux don de soi, malgré le surmenage imposé par la tâche quotidienne! Quel dévouement, quelle passion pour le bien public! Et quelle foi profonde dans l'avenir de la Patrie républicaine, quelle intensité de ferveur patriotique dénotait, en une heure de crise, toute cette dépense d'activité, à la fois ardente et réglée, enthousiaste et réfléchie!

Messieurs, l'alliance contractée entre l' « Union » et l'École ne se brisera pas.

Selon le plan que vous avez arrêté, la préparation militaire pénétrera de jour en jour davantage des villes dans les campagnes et, grâce aux associations d'anciens élèves, grâce aux œuvres post-scolaires, grâce aux instituteurs que l'école de Joinville forme pour leur mission, l'heure est proche où, dans les moindres communes rurales, les conscrits de demain, « ceux qui auront vingt ans », auront fait le nécessaire apprentissage qui rendra la France toujours plus forte et plus respectée.

Votre œuvre, Messieurs, est bonne et belle. J'ai assisté à ses débuts. J'ai suivi de près ses progrès dus à l'incessante propagande de votre président, à la fidélité, au labeur de ses compagnons d'armes.

Les sociétés qui, en 1884, ont pensé, voulu, réalisé l' « Union », doivent être satisfaites, puisqu'il vous a suffi de vingt-sept ans pour grouper plus de 1.100 associations affiliées.

Je ne saurais trop féliciter, trop remercier et les membres de vos conseils, et vos instructeurs. Je ne saurais trop féliciter les femmes, les mères de France qui, telles leurs devancières de la Révolution, vouent résolument leurs fils au culte sacré de la Patrie.

LES NOTRES

Ah ! certes, je ne me doutais pas, lorsque j'assistais, rue de la Sourdière, siège de l'Union des Sociétés de Préparation militaire, aux opérations du jury chargé de décerner les récompenses aux trois instituteurs qui, dans chaque département, s'étaient le plus particulièrement distingués comme moniteurs, que, si vite, la guerre serait déclarée et mettrait à l'épreuve leur savoir technique, qu'instructeurs et pupilles se retrouveraient au front et que, dans mes visites aux blessés, je retrouverais quelques-uns des lauréats !

Je revois la petite salle où nous consultions les dossiers, où nous rapprochions les notes. Il y avait là, animant le groupe de son entraînante conviction : Adolphe Chéron qui a précédé sa légion de « préparatistes », comme il les appelait, à la bataille, — MM. Augis, Bédorez, — dont un des fils a été fait prisonnier et dont l'autre : Jean Bédorez, qui, d'année en année, affirmait son talent de portraitiste, a succombé. Nous lisions tour à tour les appréciations données par les présidents des groupes, les directeurs des sections organisées dans les Associations d'anciens élèves, et nous nous efforcions de découvrir les mérites les plus solides. Et nous avions tous la même pensée en constatant les services rendus par cette élite d'instituteurs, d'éducateurs vraiment nationaux, consacrant leurs heures de loisir à la formation militaire de la jeunesse : « Comme tous ces hommes, si injustement accusés d'antimilitarisme, comprennent leur devoir patriotique ! Ah ! si leurs détracteurs systématiques étaient près de nous, s'ils pouvaient se rendre compte de l'intense et continuel effort qu'accomplissent les instituteurs devenus instructeurs volontaires ! Si une minorité, éprise d'idéalisme, a donné dans des doctrines pacifistes, a cru à l'arbitrage international, qui se recommandait d'ailleurs d'illustres et nobles patronages, la majorité fait preuve d'un robuste bon sens, voit clair et travaille ferme et droit pour armer les générations formées par l'école. »

Alors que d'autres s'endormaient dans l'enveloppement du bien-être et d'une trompeuse sécurité, les instituteurs, on ne saurait trop le répéter, et, avec eux, les officiers qui les encadraient, consacraient jeudis et dimanches à exercer les anciens élèves à la marche, au tir, au maniement du fusil. Dans mes tournées, je remarquais, surtout depuis cinq ans, que les Associations post-scolaires s'orientaient de plus en plus vers le sport, la culture physique, l'instruction militaire, et je notais le fait, comme caractéristique de l'époque, dans les rapports adressés au ministre de l'Instruction publique.

Était-ce désir de protester publiquement contre des accusations mensongères autant qu'intéressées, — car la guerre n'avait encore imposé ni union, ni apaisement? Était-ce prescience obscure des événements? On ne sait. Mais la préparation était intense, les corps et les esprits sûrement forgés. Partout, au nord, au midi, on me montrait des stands, on me faisait assister à des exercices, à des défilés. Hugues Le Roux, dont le fils est tombé glorieusement au front d'honneur, revoit toujours en pensée, comme moi, la belle revue de jeunes gens se déroulant dans les rues de Roubaix... qui alors était en fête.

Instructeurs et disciples se sont courageusement battus, ont rivalisé d'ardeur et d'endurance, de patiente énergie. Vite ils ont conquis des grades et vite ils ont arrosé bien souvent leurs galons de leur sang.

J'en ai revu, dans mes visites aux hôpitaux, qui étaient, ou blessés, ou malades, ou convalescents, et j'ai eu la joie d'être reconnu par plus d'un d'entre eux que j'empêchai de se soulever sur son lit pour me tendre la main, parfois trouée d'une balle et toute crispée par la souffrance.

Croiriez-vous qu'ils me demandaient des nouvelles d'Adolphe Chéron, si populaire parmi eux, et que j'avais le regret de ne pouvoir leur en donner, car nul ne sait où ses proches et où ses amis combattent dans cette lutte qui s'enveloppe d'un voile impénétrable, et nécessaire.

II

DE L'ÉCOLE A LA GUERRE

SE RENDRE UTILE

Cette guerre de défense et de libération, de réparation aussi, aura eu pour effet de faire revivre dans les âmes la notion du devoir qu'impose la solidarité nationale.

Combien ont pu se dire, parmi les dirigeants, parmi les politiques de métier, en faisant leur examen de conscience et en éprouvant un remords sincère : « Pourquoi n'avons-nous pas tendu davantage notre pensée vers les dangers qui menaçaient la Patrie, malgré les avertissements qui grondaient au dehors ? Pourquoi avons-nous oublié la leçon de 1870 ? Nous n'avons pas fait assez pour la grande meurtrie dont il eût fallu fortifier davantage la santé physique et morale. »

Mais, une fois la part faite au regret, la première crise de saisissement passée, sans donner dans le découragement, vite on s'est repris, par bonheur.

Les soldats l'ont prouvé héroïquement. Mais qu'ont fait les non-combattants ?

Nombre de ceux que le sexe, que l'âge retenait loin des camps, se sont dit :

« Dans la communauté des efforts qui s'imposent, quelle sera ma part d'action ? Comment payer ma dette ? »

On se posait cette question, on interrogeait son entourage en ces termes, et très sincèrement : « Comment puis-je me rendre utile ? »

Se rendre utile : ce fut comme une obsession, comme une hantise parmi les adultes, femmes, enfants en âge de comprendre, vieillards, vivant loin des périls. Ils ont éprouvé, ils éprouvent une indicible peine en se sentant à l'abri des privations, en pensant aux souffrances qu'endurent dans les tranchées, aux périls que courent dans les attaques et contre-attaques les trois millions de Français qui, pour assurer bien-être et sécurité à leurs concitoyens, combattent là-bas, de jour et de nuit. Ils cherchent par quels moyens efficaces, dans leur humble sphère d'action, ils peuvent rendre service. C'est la pensée, le sentiment que nous ont révélés combien de lettres, combien de confidences !

Les femmes, dans les villages et les hameaux comme dans les grandes agglomérations urbaines, eurent tôt et bien fait leur choix. Là où elles ne pouvaient installer un hôpital pour les blessés, se dévouer comme infirmières, elles organisent des ouvroirs, ou bien, riches comme pauvres, ouvrières, paysannes, bourgeoises aisées, elles font « du travail à domicile », — pour les soldats qui ont froid et qu'il faut vêtir de chaude laine, tricotée par toutes les mères, par toutes les sœurs, et que fait plus chaude encore leur tendresse. Et de l'École part le mot d'ordre et l'exemple.

Les hommes, le pain quotidien gagné pour la famille, ne savaient que faire pour prouver leur ardent vouloir de ne pas être, de ne pas paraître indifférents. Ils éprouvent, à l'état aigu, une crise intérieure et n'en peuvent guérir que par l'action. Mais comment agir? Comment donner au devoir un caractère utile? De l'intention, de la résolution, comment passer au geste vraiment pratique et bienfaisant?

Qui n'était pas préparé à « se rendre utile » reconnut vite que ce n'était pas toujours chose facile. Quand on n'était ni infirmier, ni apte à un travail manuel quand on n'avait, car il fallait bien continuer à travailler pour la famille, que des demi-loisirs et qu'on ne pouvait constamment s'appliquer à une tâche, on ne savait où trouver l'emploi d'un zèle et d'un dévouement sans spécialisation classée.

Et alors on assista à un spectacle qui fut parfois touchant. On vit que qui voulait vraiment se rendre utile, savait découvrir dans son cœur le moyen de l'être.

L'amour-propre fut mis de côté, dans un pays où il joue un si grand rôle. On entra, sans fonctions bien définies, comme « bouche-trou », comme sous-ordre dans les œuvres existantes, là où d'autres étaient à l'honneur, sans cesser d'ailleurs d'être à la peine : Soupes populaires, Asiles de réfugiés, Dispensaires et Hôpitaux. J'ai vu des « intellectuels » servir les blessés à table, porter des gamelles et des assiettes aux malades alités. J'en ai vu s'improviser comptables, « gestionnaires », scribes, gardiens, brancardiers, commissionnaires. Je n'oublierai jamais cette scène observée dans un vaste hall où l'on hospitalisait des réfugiés vosgiens. La « société » de la petite ville ne pouvait être utilisée tout entière, aux heures de repas, pour servir les hôtes qu'on tenait à choyer. Et pourtant elle était là tout entière ; et belles mesdames et messieurs cossus faisaient la chaîne entre la cuisine et la salle, passant du voisin à la voisine, par un mouvement savamment rythmé, corbeilles, soupières et plats. C'était temps gagné, car la distance était assez longue des fourneaux aux tablées, et tout le monde attestait ainsi son émulation à l'ouvrage, et la soupe était servie chaude.

Que, de-ci, de-là, on ait un peu abusé des brassards, surtout des automobiles réquisitionnés, qu'il y ait eu excès de zèle parfois désordonné, comment y contredire ? Mais quel entrain dans le bien ! Quelle spontanéité, que de délicatesse dans les formes parfois charmantes qu'a revêtues le patriotisme civique !

Dans le Livre d'Or où l'on inscrit les actes d'héroïsme accomplis à l'armée, une petite place, une toute petite place, si l'on veut, en marge ou bien à la suite, devrait être réservée, en bonne justice, aux femmes et aux hommes de bien qui ont revendiqué une part de travail, qui, au lieu de se lamenter, ont surmonté leurs angoisses, ont parfois calmé la grande douleur que leur causait la perte d'un être aimé, en contribuant à soulager les maux des pauvres, des exilés, des blessés, de toutes les victimes frappées par la guerre.

PRÈS DES INSTITUTEURS BLESSÉS

D'hôpital en hôpital, dans les départements du Sud-Est où, par milliers, ont été évacués des blessés, après les batailles de la Marne et de l'Aisne, dans ce pays de Provence où le bain de soleil cicatrisait les plaies comme par enchantement, j'ai recherché, visité des professeurs, des instituteurs que des éclats d'obus, des balles avaient atteints. Je les ai vus dans des écoles, dans des lycées, dans des bateaux transformés en formations sanitaires, dans des hôtels luxueux où les halls de bals, de concerts, de restaurants étaient devenus des dortoirs, des salles de pansements et d'opérations. Puis j'en ai découvert dans le Sud, dans le Centre.

Je leur apportais une parole d'affection, un peu d'appui moral au nom des aînés, de ceux que l'âge condamne à ne pas prendre les armes et qui sont de cœur avec les combattants, au nom du ministre de l'Instruction publique qui compatit à leurs souffrances, mais qui s'enorgueillit, avec le pays tout entier, des belles actions accomplies par les éducateurs de l'enfance, de tant de traits d'héroïsme modestement réalisés par eux.

Ma mission était souvent triste et douloureuse. C'était toujours avec une émotion nouvelle que je m'efforçais, dans les salles, de retrouver des collaborateurs, — découverte souvent malaisée, car, en regard des noms, des numéros régimentaires, les professions n'étaient pas inscrites. Il fallait passer de lit en lit, interroger. Souvent, par bonheur, j'étais aidé par une institutrice infirmière qui faisait l'enquête ou bien qui me signalait le collègue soigné par elle.

Parfois la blessure était légère : main traversée, doigt emporté, mais trop souvent, je m'asseyais au chevet d'un malheureux, gravement atteint, dont les traits portaient la trace d'une cruelle souffrance. Tel avait le pied troué et la plaie suppurait, tel l'épaule fracassée. J'ai vu un maître qui avait eu le talon emporté; un autre qui, frappé d'une balle au ventre, se débattait dans une attaque de tétanos.

Oui, triste et douloureuse mission, et qu'il fallait accomplir le sourire aux lèvres, en apportant à ces amis, de la gaieté, de la confiance, des paroles d'encouragement et d'espérance, quitte à essuyer des larmes, après avoir franchi le seuil de l'hôpital, en songeant aux infirmités que la guerre imprimerait à tous ces pauvres corps martyrisés.

De quoi parlions-nous? Du combat où tant de ces jeunes hommes, qui se taisaient modestement sur leurs propres exploits, avaient parfois fait preuve d'héroïsme, avaient donné l'exemple d'une courageuse fermeté à leurs camarades. Ils me disaient les heures passées dans les tranchées, les brusques assauts. Comme ils avaient combattu sur les points les plus divers du front, le rapprochement de leurs récits m'aurait presque permis de reconstituer l'histoire « de la plus grande guerre ». Ils causaient du pays, de la « petite patrie » que parfois, grâce à tant de tours de France accomplis depuis vingt ans, je connaissais et que je pouvais évoquer avec eux, et aussi de l'École, des élèves, auxquels allait leur pensée, et de la famille, dispersée parfois par l'invasion et dont on s'efforcerait de retrouver la trace, et tous exprimaient leur foi dans le succès final, leur désir de repartir pour le front afin d'assister à la victoire.

Ces instituteurs, ces professeurs, ces élèves d'École normale, ou supérieure ou primaire, qui, par goût, par pli du métier, étaient, avant la guerre, volontiers enclins à des habitudes plus pacifiques que belliqueuses, ne pensaient qu'à la bataille et à la revanche, se découvraient une âme guerrière. Plus de paix par le droit; mais pour le droit, la lutte jusqu'au bout : c'était là le rêve dont, après la guérison, ils voulaient faire la réalité.

Les médecins, civils ou militaires, me rendaient partout le témoignage que les instituteurs blessés supportaient, avec courage, opérations et pansements et donnaient l'exemple, dans l'épreuve, de la maîtrise de soi : « Ils mettent leur point d'honneur à ne pas crier, à ne pas se plaindre, me disait une infirmière. Où ont-ils appris ce mépris de la douleur? Ils savent mieux souffrir que les paysans, que les ouvriers. »

Où? dans leur conscience. Ils savent pourquoi ils souffrent, pour quel idéal, et se taisent fièrement.

Ce qu'ils redoutent, c'est que la famille ait des informations trop précises, quand ils sont gravement atteints. L'un d'entre eux, qui avait deux blessures, ne me déclarait-il pas qu'après entente avec un collègue il faisait partir ses lettres d'un dépôt où on le croyait encore, pour que sa femme, de santé délicate, n'eût pas des crises qu'il fallait lui éviter.

Ce qu'ils supportent malaisément, c'est l'inaction,

l'immobilité, la perspective d'être réduits pendant quelque temps à ne pas reprendre le fusil : « C'est une guerre de terrassiers, me disait l'un d'eux. Elle n'a rien de reluisant, quand nous creusons des taupinières et nous y terrons. Mais tout de même, au fond des trous, on défend la Patrie, et puis on en sort pour l'assaut à la baïonnette. »

Le mal d'ennui les tient aussi parfois. Leur cerveau a besoin de s'occuper. La lecture des journaux est vite achevée. Il leur faut une autre nourriture intellectuelle. Ils réclament des livres, et l'on reconnaît professeurs et instituteurs à ce signe : ils ne demandent que rarement des romans. N'ai-je pas entendu un maître de sciences pratiques, dont le talon avait été emporté et qui ne pouvait quitter son lit de souffrances, me dire, et sincèrement, sans nulle affectation : « Je vous en prie, faites qu'on me prête quelques ouvrages de mathématiques. Je chercherai des problèmes et penserai moins à mon mal. » Et il en est un autre que j'ai surpris tournant des vers pour tromper la marche lente des heures. Et ne m'en a-t-on pas cité un qui, amputé du bras droit, s'exerçait à tracer des bâtons et à écrire de la main gauche pour pouvoir demain reprendre son métier d'instituteur? Il se mettait de lui-même à cette école des blessés qu'Édouard Herriot a fondée si utilement à Lyon. Il s'y mettait afin de pouvoir rendre service à la Patrie dans l'école.

POUR LES INSTITUTEURS BLESSÉS

La guerre a permis au pays, dans les jours sombres, de mettre à l'épreuve le patriotisme, le dévouement des instituteurs qui, les uns sur les champs de bataille, les autres aux postes de devoir civique, se sont signalés parmi les meilleurs serviteurs du pays. Et les institutrices, dans les garderies, les ouvroirs, dans les services d'assistance pour réfugiés et évacués, et aussi dans les hôpitaux, ont donné un vivant exemple de modestie et de vaillance dans le labeur, consenti avec sérieux, poursuivi avec conscience.

En 1914-1915, on aura dû à l'École, dans les bourgs et villages, pour la plus grande part, les organisations locales qui ont apporté soulagement aux malades, aide aux victimes de l'invasion, car c'est l'École qui est devenue, dès le début, comme le centre de l'initiative méthodique et concertée.

Mais on ne saurait en vouloir aux éducateurs d'avoir, en marge du bien qu'ils s'ingéniaient à faire pour les exilés et pour les soldats, réservé une part de leurs ressources personnelles pour faire aussi un peu de bien aux victimes que la guerre a frappées dans les rangs mêmes des éducateurs.

A côté de l'aide nationale, il y a eu l'aide professionnelle.

Dans nombre de départements, un prélèvement a été opéré sur les traitements, dont une part est allée aux Œuvres locales, une autre aux veuves, aux orphelins des instituteurs morts pour la patrie.

Dans le Sud-Est, où n'ont pas fonctionné moins de 200 hôpitaux et maisons de convalescence et où il m'a été permis d'obtenir parfois que les noms des professeurs et des instituteurs blessés fussent transmis à l'autorité académique, dans quelques grandes villes qui luttent d'émulation pour donner aux malades les soins les plus empressés, les plus affectueux, on a institué, entre institutrices et instituteurs, un véritable service de secours aux camarades blessés au champ d'honneur.

L'organisation adoptée par le Comité de solidarité et d'assistance de l'enseignement primaire des Bouches-du-Rhône peut être citée comme modèle.

Les instituteurs blessés sont visités par des instituteurs désignés par le Comité et pris, autant que possible, dans les écoles voisines des divers hôpitaux. Ces visiteurs ont mandat de se mettre à la disposition de leurs collègues blessés pour leur prêter des livres des bibliothèques scolaires, pour écrire, si besoin est, à leurs familles; pour leur faire visiter Marseille et pour leur procurer les gâteries que les blessés apprécient beaucoup : tabac, papier à lettre, etc. A cet effet, un crédit de cinq francs par mois et par blessé est ouvert à chaque visiteur. Les visiteurs doivent en somme démontrer que le corps enseignant primaire des Bouches-du-Rhône est prêt à remplacer, auprès des collègues blessés, la famille absente.

Les résultats qu'obtient le Comité marseillais d'assistance et de solidarité, et que j'ai pu constater sur place, font regretter la mesure prise par le service de santé qui ne publie plus les noms des blessés et qui ne s'informe pas des professions exercées par eux.

On prive ainsi les soldats et les sociétés affiliées à la Croix-Rouge des ressources que procureraient les groupements et syndicats de métiers et les associations dites « d'originaires ».

Si la guerre doit durer longtemps, il faudra, en dehors des subventions légales, trouver de l'argent, et encore de l'argent que l'initiative privée peut et doit fournir, si l'on sait orienter avec précision ses libéralités. Dans chaque ville, les travailleurs des plus diverses spécialités auraient plaisir à prouver l'intérêt qu'ils portent à leurs camarades hospitalisés. Pourquoi n'imiterait-on pas ce qu'ont fait, et si bien, les instituteurs ?

L'ÉCOLE A L'HOPITAL

C'est une école tout à fait nouvelle, née de la guerre, et où les disciples ont tous eu besoin, soit de soins médicaux, soit d'opérations. Après la cure de santé, elle fait des cures d'intelligence et s'efforce d'arracher au mal d'ignorance des blessés qui, à demi guéris, ou bien à la veille de la réforme, vont regagner le dépôt. Demain, certains d'entre eux chercheront un gagne-pain dans la vie civile. D'autres, qui sont mutilés, entreront dans une École de rééducation.

C'est une École d'adultes créée spontanément, une École improvisée de préapprentissage pour attardés, pour illettrés ou demi-illettrés, qui ont besoin d'être un peu débrouillés, au sortir des tranchées, puis du lit d'hôpital, avant de solliciter une place leur assurant gîte et nourriture.

C'est une École surgie dans des salles de malades, où un long temps des infirmières ont veillé, pansé, choyé de grands enfants auxquels elles se sont attachées d'une maternelle affection, d'autant plus intense qu'elles les ont ramenés de plus loin et qu'elles les ont entourés de plus de sollicitude inquiète. Ceux qu'elles ont sauvés, arrachés à la mort, elles veulent les disputer à l'insécurité du lendemain, à la misère qui les guette. Car ces héros sans instruction, qui furent armés de force pour la mêlée des combats, sont désarmés dans la mêlée des intérêts.

Leurs tutrices ont constaté qu'ils lisaient avec peine, qu'ils traçaient sur le papier des caractères à peu près illisibles, qu'ils avaient peu ou mal connu la syntaxe la plus élémentaire. Souvent elles avaient été obligées de leur faire la lecture, de leur servir de secrétaires, car l'absence de nouvelles leur poignait au cœur.

Et, par passion de dévouement, dans nombre de formations sanitaires, les infirmières sont devenues institutrices de soldats.

Ces éducatrices volontaires, qui ajoutent un chapitre inattendu au Livre d'or de l'Éducation populaire, se souviennent que, par mode, elles ont conquis un brevet, et elles sont tout heureuses d'en faire un patriotique usage. Et cet enseignement, qui est vraiment une amitié, selon le mot de Michelet, fait merveille. C'est avec ardeur, une sorte de joie reconnaissante, un désir passionné de payer, par des progrès rapides, la leçon gratuite donnée par l'élite féminine qui leur a rendu la santé physique, que les Soldats-Étudiants veulent être vite mis en bon état de santé intellectuelle.

Je me souviendrai toujours d'une scène vue à l'École normale de Tours, au cours de l'été. Là, j'ai vraiment assisté à une Classe de plein air, et je l'ai saisie à l'improviste, en pleine action.

Sur une terrasse dominant le fleuve Loire qui déroule lentement ses eaux entre la colline où s'élève l'École et la rive où la ville découpe la silhouette de sa cathédrale et de ses monuments coquets et jolis, à l'ombre de vieux arbres, un groupe de soldats écoute docilement une leçon de calcul. Le tableau noir est dressé en plein vent. Un poilu, dont le bras gauche est immobilisé par un bandage, répond, devant les camarades mal en point comme lui, aux questions logiquement ordonnées que lui pose son Professeur.

Le Professeur est la toute jeune fille de la Directrice qui a offert de refaire les instructions incomplètes, — et qui déjà a ramené la mémoire des chiffres et des idées dans bien des cerveaux d'où des commotions, des émanations de gaz suffocants l'avaient chassée. Doucement, patiemment, elle explique, démontre, compare, corrige, reprend et encourage, et montre qu'elle a vraiment l'esprit de la Maison éducatrice.

L'École à l'hôpital n'a pas connu les vacances. La Directrice de l'École d'application et une de ses adjointes ont fait agréer leurs services. Le travail, le traitement instructif plutôt, n'a pas été interrompu.

Même l'École à l'Hôpital est doublée d'un gymnase. Le mari de la Directrice de l'École d'application, M. G..., le dirige. Quatre fois par jour il vient faire exécuter des exercices d'assouplissement aux blessés dont les membres pourraient demeurer ankylosés. L'entraînement rationnel auquel ce maître en culture physique initie ses disciples hâte l'effet de la cure mécanothérapique qu'ils suivent chaque jour dans un Hôpital spécial.

Ce sont là, certes, petits détails de la vie universitaire. Mais ils prouvent de quelle façon on « sait tenir » à l'arrière. L'École à l'Hôpital révèle toute l'âme, toute l'inspiration généreuse de l'École nationale.

L'ÉCOLE POUR L'AMBULANCE

Si le tour de France mutualiste qu'il m'a été permis d'effectuer pour organiser l'entr'aide aux écoliers des régions provisoirement occupées m'a fourni l'occasion de revoir les fidèles collaborateurs de J.-C. Cavé, il m'a procuré aussi la satisfaction de prendre contact avec les organisateurs d'Œuvres, souvent curieuses et touchantes, dont l'école a été le foyer d'action, depuis le début de la guerre, et qui ont révélé l'ingéniosité, l'ardeur patriotique, l'inlassable ténacité de l'âme enfantine.

Une des nouveautés les plus originales qu'ait fait surgir la grande épreuve, j'ai pu la voir fonctionner dans le si original département des Deux-Sèvres, si divers, si complexe au point de vue de la géographie, tant physique « qu'humaine », comme on dit aujourd'hui, et si peu connu.

Mais il est connu, et à fond, du Préfet qui le dirige, qui en sait les ressources, qui a étudié le caractère des habitants et qui a saisi le parti qu'on pourrait tirer de leur générosité.

Les Deux-Sèvres, comme tous les départements de l'Ouest, a reçu un grand nombre de blessés qui, dans les hôpitaux, ont été nourris du mieux qu'on a pu. Mais comment rompre la monotonie de l'ordinaire ? Comment sortir du classique pot-au-feu, du rata consacré ?

M. Rang des Adrets a trouvé une solution élégante du problème culinaire et philanthropique qui se posait pour l'alimentation des blessés, en appelant l'École à l'aide de l'ambulance.

Fin psychologue, il a eu l'idée très heureuse de fonder une Œuvre, modeste certes, mais combien utile et qui répondait à la mentalité paysanne.

« On est joyeux, m'expliquait-il, de donner une petite part des produits fournis par la culture. On est plus réservé s'il s'agit de sortir une pièce blanche, même si la valeur des dons en nature est supérieure à celle de la menue monnaie ».

Mais quel est ce don en nature offert par l'École à l'Hôpital, par l'enfant aux blessés ?

M. Rang des Adrets a demandé qu'une fois par semaine, chaque enfant vînt à l'école portant dans chaque main un légume ; et pour rendre plus tangible son idée, une image fut imprimée et affichée dans toutes les salles d'écoles.

Cette image représente une petite fille qui, tenant une pomme de terre dans une main, une carotte dans l'autre, rencontre dans les champs un petit ami et une petite gardeuse d'oies : « Qu'est-ce que tu veux faire avec tes deux légumes, dis, Françoise ? Tu as l'air fine tout plein », demande le garçon. « Bien possible, répond-elle, mais il vaut mieux ne pas être si fine et être bonne. Si tu avais lu ce que dit M. le Préfet dans le journal, si chaque drôle et chaque drôlesse en apportait autant, ça ferait, à ce qu'il dit, 40.000 pommes de terre et autant de carottes pour une journée ». Sur quoi le garçon : « M'est avis que ça ferait une belle potée ».

Deux légumes par enfant, c'est bien simple, et cela semble peu de chose, mais il y a 40.000 enfants dans les écoles des Deux-Sèvres, et les petits ruisseaux font les grandes rivières.

Les instituteurs accueillirent l'idée avec empressement ; les enfants, tous les enfants — car les écoles libres ne tardèrent pas à offrir leur concours, — l'adoptèrent avec enthousiasme ; les familles mirent leur amour-propre à la faire réussir, et le succès dépassa toutes les prévisions.

Les 80.000 petites mains érigèrent des montagnes de provisions. Des bons points illustrés vinrent récompenser celles qui donnèrent le plus, et, grâce à ce moyen, toutes les formations sanitaires des Deux-Sèvres n'ont jamais cessé d'être ravitaillées en légumes frais.

Il serait fastidieux d'énumérer les milliers de kilos de pommes de terre, carottes, navets, etc., qui furent ainsi distribués. Du 28 août au 31 décembre 1914, on avait réuni de la sorte 100.000 kilos de denrées, et la proportion jusqu'à ce jour s'est toujours sensiblement maintenue la même. Si l'on ajoute à cela les 500.000 kilos de pommes de terre expédiés aux régions envahies, on arrive au chiffre global de 600.000 kilos au 31 décembre 1914.

La centralisation de ces légumes est faite, pour les arrondissements de Bressuire, Melle et Parthenay, aux sous-préfectures, et pour l'arrondissement de Niort, à la préfecture, où les sous-sols ont reçu à cet effet un aménagement spécial. Un office de ravitaillement a été organisé sous la direction d'un ancien président du Tribunal de Commerce, aidé dans sa tâche (comptabilité, répartition des denrées entre les diverses formations sanitaires, réception et correspondance) par sept anciens directeurs d'école, qui n'ont pas craint de consacrer tous leurs instants au bon fonctionnement de l'Œuvre entreprise.

Cette organisation a éveillé et exercé chez les enfants l'esprit de solidarité patriotique, elle les a habitués à se comporter en bons Français.

Elle a associé à une bonne œuvre les instituteurs, et donné une tâche utile entre toutes à ceux auxquels leur âge a interdit de combattre.

Enfin, l'Œuvre entreprise a permis d'utiliser, d'organiser la solidarité de tous, même des plus pauvres, dans une mesure qui ne dépasse pas les facultés des ressources les plus modestes. Elle a permis, grâce au nombre des associés, d'aboutir à des résultats surprenants.

Le département des Deux-Sèvres a donné le mouvement qui a été suivi depuis lors en de nombreux « pays de France ».

LE SOLDAT INSTITUTEUR

La scène est curieuse et touchante. Elle se passe dans une des Maisons de Convalescence qu'on a été obligé de donner comme prolongement aux 50 Hôpitaux de la Croix-Rouge à Marseille, pour activer la guérison des soldats blessés, affaiblis par la perte de sang ou bien atteints de bronchite, de rhumatismes, anémiés par un long séjour dans les tranchées.

Une classe de plein air vraiment pittoresque et originale a lieu à l'asile Sainte-Marguerite, si admirablement situé dans la grande banlieue de Marseille et qui abrite d'ordinaire des enfants, des vieillards et, pendant la guerre, des blessés qui ont besoin seulement d'un pansement sommaire et à qui le repos, la promenade, le soleil rendront force et santé.

Sur les têtes brunes ou blondes d'une centaine de fillettes et de garçons, les pins, mouvant décor, étendent leurs branches si souvent tordues par le vent et, sous les pieds des enfants, se déroule un vert tapis de mousse que recouvrent par endroits de fines et craquantes aiguilles. Dans l'air fin et léger, sentant bon la résine, en pleine nature, la leçon est donnée à des disciples improvisés par un maître improvisé.

Que sont ces écolières, ces écoliers qu'a dû recueillir un hospice? Des enfants de réfugiés, et surtout des filles, des fils de veufs mobilisés partis pour le front. La guerre a fait de ces situations étranges et navrantes, surtout douloureuses, dans les grandes villes, car, au village, on se connaît, et vite une famille adopte un demi-orphelin dont le père combat pour la patrie. Dans une grande agglomération urbaine, que faire pour sauver de la faim, du froid cette enfance, subitement abandonnée, privée d'affection? Le foyer est désert tout à coup. La rue guette l'enfant à qui l'Assistance publique offre un abri.

L'hospice est pour eux l'asile et l'école. Un maître d'élite, une institutrice d'un dévouement éprouvé ont été choisis pour ce service ou, plutôt, pour cette mission de bonté. Aujourd'hui, c'est un soldat instituteur en uniforme qui fait la classe. Soigné, la veille, dans un hôpital, il achève de se rétablir aux champs. C'est un jeune adjoint de Seine-et-Marne qui supplée un instant son collègue des Bouches-du-Rhône.

Ah! il ne fait pas une leçon didactique, pas même une leçon de choses, d'histoire naturelle, bien que le cadre y prête. De quoi leur parle-t-il ? De la Grande Guerre. En termes simples, bien à la portée des « neuf ans », des « dix ans », qui l'écoutent, avec une attention passionnée et admirative, il dit ce qu'il a vu dans le coin de champ de bataille où il a lutté. Pas de vagues généralités. Mais des détails précis, des faits observés, des impressions vraiment éprouvées. C'est le départ, l'élan un peu désordonné du début, la guerre à découvert, qui fut meurtrière, puis la guerre souterraine, l'avance méthodique et lente, tout l'apprentissage imposé par la prudence et par le désir de vaincre. Il dit, le petit soldat instituteur, ce qu'était son école dans le village de Seine-et-Marne qui a été occupé quelques jours par les Prussiens, et rançonné, et pillé, et où il espère revoir ses élèves après être retourné au camp. Et il dit, simplement et fortement, sa foi en la victoire.

Classe émouvante que jamais n'oublieront les écolières, les écoliers qui, de leurs yeux, suivent le père accomplissant, là-bas, même tâche qu'a remplie et que remplira l'instituteur en tunique bleue et en pantalon rouge dont la parole est allée au profond de leur cœur. Classe qui sera renouvelée, car d'autres instituteurs sont présents, qui, à leur tour, feront avec joie une narration orale aux pupilles à qui manque la protection d'un père et que l'on s'efforce de récréer et d'instruire, que l'on entoure à l'envi de chaude affection.

LA MUSE DU BLESSÉ

I

LE THÉATRE A L'HOPITAL

Comment, où est-elle née cette Muse ? — est-ce Melpomène, est-ce Thaïie ou bien Euterpe ? — qui se penche, dans les hôpitaux, sur le chevet des soldats blessés, qui leur apporte un parfum de poésie et d'art, un peu de joie et de réconfort ?

— C'est une fille de Provence. Elle a vu le jour dans la grande « petite patrie » d'Edmond Rostand, à Marseille, le long de la mer bleue. Je suivais la côte tout pensif et mélancolique. Je sortais d'une salle d'hôpital où j'avais vu des figures pâlies par la souffrance, et je ne pouvais échapper au souvenir de scènes attristantes dont j'avais été le témoin. J'entendais encore la plainte d'un malheureux, cloué sur son lit depuis déjà sept semaines : « Certes, nous sommes admirablement soignés, et nous ne saurions être trop reconnaissants envers nos bienfaitrices : les Dames de la Croix-Rouge. Elles nous prêtent des journaux et des livres. Mais le Docteur défend qu'on lise trop, car vite, quand on est faible, la tête est endolorie. Alors, pendant les pénibles heures d'immobilité forcée, on trouve le temps long, et l'on est pris par l'idée fixe de revoir les siens, le pays natal ; l'on est en proie à l'ennui. » — Et un autre ne m'avait-il pas dit, avec une expressive netteté : « Se battre n'est rien. Mais être condamné à « l'en place, repos », c'est à donner le « cafard » !

Je me demandais ce que l'on pourrait bien imaginer pour distraire un peu de leurs maux et de leurs papillons noirs de jeunes hommes, qui, habitués à l'action, n'attendent que le moment de repartir au front de guerre, et souffrent d'être cloués sur place. Multiplier les visites ? — Mais on ne peut, chaque jour, voir que quelques blessés. Organiser des séances récréatives ? — Mais avec qui ? Il faut des lecteurs, des acteurs. Où en trouver dans la dispersion générale produite par la guerre ?

J'en étais là de mes réflexions que ne dissipait pas la beauté du spectacle se déroulant sur cette incomparable Corniche que les pins encadrent de verdure et qui a pour décor de fond les îles blanches, posées sur le bleu mouvant des flots, — quand j'aperçus devant moi celui qui, logiquement, devait s'y trouver. Le destin le voulait ainsi. Dans un paysage d'Orient, comment, d'ailleurs, ne pas être fataliste ? Devant moi, se dressait la haute stature de Sylvain, le vice-doyen de la Comédie-Française, qui suivait le littoral en sens inverse du mien, et qui me tendit les deux mains. Il m'explique qu'il a quitté Paris, où le théâtre est fermé, et qu'il est attristé de ne savoir comment employer utilement son temps.

Il n'a pas achevé qu'un : « Vous êtes celui que j'attendais », un peu mystérieux, l'intrigue. Vite je lui explique qu'il peut, qu'il doit mettre son beau talent tant de fois prodigué par lui pour des œuvres de bienfaisance, au service des soldats qui ont versé leur sang pour la Patrie, qu'il peut leur faire un peu de bien... Il a beau objecter que le répertoire tragique, par son sérieux et sa gravité, ne conviendra pas au milieu, j'ai bientôt fait de lui démontrer qu'il peut donner une autre note, dire et lire des poésies, des pages de prose, soit émouvantes, soit empreintes de gaîté, et qui seront dans le goût de l'auditoire. — Et puis il y avait Mme Sylvain qui ne refuserait pas de s'associer à un geste de charité intellectuelle. En tous cas, on pouvait toujours tenter un essai et l'on verrait s'il y avait lieu ou non de continuer.

Rendez-vous est pris à l'Hôtel-Dieu. Madame et M. Silvain entraînés, avaient entraîné à leur tour Mlle Yvonne Ducos, M. Gaillard, tous deux également de la Comédie-Française, et aussi M. Palau, le fin comique du Palais-Royal. La tentative « alla aux nues », comme disait Sarcey. Ce fut du rêve, de la joie, de l'oubli et un peu d'espérance pour plus de 300 blessés, remerciant, demandant qu'on revînt. Et les artistes, dont le cœur égalait le talent, furent heureux d'avoir fait des heureux.

Il n'y avait qu'à recommencer. Mais il fallait coordonner les efforts, harmoniser les programmes, assurer la continuité de la collaboration.

La petite troupe, — car les blessés ont maintenant leur troupe, comme autrefois il y eut le Théâtre de Madame et de Monsieur, — s'agrégea des chanteuses comme Mlle Ariane Colassi, à la voix chaude et prenante, Mlle Andrée Turcy, si naturelle et si savante en l'art de dire la chanson où elle enclôt tout un drame populaire, — des musiciennes comme Mlle M. Morlot, au jeu sobre et sûr, des comédiennes et des comédiens comme Mme Delphine Renot, de l'Odéon, énergiquement dramatique, MM. Boulle, de la Porte-Saint-Martin. MM. Augé, Martel, Courville-Coste, des Grands Concerts Parisiens, Mlle Perriat, du Théâtre Marigny.

Une Œuvre fut instituée pour la durée de la guerre. On avait la chose, — mais quel nom lui donner ? — J'ai proposé ce titre : « *La Muse du Blessé* » qui a été accepté. Et la Muse est personnifiée par Mme Silvain.

La Muse dans son programme, fait leur part aux poètes, aux Paul Déroulède, aux Delpit, aux Eugène Manuel, à ceux qui, en 1870, firent cortège à Victor Hugo et chantèrent l'Année terrible.

Mais l'on doit, en outre, à la *Muse du Blessé*, une floraison d'œuvres qu'elle rend populaires en les insérant dans son Anthologie, et où s'affirme le talent de ceux qui ont le bonheur de célébrer l'Année vengeresse !

II

Dans la salle Joffre

La *Muse du Blessé* a dit des vers et chanté, dans les hospices transformés en Hôpitaux militaires, dans des écoles, des lycées, des hôtels, des séminaires, dans des bateaux devenus Formations sanitaires. Elle a tenu ses séances sous les préaux, en plein air, dans des réfectoires, des corridors, des salles de classes.

Je me souviendrai toujours d'une matinée donnée dans une chambrée, à la Maison de Convalescence annexée à l'Asile des Vieillards, dans la banlieue de Marseille, à Sainte-Marguerite.

Le cadre était original et douloureusement pittoresque. Dans les lits, entre et derrière les lits, des blessés ; au fond de la salle, des infirmières. Une petite estrade avait été dressée, et à côté, on avait placé un piano dû à la libéralité administrative. Ce dortoir de malades à demi-guéris, d'affaiblis et d'anémiés recouvrant peu à peu les forces, ce dortoir, asile des longs et bons sommeils, dûment gagnés après les fatigues des marches, les souffrances subies dans les tranchées, l'épuisement provoqué par les opérations, s'emplit, pendant deux heures, de musique, de refrains, de strophes, qui, sans doute, le soir même, voltigèrent encore autour des oreillers et bercèrent les rêves des dormeurs. Et ce dortoir où résonna le rire déchaîné par la verve endiablée de Regnard, où une indicible émotion gagna les cœurs, quand Silvain eut dit « La Chanson de route », chef-d'œuvre de Paul Arène, et Mme Silvain déclamé « *La Marseillaise* », où l'on exalta le culte de la Patrie, — venait, le matin même, d'être placé sous un patriotique vocable, et d'être appelé : « Salle Joffre ».

Le Généralissime recevra sans doute de plus magnifiques, de plus éclatantes marques de la reconnaissance nationale. Je suis convaincu qu'aucune ne lui paraîtra plus touchante, et ne lui causera une joie plus délicieuse. Ces jeunes hommes qui souffrent encore, qui ont les bras, les mains, ou bien la tête bandés, qui traînent la jambe, qui toussent, ou qui sont comme courbés sous l'étreinte du rhumatisme, qui portent la trace des maux subis en Lorraine, en Picardie, ou bien dans les Flandres, savent que celui qui commande les armées de la République, fut ménager de leur santé, de leur vie. Après avoir versé leur sang pour la Patrie, après lui avoir donné le meilleur de leurs forces, ils rendent pieusement hommage à celui qui les leur a réclamés pour la défense du sol natal. La génération qui a de ces délicatesses, de ces inspirations généreuses, qui sait aimer, honorer les chefs imposant les épreuves et les sacrifices nécessaires, est digne de la victoire.

Je faisais cette réflexion tout en étudiant aussi quelles préférences, indiquant son état d'esprit, marquait cet auditoire de soldats devant qui paraissaient des artistes représentant les genres les plus différents, les aspects les plus variés de l'Art. L'indication était précieuse à recueillir, pour arriver à l'établissement, d'un programme qui fût vraiment adapté au milieu, qui plût et convînt vraiment aux Blessés.

Qu'aimaient-ils entendre ? — Ah ! ne croyez pas qu'il faille rabaisser la Muse pour qu'elle soit comprise et aimée d'eux ! Les Maîtres, on leur a dit du Molière, du Musset, du Victor Hugo, — exercent un sûr ascendant sur leurs intelligences.

Sans doute, ils n'éprouvent qu'un goût médiocre pour les épisodes tristes qui leur rappellent une scène d'horreur dont ils viennent d'être les témoins et les acteurs. Ils ont peu de goût pour les récits de bataille où l'on meurt, eux qui viennent d'échapper à la mort, et qui demain, l'affronteront encore. Ils s'attendent à être distraits, récréés, non attristés et « prêchés ».

Ils sont la jeunesse et ils ont plaisir quand on leur dit des vers sur la Patrie, qu'on élève leurs âmes vers l'espoir des victoires prochaines. Ils s'amusent follement aux satires lancées contre ceux qu'ils ont vus de près, dont la prétendue supériorité militaire affichée avec arrogance, ne les épouvante plus, — et ils ne veulent pas entendre parler d'une paix qui serait humiliation et duperie. Je les ai entendus acclamer combien de fois la conclusion donnée par Maurice Bouchor à un Poëme sur la Paix :

O douce Paix, chère et sacrée,
Tu sais bien avec quelle ardente bonne foi
Nous avons milité, l'âme pleine de toi,
Pour ta cause désespérée.

Pouvons-nous, troublés par tes larmes,
Finir hâtivement le combat pour le droit,
Avant que la justice ait fait ce qu'elle doit
Dans le dur jugement des armes ?

O Paix, bénis en frémissant
Ceux qui vont se ruer sur l'empire de proie :
C'est ta sainte moisson de lumière et de joie
Qui germe dans leur noble sang !

Et l'opinion de ceux qui ont offert leur poitrine aux balles, qui, demain, retourneront à la ligne de feu, est significative en sa spontanéité franche et sincère.

Que demandent-ils, qu'apprécient-ils encore, ces soldats appartenant aux plus diverses spécialités de métiers, aux plus différentes opinions politiques et religieuses, venus des quatre coins du pays, et que la communauté de glorieuses souffrances a rassemblés ?

Ils sont heureux qu'on leur parle de la « petite patrie » absente dont ils ont la nostalgie. Silvain obtient un franc succès quand il dit, — et celui-là sait dire les vers, — les « Pommiers » de Charles Frémine, le « Sabotier » de François Fabié, dont la robuste sincérité, la savoureuse inspiration sont comprises et senties par tous, fins laboureurs et citadins avertis. Il semble qu'un peu d'air venant des plaines, des monts, évoque les paysages ou familiers ou rêvés, passe sur les fronts, rassérène et réconforte les âmes. Et, par contraste, la Chanson de Déroulède, cocarde au front, et aussi la Chanson faubourienne, pauvrement vêtue, qui dit les misères de l'ouvrière, la Chanson sentimentale qui fait songer à la payse laissée là-bas, au foyer, sont sans cesse acclamées et redemandées.

J'ai fait, et à la Salle Joffre, et partout où s'est produite la *Muse du Blessé*, la même encourageante observation que j'avais recueillie à Paris, aux Lectures populaires de Maurice Bouchor. Les œuvres vraiment belles et fortes, qui éloignent les regards des niaiseries souvent dégradantes dont on essaie d'abêtir la foule, obtiennent tous les suffrages. Les Blessés savent gré à leur « Muse » de faire pour eux un choix du meilleur dans l'excellent et d'élever leur âme vers un peu d'idéal.

III

MON VIEUX LYCÉE

J'ai revu à Marseille, le vieux lycée, qui fut jadis un monastère, et où j'ai été élevé. Je n'en avais pas franchi le seuil depuis plus d'un quart de siècle. J'ai trouvé la classique maison transformée en Hôpital.

Seuls les externes sont rentrés. Les internes sont des blessés. Le drapeau de la Croix-Rouge flotte sur la façade.

Le parloir, où s'empressent des boy-scouts agiles, est bureau d'entrée, de renseignements. Un ancien élève, avocat de marque, a été improvisé huissier. Les murs où s'étalaient les portraits des lauréats qui brillèrent au Grand Concours, disparaissent sous des ordres de service, des règlements. Le grand corridor sombre, aux sévères arcades, où naguère se promenaient des professeurs en toges noires, s'anime au glissement de robes blanches et de blancs bonnets à pans, cadrant à merveille avec le décor monacal. Infirmières et aides s'activent à la tâche.

Les études sont réservées aux Dames du Comité, que préside, avec une intelligente maîtrise, Mme Bohn.

Dans les dortoirs, 450 soldats de toutes armes reçoivent des soins.

Au réfectoire, le service est fait par des volontaires : négociants, rentiers, armateurs, industriels qui, de la cuisine aux tables, et tout en haut, aux lits des malades gravement atteints, portent, revêtus d'un tablier blanc, assiettes et mets.

Dans la cour où l'automne arrache aux platanes séculaires leurs dernières feuilles, des soldats jouent, fument, causent, s'interrogent sur les péripéties des combats qu'ils ont soutenus.

Et dans ce Lycée-Hôpital où souffraient tant d'êtres humains et où la guerre me ramenait en des heures de deuil et d'anxiété, les souvenirs me revenaient en foule. Je me serais laissé aller volontiers à en savourer la douceur, si toute concession faite à la rêverie et à l'évocation des jours heureux et calmes, n'eût tourné pour moi à remords, car elle m'eût distrait du labeur et du devoir s'imposant à quiconque, par l'âge, est retenu loin du front.

Et pourtant, c'est dans mon vieux lycée, — un des 14 hôpitaux où j'ai recherché des professeurs, des instituteurs blessés — que j'ai éprouvé une impression de joie intense, en partageant la passagère joie de ses hôtes douloureux.

J'y ai assisté à une classe de plein air, à une séance d'art et de poésie vraiment inoubliable, donnée, par ma chère *Muse du Blessé*, sous le préau, dans la « Cour des Moyens », comme nous disions autrefois.

La Comédie-Française, dans la personne de Mme Silvain, de Mlle Ducos, de MM. Silvain et Gaillard, donnait une réunion récréative à un auditoire de cavaliers, de vitriers, d'artilleurs, portant tous la marque d'opérations récemment subies. C'était un spectacle touchant que de voir ceux dont les jambes étaient valides, porter sur leur dos, à califourchon, les malheureux qui ne pouvaient pas poser le pied à terre. Ils allaient tous, se prêtant un mutuel appui, s'aidant de leurs béquilles, qui la tête bandée, qui les bras repliés, vers les chaises, vers les bancs aménagés sous les arceaux. Au premier rang, sur des brancards, les blessés les plus gravement atteints étaient couchés et encadraient d'un glorieux parterre les tréteaux improvisés.

Et tous ces jeunes hommes qui avaient versé leur sang pour la défense du sol natal, semblaient comme extasiés, comme transportés hors d'eux-mêmes, ne songeant plus à leurs maux, et s'enivrant d'un amour d'autant plus profond pour la Patrie qu'ils avaient davantage souffert pour elle.

Car c'était la Patrie que Silvain chantait en lançant, à pleine voix, couplets et refrains de la Marche, écrite en 1870 par Paul Arène, c'était la Patrie que célébraient, et Gaillard, dans des vers composés par lui en l'honneur des Blessés, et Mlle Ducos ressuscitant Mimi Pinson, et Mme Silvain, égalant par la beauté sculpturale du geste, par la sincérité passionnée de l'accent, Agar, de classique mémoire, dans les strophes de *la Marseillaise*.

L'on voyait, emportés par l'élan de l'hymne, les blessés couchés au premier rang, se dresser, un éclair de bonheur aux yeux, fronts tendus, lèvres entr'ouvertes, hors des draps qui les enveloppaient, pendant que, derrière eux, de furieux applaudissements éclataient.

Cher vieux Lycée, tu as abrité les rêves, les espérances, formés par combien de promotions à la veille de s'élancer vers les carrières où les appelaient leurs vocations naissantes. A l'ombre de tes murs ont grandi des générations, inclinées, par une élite de maîtres, à servir utilement la France, dans l'industrie, le commerce, les sciences, les lettres et les arts, et maintenant tu élargis et tu ennoblis encore ton rôle, tu sers d'asile à une légion de héros épris de l'idéal, qu'en d'autres lycées, qu'en d'autres écoles les éducateurs qui ont su être aussi des héros, ont gravé dans les consciences!

C'est avec une reconnaissance attendrie pour les

services que tu rendais hier, que je t'ai retrouvé. C'est avec une piété douce et fière à la fois pour l'action bienfaisante exercée par toi, aux jours d'épreuves, que je suis rentré dans tes murailles sanctifiées par les souffrances qu'apaisent les blanches fées, gardiennes de tes traditions, à la fois si françaises et si humaines.

IV

A BORD DE L'AQUITAINE

... A bord de l'*Aquitaine*, un immense bateau à usage d'émigrants, ancré dans le Vieux Port de Marseille, en face de la Mairie où s'accusent en puissant relief les cariatides dues au ciseau de Pierre Puget. Un Hôpital privé, le 18 *bis*, a été installé, pour les militaires blessés, par la Compagnie des Transports Maritimes qui a aménagé en perfection le navire pour recevoir sa douloureuse et précieuse cargaison humaine.

C'est fête dans le salon du gaillard d'arrière. *La Muse du Blessé*, donne une petite « Matinée » aux cent hôtes, dont trois instituteurs, de la flottante demeure.

La Muse du Blessé, fidèle au plan que je lui ai tracé dès le début, avec Silvain, de la Comédie-Française, s'applique à composer des programmes qui ne donnent pas dans le répertoire, parfois si douteux, du café-concert. Rien qui abaisse et dégrade, rien qui provoque le rire par des effets appuyés. Mais un spectacle d'art et de beauté. De la gaieté, cela va de soi, car il faut distraire des amis qui souffrent, mais de la

gaieté saine et robuste qui, en les récréant, les
réconforte.

Le rire est personnifié par Palau, du Palais-Royal,
dont le jeu, fin et sûr, l'expressive mimique, sont fort
goûtés des lignards, des cavaliers, des artilleurs qui,
tête bandée, bras en écharpe ou bien jambes étendues,
l'acclament dans le *Mariage de Figaro*, dans une
scène d'*Amphytrion*, dans une autre du *Démocrite
amoureux* de Regnard, dite avec Mme Belval qui fait
preuve de verve et d'espièglerie malicieuse. J'ai vu
un éclopé de la main gauche et un éclopé de la main
droite manifester leur joie en rapprochant l'une de
l'autre leurs mains valides qui applaudissaient furieusement. J'ai vu des Sénégalais d'un noir d'ébène,
qui, certes, n'entendaient pas grand'chose aux beautés
du texte, montrer leurs merveilleuses dents blanches
dans un éclat de rire, tant les amusait l'entrain
endiablé du maître comédien.

Et la *Muse du Blessé*, qui a son grand premier rôle
comique, qui a eu ses tragédiens, et qui étaient de
marque, comme M. et Mme Silvain, et aussi comme
Mlle Yvonne Ducos, comme M. Gaillard, avant la
réouverture de la Comédie-Française, — a ses chanteuses aussi. Ce jour-là, ce furent Mlle Ariane Colassi,
Mlle Germaine Petit, Mme Ilich, du théâtre impérial de
Moscou. Elle a aussi ses musiciennes : une violoniste,
Mlle Morlot ; une pianiste, Mlle Baude. Et cela fait un
ensemble qui permet de passer du plaisant au sévère,
d'applaudir du Lecocq et du Benjamin Godard, du
Léonard et du Saint-Saëns.

L'actualité n'est pas oubliée. Celui qui tient l'emploi
de chorège a lu et commenté des vers empruntés au

cycle de 1870, à Eugène Manuel, à Laprade, à Autran, à François Coppée, à Eugène Blémont, à Paul Déroulède, à Émile Hinzelin, à Victor Hugo, à ceux qui ont chanté l'*Année terrible*. Il a fait largement place aux poètes contemporains : Henri de Régnier, Dominique Bonnaud, Maurice Bouchor, Jean Aicard, Zamacoïs, Bout-de-Charlemont, Marylie Marcowitch, Ernest Jaubert, ceux qui chantent l'*Année vengeresse*. Il a fait volontiers appel, ainsi que Silvain, aux œuvres de ceux qui ont célébré la *petite patrie* : François Fabié, Charles Frémine, Gravitz, etc., car les blessés qui viennent du Nord ou du Midi, du Centre ou de l'Ouest, et qu'une commune et glorieuse infortune rapproche, aiment qu'on évoque devant eux le pays natal.

La Muse du Blessé que l'on a beaucoup imitée et qui est fière d'avoir innové, a tâché de faire œuvre à la fois récréative et éducative. Elle a égayé et consolé. Elle a entretenu dans les cœurs la flamme du patriotisme et de l'idéal. Elle est née dans un Hôtel-Dieu. Elle a fait ses tournées d'hôpital en hôpital où elle a tenu vingt-quatre séances. La petite *Matinée française* de l'*Aquitaine* a été la dernière. Et d'avoir reçu une affectueuse poignée de main d'un sergent instituteur qui lui a porté le remerciement de ses camarades, la Muse fut tout heureuse et grandement honorée.

LES INSTITUTRICES A L'HOPITAL

Nombre d'institutrices, dans les Écoles normales, avaient, depuis quelque temps, conquis leur brevet d'Infirmière. Elles suivaient des Cours institués par la Croix-Rouge et les Sociétés qui y sont affiliées. Elles ajoutaient un diplôme à d'autres certificats. Certes, elles ne pensaient guère que le jour était proche où elles pourraient utiliser le savoir théorique et pratique, acquis devant le mannequin dont les attitudes, mécaniquement réglées, amusaient les étudiantes rieuses.

Et pourtant c'est grâce à cette modeste initiation qui fut distraction et repos, en marge des sévères études, que les Institutrices ont pu, dès la première bataille, se trouver debout, à leur poste d'infirmières, mobilisées pour la défense de la santé.

On ne dira jamais assez les services qu'elles ont rendus dans les ambulances, dans les hôpitaux, simplement, sans pensée de prosélytisme, sans jamais entreprendre sur les convictions des blessés. Mises en contact avec l'élite féminine de la bourgeoisie, avec l'État-Major des « Femmes du monde », qui, d'ailleurs avec un rare dévouement, occupaient les places en vue, les Institutrices ont su s'imposer, par la dignité de leur tenue, par leur ardeur au travail, sans éclat et sans ostentation, dans des milieux où on ne les connaissait guère, où même on les méconnaissait.

Ce fut une révélation, un peu bruyamment et naïvement exprimée parfois, pour combien de femmes, élégantes et mondaines la veille, brusquement appelées à la vie sérieuse, et faisant noblement effort pour s'y adapter, que de voir avec quelle souplesse et quelle aisance, avec quelle précision de méthode et quelle grâce aimable, les institutrices laïques se mettaient à l'œuvre, remplissaient leurs rudes et souvent si attristantes fonctions.

Que de fois, au cours des visites faites dans les hôpitaux, j'ai entendu répéter, et avec une sincérité de ton, agréable à mon amour-propre d'universitaire : « Ah! ces institutrices! nous sommes heureuses de leur rendre hommage. Elles acceptent, sans plainte, les plus humbles, souvent les plus rebutantes besognes. Elles balayent, elles sont à la cuisine, dans les salles de pansements et d'opérations. Elles passent les nuits, veillent les malades. » C'est ainsi qu'on les jugeait, et cette fois, avec équité. Comme on ne les voyait plus à travers les articles de journaux, à travers des livres, on les appréciait et on les aimait.

Sous leur bonnet à l'aspect monacal, dans leur robe blanche d'infirmière, les femmes-professeurs, les institutrices ont fait un noble et patriotique emploi de leurs vacances. Si on ne les avait pas priées de ne pas signer d'engagement pour la durée de la guerre, j'en sais qui auraient délaissé la classe pour l'hôpital où elles se sont attachées à leurs malades, où elles se sont efforcées de calmer les souffrances, de rendre moins lourdes les heures d'ennui, d'énervante immobilité. Combien d'entre elles, au passage, m'ont exprimé le désir d'obtenir un congé, de payer une remplaçante, tant elles étaient prises par la passion de se donner tout entières, en sacrifiant leurs intérêts à leur impérieuse mission!

Et quand est venue la fin des vacances, quelles plaintes, quels regrets on a exprimés devant moi à la pensée que les enseignantes allaient être forcées de renoncer à leur tâche : « Mais, me disait-on, ce sont nos meilleures collaboratrices qui s'en vont! Qui s'occupera de l'économat, qui des services intérieurs, qui passera les nuits? »

Doléances qui n'avaient que trop d'échos, car les institutrices offraient de jouer le double rôle d'infirmières et d'éducatrices, et j'étais obligé de gronder un peu, de résister un peu, mais mollement, et pour la forme, de parler de surmenage... Et je sais que, depuis la rentrée, les institutrices font deux parts de leur temps : l'une donnée à l'École, l'autre à l'Hôpital où, après avoir fait la classe aux enfants, elles courent au chevet des pères et des frères.

ENTRE DEUX DEVOIRS

On connaît la parole si souvent commentée par les maîtres de morale : « Il est parfois plus facile de faire son devoir que de le connaître. »

Pourtant, en des heures critiques, il peut arriver qu'on sache ce qu'on doit faire, qu'on essaie de le réaliser et que, pourtant, la conscience ne se trouve pas pour pleinement satisfaite.

J'ai vu, depuis que la guerre a éclaté, des institutrices stimulées et comme exaltées par leur passion de dévouement et qui ont subi une crise intérieure, singulièrement intense et troublante.

C'est dans les hôpitaux que j'ai rencontré des éducatrices oscillant entre deux devoirs : le devoir professionnel, le devoir patriotique.

J'en sais surtout une, prise parmi beaucoup d'autres, qui a sacrifié ce qu'elle devait à ses élèves pour ce qu'elle devait aux blessés et qui, réfractaire comme malgré elle à la discipline, entraînée par sa naturelle bonté irrésistiblement, a forcé l'admiration et l'estime de ceux-là mêmes qui avaient vu leurs conseils rejetés, leurs ordres transgressés par elle.

Mlle X..., dès les premiers jours des vacances, est entrée munie de son diplôme d'infirmière-major à l'hôpital de Y... où elle rendit d'inestimables services. Elle fut, pendant deux mois, l'exemple vivant du savoir, du courage, de l'entrain, de la bonne grâce. Elle ne répugnait à aucune tâche, si rebutante, si affreuse parfois fût-elle !

Octobre venu, Mlle X... est rappelée à son poste, dans un département voisin de celui où elle prodigue ses soins aux blessés. Elle demande un congé. Les instructions sont formelles. On le lui refuse et on lui enjoint de regagner la ville où elle exerce sa fonction, en lui rappelant, comme d'usage, les sanctions qu'entraînerait un refus. Elle hésite un instant. Elle est placée entre deux devoirs : le devoir permanent et rétribué, le devoir temporaire et gratuit. Elle voudrait bien retourner à son poste pour ne pas glisser dans l'indiscipline. Sa raison le lui ordonne. Mais le sentiment l'emporte sur la raison qui sait parfois avoir du cœur et qui cède. Elle est sûre qu'elle peut être suppléée par une brevetée, — et il n'en manque pas qui attendent une place, — là où l'appellent les écolières, mais, toute suggestion de vanité écartée, elle se rend nettement compte qu'elle est indispensable là où elle se penche au chevet des blessés qui, eux aussi, la réclament. Elle se livre à une petite opération d'arithmétique morale, à la Franklin, et, le calcul fait, elle insiste pour qu'on lui accorde un congé sans traitement.

Tant d'énergie, tant de persévérance dans l'effort, tant de dévouement désintéressé désarment une administration qui, par crainte des amateurs et des « embusqués », — il peut y en avoir au civil comme au militaire — s'arme de foudres plus sonores que terribles et qui, renseignements pris, a la joie de s'apercevoir qu'elle a affaire à une sincère et à une vaillante. Le congé est accordé sans traitement, car le règlement est inflexible, et Mlle X... peut suivre son inspiration et contracter un engagement pour la durée de la guerre.

Je l'avais vue à l'œuvre en septembre, je l'ai revue en décembre. C'est toujours, chez elle, même activité précise et réglée, même ardeur et même modestie dans la charité, même mépris du danger dans les salles de contagieux.

De sa joie vivante, imposée à son visage par sa volonté, l'institutrice infirmière dissipe les tristesses, les désespoirs qui, sans elle, quand on panse, quand on opère, pourraient s'exaspérer. Sa pitié, active et pratique, apaise et sauve, sans témoigner de faiblesse, sans manifester un inutile larmoiement. Elle souffre, certes, de voir souffrir, mais d'une main, d'une voix légère, d'un sourire, aux heures de crise et de fièvre, elle fait renaître l'espérance. Elle veut la guérison et elle entraîne les blessés à la vouloir, à s'aider et à l'aider pour la conquérir.

La Présidente de la Croix-Rouge (Union des Femmes de France), Comité de... qui dirige l'hôpital, m'écrivait : « Mlle X... se consacre tout entière à nos blessés qu'elle panse et soigne avec beaucoup de dévouement. Elle a bien voulu habiter l'hôpital, exerçant une surveillance constante et active sur les malades qui, plus spécialement, ont besoin de soins continuels. Elle s'attarde auprès d'eux, le soir, et elle est sur pied au point du jour. »

Et moi aussi, Mlle X..., que j'ai vue, entourée par les blessés d'une affection respectueuse et reconnaissante, m'a placé entre deux devoirs, et j'ai choisi celui que vous supposez.

UN RESCAPÉ

... Salle Louis-Tissié, lit n° 4, à l'hôpital suburbain de Montpellier, les docteurs Forgues et Vergne ont donné leurs soins à un instituteur blessé qui est en convalescence à Marseille et qui, dans son malheur, n'a pas laissé de devoir quelques remerciements à Dame Fortune. M. Maurice Arnaud, adjoint à l'école publique de la rue de Roseraie, à Marseille, président de l'Union des institutrices et instituteurs des Bouches-du-Rhône, est un rescapé qui, après s'être conduit en héros, a vu la mort de près et n'a été sauvé qu'après de pathétiques aventures.

Arrivé le 22 août aux environs de Verdun, le sergent Maurice Arnaud a combattu les 23 et 24, entre Warc et Boinville, le 25 à Boinville où il a vaillamment lutté. A la date du 30 août, il est cité à l'ordre du jour « pour sa brillante conduite aux combats du 25 ». Il avait entraîné sa section sous une pluie de balles et dû faire 4 ou 5 fois un trajet dangereux en espace découvert, pour prendre position derrière la voie ferrée qui formait retranchement.

Il assiste aux engagements d'Étain, de Beaumont-Consenvoye, puis, les 6, 7, 8 septembre, de Souilly.

Le 8 septembre, il était placé à la tête de sa section, en avant des lignes, près du village d'Ipécourt (Meuse), avec ordre de tenir jusqu'au bout.

Au petit jour, les Allemands, dissimulés dans des tranchées, ouvrent le feu. Le 240° riposte. La fusillade dure près d'une heure. Au bout de ce temps, les Allemands parviennent à tourner la position. La section, composée de 20 hommes, est prise de flanc par un violent feu de mitrailleuses qui met hors de combat, tués ou blessés, treize soldats.

A ce moment, le sergent Arnaud reçoit une balle dans chaque mollet. Il a la sensation d'être comme fauché. Il tombe.

Un groupe d'une dizaine de Bavarois surgit alors, s'empare des six hommes valides qui restent et qui se rendent, non sans s'être défendus.

L'ennemi a pour les blessés quelques gestes bienveillants : don de pain, de paquets de pansement, puis il les abandonne en emmenant ses prisonniers.

La bataille recommence, une heure après. Le sergent Arnaud, avec les quelques blessés qui n'ont pas été désarmés par les Bavarois, continue le feu. Mais que peuvent-ils contre la fusillade nourrie qui est dirigée contre eux, par des adversaires supérieurs en nombre !

Le sergent Arnaud reçoit encore une balle qui traverse la cuisse droite, une autre dans le genou gauche et qui sectionne le nerf poplité : d'où enflure énorme des deux jambes, grosse perte de sang. Une cinquième balle lui effleure la tête en lui enlevant le képi. Puis le feu cesse.

Le blessé passe la nuit sans secours, dans un fossé, sous la pluie et la mitraille, au milieu des râles des mourants, des appels désespérés qui s'élèvent du charnier où s'entassent ses camarades.

Au matin, en compagnie du caporal Castanié, atteint comme lui, il tente un effort surhumain pour quitter le terrain. Il se traîne sur les mains et parvient, après de longs efforts, à rejoindre une ferme abandonnée, dans le village d'Ipécourt, qui, pour comble de malheur, est occupé par les ennemis. Le sergent passe la journée à se dissimuler pour leur échapper et tenter de se procurer un peu de nourriture. Il échoue, à bout de forces, dans un champ d'avoine. La bataille continue. Il demeure une deuxième nuit sous la pluie et la mitraille.

Au petit jour, par un acte de suprême énergie, il se glisse le long d'un fossé. Il rencontre des Français qui allaient aux avant-postes. Deux braves soldats le transportent non loin, puis sont forcés de le laisser, après l'avoir réconforté, pour prendre leur position de combat. Enfin un colonial l'aperçoit, s'occupe de lui avec dévouement, lui donne un pardessus trouvé dans une maison abandonnée, le porte au château d'Ansemont où M. et Mme de la Bessière le soignent avec une admirable sollicitude. Mme de la Bessière coupe les souliers du blessé, les pantalons collés sur les chairs, lave le malade.

Évacué par les avant-gardes du 258e, à l'hôpital Saint-Nicolas, à Verdun, il y est l'objet de soins qui le mettent hors de danger, mais non hors de souffrance.

Il faut qu'il passe par une nouvelle épreuve.

On l'envoie dans le Midi. En face le fort de Troyon, la voie a été endommagée. Le train où il est couché s'arrête. Les obus pleuvent sur les rails. Le mécanicien qui conduit le douloureux convoi lance héroïquement sa locomotive à toute vapeur et franchit par miracle le point abîmé. Enfin le sergent Arnaud est sauvé...

En contant son émouvante, mais véridique histoire, le président de l'Union des instituteurs ne pousse rien au noir, ne prend pas un air tragique, bien qu'il ne soit pas guéri après plus de trois mois de séjour à l'hôpital. Il conserve le ton de bonne humeur qui lui était familier et qui le rendait si cher à ses collègues et à ses élèves. Il fait de son mieux pour faire habilement usage des béquilles. Il a le mot pour rire. N'écrivait-il pas à sa femme qui, institutrice également, était à la veille de lui rendre visite à l'hôpital : « Ne t'étonne pas si je ne puis pas encore marcher sans appui. Et surtout ne prends pas ton béquillard de mari pour un mendigot, et ne va pas au moins lui jeter un sou. »

JEUNE HÉROS

Dans la cour du Lycée de Jeunes Filles, rue Thomas, à Marseille, où l'on a installé un hôpital auxiliaire, derrière un drapeau qu'un sous-officier tient en main, sont alignés une centaine de blessés, bras en écharpe, tête bandée, ou bien s'appuyant sur des béquilles. En face, drapées dans leur manteau sombre, coiffées de la cornette blanche, se tiennent les *Dames de la Croix-Rouge*. Et à droite, à gauche, des officiers et des sous-officiers mêlent leurs uniformes et leurs galons.

Le capitaine Roger fait face au drapeau et appelle :
« Louette ! »

Et un tout jeune homme, rose et blond, — il a vingt ans et il en paraît dix-sept, — s'avance. Sa figure est à la fois sérieuse et souriante et respire la franchise, la décision, la simplicité. Louette a le bras droit en écharpe, car il a été atteint d'une blessure très douloureuse qui se referme trop vite et qui doit être souvent débridée.

Le capitaine Roger prononce une allocution patriotique, puis lit une citation à l'ordre du jour parue à l'*Officiel* :

« LOUETTE RAOUL, caporal au 120° d'infanterie : dans une attaque de nuit, a courageusement entraîné sa demi-section à l'assaut à la baïonnette ; blessé grièvement d'un coup de feu à bout portant, a continué à pousser ses hommes jusqu'à épuisement complet ».

Puis le capitaine Roger prononce la formule consacrée :

« Caporal Louette, au nom du Gouvernement de la République, nous vous conférons la Médaille Militaire ».

Les tambours battent et les clairons sonnent. L'insigne est épinglé sur la capote du jeune caporal qui est visiblement ému. L'accolade lui est donnée. Des applaudissements éclatent.

Le caporal Louette est un jeune instituteur qui

faisait classe dans une école près de Tours, et qui, par un hasard curieux, est décoré, pour faits de guerre, dans un lycée de jeunes filles.

Et c'est un authentique héros qui, d'août à fin septembre, a combattu d'abord aux frontières de Belgique, puis dans la retraite vers Paris, donnant toujours l'exemple de l'entrain, de la bonne humeur, de l'endurance, réconfortant ses camarades, leur rendant confiance aux heures d'épreuve.

« Tous vos collègues de France, dit au caporal-instituteur Louette, M. Havard, inspecteur d'académie des Bouches-du-Rhône, sont fiers de vous... » Et ils auront raison de l'être.

Le caporal-instituteur Louette, qui reçoit à vingt ans la Médaille Militaire, a accompli, dans les glorieuses journées de la Marne, de véritables exploits dont il faut arracher le récit et comme l'aveu à sa modestie.

Au moment où, à S..., l'engagement commence, il est en tête de sa demi-section et du régiment. Il a reçu l'ordre de donner l'assaut à des forces supérieures, aux géants de la Garde prussienne. Il sort d'une marche épuisante. N'importe. On lui a dit d'aller en avant et s'il avance et fait avancer la petite avant-garde, résolument. Il charge à la baïonnette, précédant, enlevant sa troupe. Prompt et vif, adroit et souple, il tue deux grands diables d'Allemands, traversés par « Rosalie ». Mais, à six pas, il reçoit au haut du bras une balle qui éclate et brise l'os : « Il me sembla alors, me conta-t-il, que mon bras m'échappait. La souffrance s'étendait à tout le corps. J'étais à bout de force. Pourtant, j'ai voulu tenir bon, j'ai continué la ruée, en soutenant mon bras fracassé, parce que le recul du chef de file aurait déclanché le recul des soldats qui me suivaient, et j'eus la vision des conséquences qu'entraînerait une panique. J'ai réagi. Mais quand j'ai constaté que l'élan était donné, la poussée irrésistible, je suis tombé ».

L'instituteur Louette, un héros sans le savoir, n'éprouve aucune fierté de l'acte qu'il a accompli et qu'il trouve tout naturel. Il ne saurait lui entrer dans l'esprit que, caporal, il n'eût pas dû entraîner non seulement ses hommes, mais le régiment en tête de qui il marchait. Il a un héroïsme simple, aimable, spirituel, et il est heureux, en parlant des Goliaths bien nourris qu'il a démolis, de répéter les mots que lui ont dits les camarades quand il est revenu dans les rangs : « Tu as eu un beau rabiot de choucroute. »

Le caporal Louette emploie avec aisance le langage des camps, tout comme s'il était un troupier de carrière. Mais il n'oublie pas qu'il est instituteur et il a l'intention arrêtée, après la guerre, de fortifier la culture physique chez ses élèves. Car il est une chose dont il est justement fier : la faculté de résistance qu'il a su acquérir par l'exercice : « Pendant cinq jours et cinq nuits, au moment de la grande retraite stratégique, j'ai pu marcher, en ne dormant que deux heures à l'étape. Je n'ai jamais quitté le sac, ni, bien que j'en fusse dispensé, la pelle qui m'a servi à faire plus d'un trou pour m'abriter et me défendre. Je n'en ai supporté le poids que parce que je m'y étais habitué peu à peu. L'entraînement, tout est là. »

Oui, l'entraînement physique. Mais pour se signaler par une action d'éclat, pour se lancer impétueusement en avant sous une pluie de balles, pour se jeter sur les baïonnettes ennemies, pour dompter d'atroces souffrances et pour déterminer, malgré une blessure qui vous laisse sans défense, un mouvement dont dépend le succès d'un combat, il faut autre chose. Il faut toute une éducation de la volonté qui l'élève au-dessus des périls, qui l'enflamme d'ardeur patriotique.

L'héroïsme, même stimulé par les circonstances, ne s'improvise pas. Il y faut l'étincelle, mais aussi une préparation. Même dans un milieu favorable, l'intention, si elle jaillit d'une âme faible et d'un corps amolli, ne se traduira pas en actes mettant l'homme au-dessus de l'homme. L'École, pour le caporal-instituteur Louette, comme pour tant d'autres instituteurs cités à l'ordre du jour et qui se sont signalés par leur courage, avait été, avant le régiment, École de nobles et fortes vertus.

L'AUTRE HÉROISME

« Il nous faut des héros! » s'écriait Carlyle. Des héros, l'École en a fourni sur les champs de bataille, et les citations à l'ordre du jour de l'armée en témoignent. Nombre d'instituteurs ont fait plus que leur devoir, encadré, entraîné leurs hommes, comme officiers, comme sergents et caporaux et donné un admirable exemple de courage.

Mais il est un autre héroïsme qu'il convient de signaler et de louer. Dans tous les hôpitaux que j'ai visités, les instituteurs se sont montrés fermes et résolus quand ils ont été aux prises avec la souffrance physique. Ils la supportent avec un étonnant stoïcisme. Ils ont toujours le mot qui porte et réconforte, pour aider leurs camarades d'infortune à prendre leur mal en patience, à dompter les révoltes de la chair qui si souvent s'exaspère à l'heure redoutée des pansements et des opérations. Ils exercent autour d'eux une belle et saine influence morale et, simplement, sans en tirer vanité, et comme sans s'en douter, continuent leur œuvre éducative.

C'est une autre forme de l'héroïsme, et qui n'a pas pour stimulant la griserie de la bataille, l'élan de l'amour-propre individuel et collectif.

Médecins, infirmières, ne tarissent pas d'éloges sur l'aide que leur prêtent les blessés qui appartiennent à l'Université, sur les sentiments nobles et délicats qui les animent et qu'ils répandent autour d'eux.

Tout récemment, cet héroïsme a revêtu dans un hôpital une forme vraiment sublime.

C'est au collège de Perpignan, où, comme dans tant d'établissements d'instruction publique, sont soignés des blessés. J'y ai rendu visite, avec M. Capra, inspecteur d'académie des Pyrénées-Orientales, à M. Georges Raynaud, un ancien élève des écoles primaires, professeur au collège de Vienne.

M. Georges Raynaud, par une sorte d'ironie du sort, a été placé, lui, professeur de collège, dans la classe de 5ᵉ A d'un collège, transformée en chambrée, et nous avons plaisanté ensemble sur la bizarrerie de la coïncidence.

Il a fait campagne, comme soldat colonial, jusqu'à la fin décembre. Il a les pieds gelés.

Dans le même hôpital se trouve un « grand blessé », comme on dit : M. Chastre, soldat au 207ᵉ de ligne, originaire de la Corrèze, atteint dans le dos par un éclat d'obus et profondément affaibli par de violentes hémorragies.

On ne peut le sauver que si un soldat se dévoue pour lui donner son sang, d'après le système du Dʳ Carrel. M. Georges Raynaud s'est offert, avec joie, et, avec joie, a vu son offre acceptée.

M. le Dʳ Jeanbrau, de Montpellier, a pratiqué l'opération si délicate de la transfusion, en abouchant, d'homme à homme, sans l'intermédiaire du tube, l'artère de l'avant-bras dans la veine même de la jambe du malade. L'opération a duré deux heures, — vous avez lu, deux heures. Elle a réussi.

Comme on le suppose, M. Georges Raynaud a été vivement félicité de l'acte qu'il a accompli et dont il parle comme de la chose la plus simple du monde, avec l'exquise modestie qui est le trait dominant son caractère.

Il m'écrivait, il y a peu, une lettre qui vaut d'être conservée et d'être lue dans les écoles, car elle est d'une simplicité calme et souriante, et montre le « héros » sous son vrai jour :

« ... Ma santé parfaite, mon grand désir de voir de près une de ces belles opérations, le sentiment de sécurité que j'éprouve à me confier à un chirurgien éminent m'ont poussé à un petit dévouement pour lequel cinquante de mes camarades étaient prêts. Encore y eussent-ils eu infiniment plus de mérite que moi : l'opération comportant, pour eux, quelque chose de mystérieux qu'elle n'avait pas pour moi. La transfusion ne m'a aucunement épuisé. Le seul gros ennui que j'aie éprouvé a été la longueur d'une opération qu'il a fallu subir dans une immobilité absolue. Depuis, je profite du beau soleil du Roussillon pour aller en campagne et reprendre entièrement mes forces. Mon compagnon d'opération se ranime, du reste, très vite et commence, avec de l'appétit, à prendre de belles couleurs. »

M. Georges Raynaud, qui est professeur, a un autre titre à l'affection de l'Université : il est le fils de l'inspecteur primaire de Chambéry.

L'ENTR'AIDE AU FEU

Ceci m'a été conté à l'Hôtel-Dieu de Marseille où, le même jour, le 20 octobre, j'ai trouvé sept instituteurs blessés : quatre soldats, trois sergents. Comment ceux qui enseignent la solidarité savent la pratiquer entre eux, le sobre et simple récit qui me fut fait par un sauvé, rendant hommage à son sauveur, le montrera sans commentaire.

Voici ce que m'a dit M. Gaignard, sergent du 333e, instituteur à Saint-Mars-sur-Colmont (Mayenne), qui était encore bien faible et bien pâle, malgré quatre semaines de traitement et qui, bien que la guérison fût assurée, n'était pas encore quitte envers la souffrance, noblement supportée sans regret et sans plainte.

« Le 18 septembre, vers onze heures, dans un combat à Hautmont, au nord de Verdun, je tombe frappé d'une balle qui me traverse la poitrine.

« Deux brancardiers me font un pansement et me laissent sur le champ de bataille au milieu de la mitraille. Je tombe en syncope et ne reviens à moi que sous l'influence du vent et de la pluie qui cinglent dru.

« Le soir, j'entrevois l'horreur d'une nuit passée dans le froid, dans l'abandon, lorsque j'entends quelque bruit. Je pousse un faible cri. On répond à mon appel. Mon ami, mon compagnon d'études et d'armes, Michineau, instituteur au Pas (Mayenne), sergent comme moi, et venu du camp, me cherchait avec quatre hommes de notre section. Ils m'emportent à l'ambulance de Hautmont sur une toile de tente prise aux Allemands. »

Le sergent-instituteur Gaignard ajoute, sans phrases, doucement, mais dans un sincère élan d'affectueuse reconnaissance :

« Le dévouement de ces soldats, et en particulier de ce collègue, n'est-il pas admirable et ne mérite-t-il pas d'être cité en exemple à tous ceux qui enseignent ?

« Quelle vaillance et quel esprit de fraternité il faut avoir pour accomplir un tel acte, après un jour de combat! Il ne faut craindre ni la fatigue, ni le danger, pour partir à la recherche d'un camarade tombé. »

Oui, et il faut avoir en outre la passion de se dévouer, la foi sincère dans les devoirs qu'impose l'amitié.

Le sergent-instituteur Michineau a sauvé la vie au sergent-instituteur Gaignard. Et Gaignard, qui admire l'acte de son collègue, l'eût accompli avec la même héroïque simplicité, sans hésitation comme sans faiblesse. Ce sont cœurs de même trempe qui ont même idéal d'honneur et de générosité.

ÉD. PETIT.

LEURS LETTRES

Les Instituteurs qui « tiennent » au front, ou bien passent par les hôpitaux demeurent des éducateurs. Entre deux assauts soit de la mitraille, soit de la souffrance, ils écrivent à leurs collègues, à leurs parents, à leurs élèves, des lettres pleines de confiance, d'espoir dans la victoire finale et qui enseignent la patience, le courage, la sérénité dans l'épreuve. Ils apprennent aux « civils » à « tenir », selon le mot de Forain. Mais ils le font sans tendance à l'épigramme. Ils s'adressent aux plus nobles sentiments. Ils ne prêchent pas, ils ne moralisent pas. Ce n'est ni l'heure, ni le lieu. Ils ne visent pas non plus à apporter leur contribution à ce que l'on appelle déjà : « la littérature des tranchées » qui ne dédaigne pas de rechercher la publicité.

Mais précisément parce qu'elles sont destinées à des amis, à la famille, à des enfants, ces épîtres improvisées, qui sont pages de pédagogie glorieuse, souvent soulevées d'héroïsme, nerveuses et pressantes leçons du patriotisme agissant, mériteraient parfois d'être conservées.

Certaines d'entr'elles celles des Glay, des Chalopin, ont eu les honneurs de la grande presse, ont été citées dans les conférences publiques, suscitées par la guerre et qu'ont faites, à la Sorbonne, au Musée social, à la Ligue de l'Enseignement, MM. Painlevé, Monjotin, Ferdinand Buisson.

Mais il en est d'ignorées, et qui, par la simplicité du

ton, la sincérité spontanée de l'inspiration, atteignent parfois au sublime. Elles sont inconnues, enfouies dans des Bulletins départementaux, des feuilles locales.

On y peut glaner des traits frappés à l'antique marque et qui feront honneur aux instituteurs soldats de l'an 14 ou de l'an 15.

Que pensez-vous de ce qu'écrit ce sergent, instituteur hier encore dans une commune de Seine-et-Oise, à M. Lottin, inspecteur primaire ? Quel amusant aveu, et spirituellement tourné :

« Avant la guerre, j'étais quasi incapable de casser une pipe à bout portant dans un tir forain. J'avais une excuse : *je n'y voyais pas*. Pourquoi ? C'est facile à deviner : *je ne tenais pas à bien voir*. En ce moment, *je veux voir* l'ennemi pour l'abattre, et, chose très naturelle : *je le vois*, même de loin. En voulez-vous la preuve ? Hier on nous a fait faire une expérience. Il s'agissait de tirer huit balles à 250 mètres, par un temps de vent et de pluie, dans l'ouverture d'un créneau qui servait à l'expérience et qui atteignait tout au plus les dimensions d'une carte postale. Cela va peut-être vous surprendre, mais ne me surprend pas du tout : j'ai battu de loin le record de la compagnie, moi le *myope*, avec 4 balles sur 8 dans le but. Détenteur de la coupe, j'ai reçu des mains du commandant de compagnie, une bouteille de champagne et un paquet de cigares, trophées du vainqueur.

« Maintenant, gare aux bandits ! La poudre va parler et dans notre tranchée qui n'est qu'à 80 mètres de la leur, ils feront bien de ne pas regarder par les fenêtres : je la tiens ma vengeance.

« Souvent l'homme « d'avant-guerre » qui demeure en moi me fait des reproches, mais je l'envoie aux Boches ?

« N'ai-je pas raison ?

« Sergent E. L. »

Voici une carte postale venant d'Alsace et dont le signataire, au style alerte, est un instituteur « homme des bois » :

« Cette semaine, nous avons repoussé jusqu'à *huit* attaques par jour et *trois* par nuit. Nous avons mis *deux mille* Alboches hors de combat. Dans une futaie, d'abord mitraillée par nos fusils, et que je pus ensuite visiter, j'ai compté *six cents* morts. Un vrai massacre! Grâce à nos tranchées, de notre côté, rien que deux morts et trois blessés. Nous avons été cités à l'ordre du jour. Je n'ai jamais été si fier d'avoir fait mon devoir. Après ça, on vient de nous donner deux jours de repos. J'en profite pour écrire à mes chers élèves. Ils ne reconnaîtraient plus leur maître : depuis mon arrivée à la frontière, je suis devenu l'homme des bois ! »

Ecrire aux élèves, car l'on pense à eux et à l'Ecole dans les tranchées, c'est la grande distraction, la consolation de plus d'un instituteur qui, par l'entrain, par l'allant de sa correspondance, entretient l'enthousiasme patriotique chez ses disciples et, par eux, dans les familles.

Un tout jeune maître, qui a exercé un an dans une école des Bouches-du-Rhône, auprès de son père, instituteur aussi, écrit à ses chers petits amis, à la fin de 1914 :

« ... Je n'ai pas eu beaucoup de temps à passer avec vous, et pourtant je vous aime ! Pensez si papa, votre vieux maître, qui vous a vu naître, doit vous aimer ! Oh ! aimez-le bien ce maître !

Je vous écris aussi pour vous souhaiter beaucoup de bonheur pendant l'année nouvelle qui s'approche : elle sera triste, peut-être, mais glorieuse.

Travaillez, pour nous aider à sauver la France, notre chère patrie, que vous ne connaissez point encore bien ! Travaillez en classe, en étudiant vos leçons ; travaillez le jeudi, en aidant vos mamans et vos vieux parents ! Travaillez surtout pour l'amour de vos parents, de votre maître, de votre patrie !

La nuit, parfois on dort dans une grange (quelle chance !) le plus souvent en plein air, dans un bois, la tête couverte du bonnet de police, les pieds dans un brasier, couché avec le sac pour oreiller. On dort peu, ma foi : 2, 3 ou 4 heures par nuit.

Les jours de marche, on combat. Je pense souvent à vous, mes amis, à mes chers parents que j'ai dû quitter, à toute la France qui a les yeux fixés sur nous. C'est triste, la guerre, mais elle est belle aussi, surtout quand elle a pour but de chasser l'envahisseur. »

Il donne des nouvelles à ses élèves des soldats qu'ils connaissent. Il leur dit la vie qu'on mène au front.

« J'ai vu Baptistin conduire son cheval, qui portait les obus, à Paul qui pointait les canons. Tous deux travaillaient à lancer ces pluies de mitraille qui tuent tant d'hommes. Moi aussi, je tue des hommes ; mais croyez bien, chers enfants, que ce n'est pas avec une joie que je tue des innocents : c'est Guillaume que je voudrais pouvoir viser !

Tous, nous risquons notre vie ; tous nous souffrons du froid, de la faim (ceci rarement) ; aimez donc ces petits soldats, qui chantent quand même, en allant au combat.

C'est au bruit du canon que je vous écris, avec mon sac pour pupitre, et je ne suis pas sûr de pouvoir finir ma lettre. Les camarades, à côté, préparent le café ; je vais aller le prendre. Y aura-t-il du sucre ? Peut-être oui, peut-être non. Qu'importe ? Le soldat français n'est pas gourmand. »

Il termine sur des conseils qui ont dû aller droit au cœur des enfants :

« Adieu, chers petits, travaillez bien, étudiez votre Histoire. Tiens ! mais on va ajouter des pages aux livres nouveaux ? Oui, mais ce seront des pages glorieuses que vous apprendrez volontiers. O chère patrie, tu sortiras grandie de l'épreuve ! Que tu vives ! Nous veillons sur toi ! Allons, mes enfants, en chœur : « Vive la France ! »

Il faut lire et relire, pour conserver le souvenir d'un héros stoïque, la lettre vraiment sublime d'un instituteur corrézien tombé sous les balles allemandes.

Léon Bouny, instituteur adjoint à Auriac, sous-lieutenant au 108ᵉ d'infanterie, blessé à Saint-Hilaire-le-Grand et décédé à l'hôpital de Châlons-sur-Marne, le 4 octobre, écrivait trois jours avant sa mort, à son oncle, instituteur à Soursac :

« Chers parrain et marraine,

Je vous écris à vous, pour ne pas tuer maman qu'un pareil coup surprendrait trop.

J'ai été blessé le 29 septembre devant Saint-Hilaire le-Grand. J'ai deux blessures hideuses et je n'en ai pas pour bien longtemps. Les majors ne me le cachent même pas.

Je pars sans regret, avec la conscience d'avoir fait mon devoir.

Prévenez donc mes parents le mieux que vous pourrez ; qu'ils ne cherchent pas à venir à Suippes, ils n'en auraient sûrement pas le temps.

Adieu, cher parrain, chère marraine, chers parents, chers cousins, vous tous que j'aimais.

Vive la France.

L. BOUNY. »

Transporté à l'Hôtel-Dieu de Châlons pour y subir l'amputation d'une jambe, l'instituteur Léon Bouny expirait une heure après l'opération, en pleine connaissance, fier d'avoir versé son sang pour la France. Il venait d'être promu lieutenant.

C'est tout un testament, tout un programme, d'éducation civique et patriotique, moral, où s'exprime une foi ardente, que la lettre écrite la veille même de sa mort, le 31 décembre 1914 — il devait tomber, face à l'ennemi, le 1ᵉʳ janvier 1915 — par l'instituteur parisien, Henri Boullé, parti comme soldat, devenu lieutenant sur le champ de bataille. Henri Boullé, avant la guerre, était un des plus ardents apôtres du syndicalisme :

Le 31 décembre 1914.

« Mes chers enfants,

« Nous voici arrivés à la fin de cette année 1914, qui aura sa place dans l'Histoire du monde.

« Nous avons vécu le premier semestre ensemble, travaillant paisiblement, côte à côte, dans le calme et la paix.

« Depuis juillet, nous sommes séparés ; et tandis que, grâce à l'héroïsme de nos troupes, vous pouvez continuer vos études dans la quiétude d'une ville préservée de l'invasion, je vis, pour ma part, au milieu d'horreurs inimaginables.

« Maudits à jamais soient ceux qui, par orgueil, par ambition ou par le plus sordide des intérêts, ont déchaîné sur l'Europe un tel fléau, plongé dans la plus effroyable misère et ruiné à jamais peut-être tant de villes et de villages de notre belle patrie !

« Maudits soient à jamais ceux qui portent et porteront, devant l'Histoire, la responsabilité de tant de souffrances et de tant de deuils !

« Les siècles futurs flétriront leur mémoire. A nous, une autre tâche incombe.

« Nous autres soldats, défenseurs de nos libertés et de nos droits, il nous faut redoubler d'énergie et de ténacité pour chasser à jamais de notre pays un ennemi qui a accumulé tant de malheurs. Il nous faut garder intacte la foi en la victoire finale, qui sera le triomphe de la justice. Il nous faut être prêts à risquer chaque jour notre vie dans les plus terribles des combats, prêts à endurer à chaque heure mille souffrances morales et physiques.

« Tous ces sacrifices, nous les consentons avec bonne humeur, pour arriver au succès définitif.

« Nous saurons aussi garder pieusement la mémoire des camarades qui, par centaines, tombent à nos côtés. Et rappelez-vous, mes enfants, que le patrouilleur qui risque sa vie dix fois, pour fournir un renseignement à son chef, lequel aidera à la victoire, mérite notre admiration, au même titre que le plus habile de nos généraux.

« Mais vous aussi, mes chers amis, avez aujourd'hui votre devoir tracé. Songez que vous êtes l'espoir de demain. C'est votre génération qui devra remplacer vos aînés tombés au champ d'honneur.

« N'oubliez pas que notre France fut de tout temps à la tête du monde civilisé. C'est elle qui toujours, au cours des siècles, a fourni au monde les plus grands génies : artistes, savants, littérateurs, penseurs de toutes sortes. Cette renommée intellectuelle, artistique, morale de la France, c'est à vous, demain, de la soutenir. Le plus humble artisan, s'il apporte dans son travail quotidien tout son cœur et tout le goût de sa race, a contribué à cette tâche.

« Écoliers, étudiez donc courageusement en classe. Adolescents, complétez, après l'école votre instruction primaire. Adultes, travaillez sans relâche à votre éducation professionnelle. Montrez demain au monde que la saignée qu'elle a subie n'a point appauvri notre race. Montrez-vous dignes de vos aînés, de ceux qui relevèrent notre nation abattue au temps de l'invasion normande comme au temps de Jeanne d'Arc, au début du xviie siècle comme aux temps héroïques de la Révolution ou après l'année terrible de 1870.

« Quelle que soit l'issue de la guerre actuelle, il faut que le génie français vive ! Nous autres, qui avons fait joyeusement le sacrifice de notre vie et qui demain peut-être seront morts, nous comptons sur vous pour cela, et nous vous léguons cette tâche avec confiance.

« Et, puisque nous voici au terme de l'année 1914, faisons tous ensemble des vœux pour que bientôt reviennent dans notre beau pays, avec la victoire, la paix, le travail et le bonheur.

« A tous au revoir et mon souvenir ému.

H. Boullé.

La même note, noblement éducative, est donnée par un instituteur dauphinois — qui, dans la tranchée, confie à une lettre la leçon qu'il ne peut faire oralement à ses disciples aimés :

M. L..., instituteur à Allevard (Isère), fait son devoir à la frontière depuis les premiers jours de la guerre.

Depuis la rentrée, il envoie chaque jour à ses élèves des cartes, des nouvelles, des récits. Voici le texte d'une de ses dernières lettres :

« Mes chers élèves,

« La pensée que je reçois de vous, vos signatures sur une feuille de vos cahiers, m'ont procuré la joie la plus émue. Je les ai gardées longtemps devant mes yeux, je vous ai revus tous, vos camarades absents aussi, ceux qui dans leur famille ont dû se hausser à la taille d'un père. Et j'ai pris vos mains : « Les enfants d'Allevard sont de braves cœurs. »

« J'étais avec vous le jour de la rentrée des classes. Huit heures... vous rentrez sans bruit et vous travaillez ferme. C'est votre façon à vous d'être à la guerre; vos pères sont devenus d'héroïques soldats et vous de petits hommes. Alors je vous ai fait une promesse : celle de vous envoyer des nouvelles de la guerre cueillies exprès pour vos yeux et vos cœurs.

« Chers enfants, aimez bien le sol d'Allevard dont les coteaux prodigieux sont déjà rallumés pour fêter l'abondance automnale, votre toit, votre table d'écolier, ce champ étroit où, près de vos mamans calmes, vous êtes venus récolter le travail des absents. Où sont-ils ?

« Ils sont sur la terre d'Allevard, mais aussi beaucoup plus loin que vos yeux ne peuvent porter, au-delà de nos crêtes, et de la ligne bleue des Beauges, tout au bout de leur champ agrandi : « La France ».

« Là, tout près, un empereur qui a nom Guillaume II, a fait un signe à ses puissants barbares, plus nombreux que tous les troncs de nos forêts, plus féroces que les Huns de votre petite Histoire. Ils avancent, ils veulent passer pour courir brûler votre toit, piller vos récoltes, vous imposer des maîtres allemands. Mais votre frère est là, avec Pierre son voisin, avec Jean du hameau, cent autres de la vallée, cent mille autres de la plaine.

« Une maman court à eux : « Soldats ! Ils viennent de tuer mon François ! Il était doux comme une fille ! Il n'avait pas douze ans ! Ils l'ont tué parce qu'il sortait notre génisse de l'écurie qui flambait ! Mon François ! Ils l'ont tué parce qu'il était petit ! François !... »

« Alors votre frère épaule, pour François, pour vous, mes chers petits ; pour votre Allevard, pour votre école. Il meurt... C'est cela la patrie française.

« Votre maître vous embrasse. — J. L.

« P.-S. — L'histoire de François est un fait constaté dont j'ai été le douloureux témoin. »

Tels maîtres, tels chefs. On a, dans le *Bulletin de l'Association des Inspecteurs primaires et des Directeurs d'Écoles normales,* publié des lettres de ces héros, tombés au champ d'honneur : Rumeau, Directeur de l'École normale d'Aurillac; Manciet, Inspecteur d'Oloran (Basses-Pyrénées); — Rigaud, Inspecteur de Quimper; Debois, Inspecteur à Pontarlier; Dodemon, Inspecteur à Vouziers. Ce sont pages d'énergie, d'enthousiasme, toutes soulevées de foi patriotique.

Roumeau, adjudant au 147e, cité à l'ordre du jour de l'armée, écrivait, le 15 août 1914, au moment du départ, après avoir montré quelle fut l'ardeur précise de la mobilisation :

« Notre France sortira grandie de cette formidable épreuve. En vérité, on éprouve une fierté singulière d'appartenir à une race capable de donner de si grands exemples, de faire jaillir de soi de telles forces de sentiment et de volonté. »

26 mars 1915.

« Hier nous avons été passés en revue par le général Joffre. Tout le 1er corps disponible était là. La cérémonie a été très simple, très belle, avec, il me semble, une tristesse dans l'air, qui n'était peut-être que du recueillement. J'ai eu la joie de voir de près ce vrai grand homme et de la simple curiosité à dénombrer son état-major où se mêlaient uniformes belges, anglais, serbes, russes et japonais! Il passe lentement et à pied sur le front des troupes, sans jamais dire un mot, l'air très grave. Le général Langle de Cary, commandant la IV⁰ armée était là. La veille, notre corps avait obtenu des félicitations du généralissime pour sa récente conduite en Champagne. Savez-vous que c'est notre régiment qui a pris la fameuse cote 196 ? Coût, 1.200 hommes en cinq jours.

1er avril 1915.

« Rassurez-vous, je suis en excellente santé et en très bonne forme. Cette vie de campagne est tonique à tous égards et j'ai du reste comme camarades des officiers qui sont des braves pour ne pas dire des héros. Ces corps de l'Est sont vraiment des corps d'élite et de ressource. »

Le 6 avril, il tombait au combat de Pareid (Meuse).

« Abel Dodeman, dont le savoir donnait tant d'espérances, a laissé tout un carnet de campagne. On ne put le lire sans une poignante émotion. Le rôle que voulait jouer, que joua le sergent Dodeman, tué, le 5 avril 1915, en s'élançant à l'assaut de la cote 221, près d'Étain, est résumé dans ces lignes écrites à sa femme :

13 janvier.

« ... Ce qui me soutient, c'est d'abord l'espoir, toujours vivace, de l'offensive et de la victoire prochaines — préludes de notre réunion. — C'est aussi la nécessité, pour nous les gradés, de soutenir par notre attitude, nos propos, notre sourire, le moral de tous ces hommes, dont beaucoup sont des « envahis », pères d'une nombreuse famille, et totalement privés de nouvelles des leurs, les pauvres gens ! Dans cette triste guerre, nous sommes, malgré toutes les souffrances morales, des privilégiés, à côté de tant de détresses.

« Voilà 3 mois que nous ne sommes pas allés à Verdun, puis voici 6 mois bientôt que nous n'avons pris de bains, ni couché dans un lit !

« Allons, encore un peu de patience et nos plus chers espoirs se réaliseront... »

« Le 4 avril 1915, veille de sa mort, qui fut le lundi de Pâques, Abel Dodeman écrivait :

« Aujourd'hui nouveaux changements, nous sommes dans un village à mi-chemin d'Étain et des Éparges, nous demandant si nous allons partir dans un sens ou dans l'autre ; c'est incroyable ce qu'il y a ici de troupes de toute sorte ; dans la pauvre rue du village, on se marche littéralement sur les pieds. On nous a fait alléger nos sacs jusqu'à la dernière limite, la couverture et la toile de tente à l'intérieur du sac ont remplacé le linge personnel dont on nous a fait faire un ballot. D'autre part, dans un récent ordre du jour, notre colonel et le général ont parlé du « rôle d'honneur et de confiance » assigné à notre régiment... Le moral des hommes est meilleur que jamais, malgré la pluie et la boue : chacun veut en finir, et à se voir si nombreux, les troupiers se sentent forts : d'où une confiance et une impatience générales... et demain »...

Ce que fut demain, on le sait. Dodeman a sa tombe dans les bois d'Honneville, — son souvenir dans les cœurs de tous ceux qui l'ont connu, et qui l'ont tant aimé...

L'on pourrait multiplier les citations, les extraits.

C'est même note, courageuse et ferme qui est donnée par les éducateurs du Nord, par ceux du Centre, de l'Ouest, du Midi, de quelque école politique que les soldats-instituteurs se soient réclamés dans le passé.

On a composé une anthologie des poètes de la guerre, et il faut reconnaître, qu'au moins pour le moment, elle n'a pas fait oublier les chantres de 1870.

Une Anthologie contenant un choix de Lettres écrites par les instituteurs à leurs chefs, aux familles, aux écoliers, enfermerait des pages vraies, directes, de veine populaire. Ce serait un recueil précieux de documents. Et ce serait comme une Morale en action, la morale des devoirs envers la cité, envers la patrie, ayant le pouvoir des exemples vivants.

L'ÉCOLE DES PRISONNIERS

L'École aura pris toutes les formes, revêtu les aspects les plus variés, au cours de la Grande Guerre qui lui a fourni l'occasion d'affirmer sa souplesse et son ingéniosité.

L'École, grâce à un inspecteur primaire, M. Forsant, a réuni, malgré le bombardement, écolières et écoliers de Reims dans des caves.

L'École grâce à un inspecteur primaire, M. J. B..., a réuni, dans un camp de prisonniers, en Allemagne, des étudiants militaires, russes, anglais, français, dont il a été le « Directeur intellectuel ». Et c'est le plus curieux, le plus original Cours d'adultes qui jamais ait été fondé, et aussi le plus émouvant.

Comment en a-t-on connu l'existence ? Celui qui

l'a innové pour le réconfort de ses compagnons de captivité, M. J. B..., est trop modeste pour l'avoir révélée.

Si le fait est venu à ma connaissance, je le dois à M. B..., père du soldat-professeur, qui est président d'une délégation cantonale, à Lyon. Il me l'a conté d'après des documents fournis par des témoins, par des visiteurs, et je ne fais que relater son curieux récit, épisode touchant de la « Petite Histoire » scolaire, qui s'inscrit en marge de la Grande Histoire militaire.

Mais voici les faits :

« M. J. B... est mobilisé au ...ᵉ régiment d'infanterie dès le 1ᵉʳ août comme simple soldat. En septembre, il est nommé caporal-fourrier. Le 19, on le trouve sur la ligne de combat dans la Somme. Il est blessé le 25 septembre, à dix heures du matin, à Chaulnes. C'est en portant les ordres, comme agent de liaison, du commandant de son bataillon, qu'il a les deux cuisses et le mollet gauche traversés par des balles.

« Abandonné sur le champ de bataille par ses camarades qui se replient, il reste, ainsi que deux officiers et quatre soldats, dont un instituteur de Saint-M..., jusqu'à sept heures du soir, sous le feu croisé des belligérants. C'est à la Bourse de séjour qu'il a obtenue naguère, c'est à sa connaissance de la langue allemande, qu'il doit la vie. Il entend l'ennemi approcher. Malgré les souffrances qui le tenaillent, il a le courage de se lever en criant aux Bavarois : Ne tirez pas sur nous, nous sommes des blessés ». Ceux-ci abaissent leurs armes, le ramassent, ainsi que ses voisins, et les emmènent dans une ambulance où des soins leur sont donnés immédiatement.

« Dirigés sur Saint-Quentin où ils restent à l'hôpital jusqu'au 10 octobre, ils sont, le 11, envoyés dans un lazaret, à Stralsünd (Poméranie), où ils arrivent après cinq jours de chemin de fer. Là, J. B... sert d'interprète auprès du major ; ses plaies se cicatrisent assez rapidement. Le 15 décembre, il est envoyé en convalescence pour achever sa guérison, au camp d'Altdamm, près de Stettin, où il est actuellement.

C'est à ce moment que ses actes offrent un intérêt prenant.

« J. B... par son affabilité, par son courage dans l'épreuve, a conquis la confiance et l'affection de ses camarades d'infortune. Il est, dans le camp, leur interprète comme à l'ambulance. Il veut les arracher à l'ennui, au spleen, et il leur conseille de chercher dans l'étude un remède contre la langueur née de l'oisiveté. Il commence par leur proposer l'étude de l'allemand. Aucun d'abord ne veut accéder à son désir. Usant de l'ascendant moral qu'il a pris sur eux, il ne se décourage pas. Il réussit à leur faire accepter sa proposition, et d'autres aussi. En relation avec les Anglais du camp, connaissant un peu leur langue, il les engage dans la même voie. Un lieutenant russe, connaissant le français, accepte une part de collaboration. Aussitôt il organise des cours de français, allemand, anglais, russe, professés par ceux qui peuvent pratiquer l'échange. Lui-même, pour donner l'exemple, fait des leçons et assiste à tous les cours.

« La méthode, fort goûtée à mesure que s'affirment

les progrès, amène la création de cours pour des sports divers, pour la sténographie, pour des professions même artistiques. Mais les instruments de musique manquent. Avec quelques pauvres matériaux, on s'ingénie à fabriquer des violons.

« M. B..., père de l'inspecteur prisonnier, m'écrivait récemment : « Mon fils nous a caché tout cela. Ce n'est que par la lecture de lettres adressées par des prisonniers lyonnais à leurs familles que j'ai pu recueillir ces renseignements. Tous, grâce à lui, prennent patience, supportent mieux leur malheur. Ils ne tarissent pas d'éloges sur le compte de leur camarade B... qui leur rend d'inestimables services. Ils affirment tous à leur mère, à leur femme, qu'ils ne s'ennuient pas, et les assurent que, grâce à lui, ils reviendront plus instruits »

Et voici un témoignage officiel qu'on ne saurait récuser, et pour cause, et qui contient un précieux hommage rendu par des émules à un inspecteur de l'École laïque. C'est une lettre adressée par la Mission catholique suisse de Fribourg, le 11 juin, à Mme B..., femme de l'éducateur prisonnier :

« Madame,

« J'ai l'honneur de vous informer que la Mission catholique suisse de Fribourg, présidée par Sa Grandeur l'évêque de Lausanne et Genève, sous les auspices de la Confédération helvétique, a délégué un de ses membres, M. le professeur Dévaud, de l'Université de Fribourg, prêtre catholique français, pour visiter les camps et les hôpitaux.

En passant à Altdamm, le 6 courant, notre délégué

a vu M. J. B... Il va bien, il est en très bonne santé. Il est le chef intellectuel du camp. Il a l'estime et l'amitié de tous ses compagnons de captivité pour tous les services qu'il leur rend...

« Recevez, Madame, mes hommages les plus respectueux.

« Pour la Mission catholique de Fribourg,

« Le professeur Paul Joye. »

La lettre honore et celui qui l'a écrite et celui qui a mérité qu'elle fût écrite à son sujet. Elle n'est pas pour briser l'union sacrée.

M. B..., père du captif éducateur, m'écrivait encore :

« J'ai pensé que cette œuvre de prisonniers, originalement et éminemment post-scolaire, pourrait vous intéresser. C'est la raison pour laquelle je la porte à votre connaissance. »

Et à mon tour je l'ai portée à la connaissance d'autrui, car je n'ai pas voulu être seul à y prendre intérêt.

JUSTES HOMMAGES

C'est dans une École de petite ville. Le drapeau est en berne. Il l'est aussi à la Mairie. L'École, la commune, portent le deuil de l'instituteur mort à l'ennemi. Dès que la triste et glorieuse nouvelle a été reçue, le Conseil municipal s'est réuni, et a décidé de rendre un solonnel hommage à la mémoire de celui qui, aux enfants, enseigna la patrie et qui lui a fait le sacrifice de sa vie. Et l'hommage a revêtu le caractère d'un deuil public.

C'est dans une autre école, dans un village. L'instituteur adjoint est mort, lui aussi, frappé par une balle en plein cœur. Les élèves, les anciens élèves se réunissent, ouvrent une souscription. Dans l'École, une plaque de marbre est apposée pour perpétuer le souvenir du jeune maître. On y indique la date de l'entrée en fonction, du départ pour la guerre, de la mort.

Ailleurs encore, dans une école de filles, je remarque, au tableau noir, tout en haut, sept noms. Et ces sept noms sont répétés, le lundi matin, sur les cahiers des élèves. Ce sont ceux des Instituteurs du département qui sont tombés au champ d'honneur depuis le début de la guerre.

Le lundi matin, comme préface aux travaux de la semaine, la Directrice qui commente et explique les communiqués officiels, qui indique sur la carte murale la position des armées, relit les noms des nobles victimes : simple et combien émouvante manifestation de patriotisme. Humble et pieuse insertion, au petit livre d'or local dont les familles des chers disparus seront comme anoblies...

Les Instituteurs blessés, en traitement dans les hôpitaux, ne sont pas non plus oubliés, par la commune, par l'École où ils professent. Plus d'un m'a montré les cartes postales, les lettres, évoquant le pays natal, que lui adressent des enfants, des adolescents, des parents d'élèves. Même on a pensé à la Noël de l'Instituteur blessé qui n'a pu s'asseoir à la table de famille.

Combien l'Instituteur est justement populaire dans les milieux où on le connait bien et où l'on vit près de son cœur, la guerre l'a prouvé nettement.

Le pays a été secoué d'une admiration attristée en voyant combien chaque jour s'allonge la liste des Instituteurs ou morts, ou blessés, dont la proportion est bien plus forte pour le personnel enseignant que pour d'autres catégories de fonctionnaires, parce que les jeunes maîtres sont souvent des gradés, sortis de Joinville et encadrant l'armée allant au feu. Et le pays tient à manifester sa reconnaissance par mille témoignages d'affection et de piété.

S'il m'était permis de suggérer une idée, j'émettrais le vœu que là où les familles, faute de ressources, là où l'Orphelinat de l'Enseignement primaire, qui fait déjà tant de bien et qui aura tant de sacrifices à consentir, là où les différentes organisations corporatives qui ont donné un si admirable exemple de solidarité, se trouveront comme débordées, et ne pourront pourvoir à l'éducation des enfants laissés par les Instituteurs morts à l'ennemi, les Municipalités fissent le geste de les adopter, de les élever jusqu'à l'âge de l'établissement.

C'est l'acte qui attesterait le mieux combien l'on estimait combien l'on aimait l'Instituteur-soldat qui a formé l'âme de tant de soldats.

Assurer au fils, à la fille de l'Instituteur mort pour la patrie, la douce protection, l'aide effective de la « petite patrie » où le père a exercé sa fonction, c'est la forme à la fois la meilleure et la plus belle que puisse revêtir l'hommage aux morts.

LE CULTE DU SOUVENIR

Les morts vont vite, en ces heures sanglantes où l'homme s'ingénie à perfectionner la science de l'extermination.

Il n'est pas de famille qui ne soit éprouvée. Où gisent les chers disparus? La plupart des pères et des mères l'ignorent, et jamais ne découvriront la tombe anonyme où ils voudraient porter larmes et regrets.

Un culte pieux entoure les glorieux soldats. Parents, amis, concitoyens, tous ceux pour qui se sont immolées sciemment les nobles victimes, s'efforcent de donner au souvenir la forme par quoi s'exprime le plus fortement leur affection reconnaissante.

Des sociétés spéciales sont nées, qui ont établi des diplômes, des plaques, où se révèlent parfois un souci d'art, et que les familles, que la cité, mettent à la place d'honneur.

L'école ne pouvait se désintéresser d'un sentiment et d'un geste destinés, à honorer les aînés, formés par elle et tombés au champ d'honneur. Elle a participé à toutes les manifestations suscitées par le patriotisme. Elle devait s'associer à la commémoration instituée par la piété populaire.

Je sais une École normale, sise dans l'Ile-de-France, où, en 1914, en 1915, la classe de dessin a été transformée en un atelier vraiment original.

Le professeur a eu l'ingénieuse et touchante pensée de faire composer par ses élèves, et par celles d'une école primaire supérieure, des Tableaux d'honneur qui sont distribués dans les écoles du département et qui sont destinés à contenir la liste des jeunes gens de la commune, morts pour la Patrie. C'est l'école qui fournit gratuitement à l'école le moyen de fixer à jamais leurs noms dans les mémoires et dans les cœurs.

C'est l'école qui, dans chaque commune, rappellera chaque jour aux « générations qui montent » comment les jeunes héros ont donné leur vie pour que vive la France.

Ils sont d'un goût sobre et sévère, ces tableaux du suprême honneur. Tous, à gauche, sont ornés d'une branche de palmier dont les feuilles retombantes encadrent un cartouche où figurera le triste et glorieux dénombrement. En caractères rouges et noirs s'entremêlant, ces mots sont dessinés :

« GLOIRE A CEUX QUI SONT TOMBÉS AU CHAMP D'HONNEUR POUR LA PATRIE »

Déjà 150 tableaux ont été envoyés aux écoles par les futures institutrices qui ont assigné à la classe de dessin un objet précis, adapté aux faits de guerre.

Si le thème fier et douloureux est le même, variées sont les interprétations. La branche se déroule, se ploie, se relève, au gré de l'artiste qui a voulu, sans jamais apposer son nom au bas de l'œuvre, sans arrière-pensée de vanité, mettre son don de vision, toute son émotion, au service d'une idée à la fois charmante et forte.

Je tiens du professeur que jamais on n'a manié le crayon et le pinceau avec plus d'entrain, que jamais les progrès n'ont été plus accusés, grâce à cette manière de concours, où chacune des émules voulait introduire plus de sincérité dans l'inspiration, plus de fini dans l'exécution.

Elles s'efforçaient vraiment, ces jeunes filles, à donner aux noms des jeunes héros un cadre digne de leur immortel sacrifice.

Et plus d'une pressentait, non sans larmes de tristesse et de fierté à la fois, que le tableau d'honneur dessiné et peint par elle, était peut-être destiné à l'école de sa « petite Patrie », pays natal d'un frère tué à l'ennemi, dont la médaille avait été trouvée et renvoyée.

A tous les morts des villes et des villages, l'École normale a dédié les tableaux qui orneront les parois de l'école publique. Mais elle a fait leur part, en marge, aux instituteurs. Le professeur, Mlle T..., a composé deux Livres d'or de l'enseignement national, sous forme d'affiche murale.

Sur l'un est représentée la France, qui jette des fleurs sur le corps d'un soldat instituteur, tombé dans la bataille. En regard sont ces mots : « La Patrie reconnaissante ». Dans l'espace laissé en blanc, brilleront les noms des éducateurs dont chaque jour s'allonge la funèbre énumération.

L'autre Livre d'or est destiné à consacrer le souvenir des citations et des distinctions conquises à la guerre.

Au-dessous, le Généralissime attache sur la poitrine d'un soldat instituteur l'insigne que demain il portera noblement devant ses petits élèves, devant ceux qu'il enflammera de son exemple.

N'y a-t-il pas là un utile et généreux emploi d'une classe, si souvent remplie par des travaux fastidieux et monotones?

Et les Écoles normales ne pourraient-elles pas, dans toute la France, entrer dans la voie ouverte par les Normaliennes de Blois? Car c'est à Blois que Mlle T... à su permettre aux éducatrices de demain d'associer, par un geste discret et sûr, l'art au patriotisme.

III

L'ÉCOLE ET LES ŒUVRES DE GUERRE

QU'A FAIT L'ÉCOLE PENDANT LA GUERRE ?

Qu'a fait l'École, quel rôle ont joué les hommes et les femmes d'École depuis la déclaration de guerre ? De vacances, de repos, de loisirs, en ces semaines de fièvre patriotique où les soldats versaient leur sang pour repousser l'invasion, il ne s'en pouvait agir. L'appel du Ministère de la Défense Nationale, les circulaires de MM. Augagneur et Sarraut, réclamant l'ardente collaboration des institutrices et des instituteurs, correspondaient aux sentiments des Éducateurs nationaux.

Les instituteurs en âge de porter les armes ont fait leur devoir.

Quelle fut leur conduite au front, on la connaît, et aussi quelle liste funèbre ont fournie et continuent à fournir ces vaillants qui, sergents, sous-lieutenants, chefs de sections, ont été parmi les plus exposés dans les combats.

30.000 instituteurs ont été mobilisés pour « la plus grande guerre ».

En janvier 1916, déjà 2.800 d'entre eux sont morts à l'ennemi.

5.000 ont été blessés.

L'École a eu ses héros. Comment ils se sont signalés, on le sait par des récits, des lettres, des attestations d'officiers, et aussi des citations à l'ordre du jour publiées dans le *Bulletin de l'Instruction publique*, aux pages glorieuses qui constituent le *Livre d'Or* de l'Université.

Dans les hôpitaux que j'ai visités, au cours d'une longue mission dans le Sud-Est et dans le Centre, combien de traits de bravoure ai-je notés qui font honneur aux enseignants! Que d'épisodes pourraient être fixés dont l'École a droit d'être fière! Quelle noblesse et quelle générosité dans le sacrifice seraient révélées !

Mais les maîtres que l'âge retenait loin de la lutte sanglante, qu'ont-ils fait?

Ils ont revendiqué, en hâte, avec la crainte de n'être pas utilisés, une part d'action. Ce sont eux qui, patiemment, continûment, ont assuré les services des allocations aux familles des mobilisés, des réquisitions, ont remplacé dans les préfectures, dans les mairies, dans combien d'établissements publics, les fonctionaires partis au feu. Ils ont tenu les emplois les plus divers. Ils ont, par des enquêtes conduites avec équité, avec le désir de ménager le budget, évité combien d'abus dans la répartition des secours. Ils se sont affirmés organisateurs et administrateurs. Dans les départements que j'ai visités, partout j'ai recueilli des témoignages de gratitude pour l'aide méthodique et sûre qu'ils ont prêtée aux autorités locales.

Et les institutrices? On les a vues à l'œuvre dans les garderies, dans les ouvroirs, dans les soupes populaires, dans les asiles de réfugiés, et surtout dans les hôpitaux où, si elles ont refusé d'être à l'honneur, elles ont su être à la peine, avec discrétion, en plein désintéressement.

M. Viviani s'écriait dans une de ses proclamations qui se rattachent aux plus éloquents appels de la Convention : « Il y aura de la gloire pour tout le monde. »

De la gloire, il y en a eu pour les combattants. Mais dans tous les postes qu'ont occupés institutrices et instituteurs, on a pu noter émulation dans le labeur, volonté de tout subordonner à l'intérêt général, — et il y a eu du dévouement pour toutes les femmes et pour tous les hommes d'École.

LES INSTITUTRICES ET LA GUERRE

Pendant que 30.000 instituteurs couraient au front de bataille, on peut affirmer que toutes les institutrices étaient au front de dévouement.

Dès le premier jour, elles ont offert et fourni leur part de collaboration à la tâche commune. Elles ont compris que dans cette guerre, unique dans l'histoire, où l'on avait, après le départ de tous les hommes valides, à lutter à l'intérieur contre le découragement et la misère, l'élite féminine avait à remplir une mission d'entr'aide consolatrice, de généreuse et maternelle assistance.

Il fallait, d'urgence, s'occuper des mères, des enfants laissés au foyer, par les combattants. Il fallait recueillir expulsés et réfugiés venus du Nord, de l'Est; songer aux soldats qui, là-bas, souffraient du froid et secourir ceux qui avaient été frappés dans le combat. Avec une volonté tranquille et patiente, les institutrices se sont adaptées à toutes les formes de la bienfaisance.

D'abord au début de la guerre, d'Orange à Menton, dans 42 villes ou bourgs, sur cette terre de Provence qui a été terre d'asile, terre de santé, je les ai vues à l'œuvre et j'ai éprouvé une réconfortante émotion en constatant avec quelle ingéniosité, avec quelle passion de dévouement, les femmes d'école remplissaient leur devoir de Françaises.

Dans la suite, je les ai trouvées partout s'activant à la tâche dans les Garderies, dans les Ouvroirs, dans les Soupes Populaires, ces Cantines familiales instituées aux quartiers populeux des agglomérations urbaines; je les ai surprises à l'improviste tenant dans les villages le rôle de secrétaires, d'écrivains publics, faisant la correspondance des illettrés sans nouvelles des soldats, de conseillères, expliquant le sens des dépêches officielles, ramenant la confiance, ranimant les courages. Combien de classes, combien de préaux ai-je visités qu'on avait transformés en salles de couture, en ateliers de confection, — élèves, anciennes élèves, toutes les femmes de la commune qui avaient un peu de temps à elles se groupant pour raccommoder linge et vêtements, — dans la Maison d'école devenue Maison d'Assistance patriotique !

C'est par milliers que draps, que tricots, couvertures, bandes de pansements ont été fournis par l'école. Que d'armoires pleines, que de ballots on m'a montrés ! Quelle fièvre de travail a régné et continue à régner dans l'école publique devenue si souvent École-Caserne, où cantonnaient les troupes, École-Hôpital où les exilés des pays envahis trouvaient un refuge, École-Hôpital où affluaient les blessés et les malades, et toujours quelque transformation qu'ait subie l'école, l'institutrice s'est adaptée aux changements a su affirmer ses qualités d'ordre, de méthode, d'initiative organisatrice, de douceur aussi et de bonté. Elle a compris l'effort qu'imposait l'heure présente. Elle l'a réalisé par raison et par sentiment.

J'entends encore ces paroles, frappées à l'antique marque, que prononçait, en toute simplicité, mais avec quel accent de conviction, une institutrice à cheveux blancs me montrant la théorie des mères qui amenaient leurs enfants à la Garderie avant d'aller elles-mêmes aux champs pour faire le travail du mari parti pour la Grande Guerre : « Voyez comme elles viennent à nous ; comme, aux heures d'angoisse, elles se serrent autour de nous. En les confiant à l'École, c'est à la Patrie que les mères confient leurs filles et leurs fils. »

L'INSPECTION PENDANT LA GUERRE [1]

Qu'a été, que pouvait être l'inspection des écoles en temps de guerre ?

Elle a dû sans doute varier avec les régions, et il n'est possible à chacun de ceux qui l'ont exercée que d'en donner un aperçu forcément enfermé dans les limites du cercle où s'est concentrée son action.

Mais certains traits généraux se dégagent qui peu-être fixés.

Dans dix-huit départements, visités au cours d'une première année, des Alpes-Maritimes et des Pyrénées-Orientales à la Côte-d'Or, partout le spectacle était réconfortant, partout, de Menton d'une part, de Perpignan de l'autre, à Lyon et à Dijon, en des régions aux idées, aux mœurs, d'ordinaire contrastantes, s'affirmait même sentiment de fière et calme dignité dans l'épreuve, de confiance en la victoire. Partout on pouvait constater la même ardeur de foi, la même intensité de labeur patriotique et l'on sentait toutes les petites patries se fondre dans le même amour, dans la même espérance. Et partout, en Provence, en Languedoc, dans la région lyonnaise et stéphanoise, aux côtes, aux monts et aux plaines, l'école apparaissait nettement comme le foyer dont la flamme réchauffait les cœurs, l'institutrice, l'instituteur, s'affirmaient comme les forces vivantes qui, le plus souvent, donnaient l'impulsion aux initiatives, découvraient les compétences, stimulaient les dévouements,

---

1. *Revue pédagogique*, mai 1915 (C. Delagrave, éditeur).

organisaient contre la misère, le découragement, la lassitude, la défense à l'intérieur, si étroitement unie à la défense sur la frontière.

L'inspection a été mise en mouvement, dès le mois d'août, au lendemain de la déclaration de guerre.

Mais s'est-il agi d'abord d'inspection dans la forme ordinaire ?

Au vrai, à lire les instructions, si nettes et si sûres, si étroitement adaptées aux circonstances, rédigées par la Direction de l'Enseignement primaire, il ne pouvait être question d'assister à des leçons, de se pencher sur les travaux des maîtres et des élèves dans les garderies que l'on ouvrait, pour les filles, les fils des mobilisés.

Que demandait-on à l'inspection, à quoi devait-elle essayer de s'employer?

Ce fut d'abord une mission d'assistance qu'il fallait remplir, et d'urgence.

Ce fut aussi une mission d'organisation.

La tâche fut facilitée par la prompte et vive façon dont les circulaires ministérielles, ardents appels à une collaboration ardente, furent appliquées.

Tout surgit et s'ordonne et se précise. La mobilisation scolaire s'effectue avec la même rapidité, la même méthode que la mobilisation militaire. Grâce aux efforts combinés des administrateurs et des enseignants qui vraiment font de l'enseignement une amitié, l'École répond vite et bien à la destination que lui assigna la loi militaire. Ici elle est École-cantonnement, là École-refuge, ailleurs Gardiennage de vacances, ailleurs École-hôpital.

De constater la subite et nécessaire métamorphose

d'aller porter remerciements et encouragements aux institutrices, aux instituteurs, remplaçant leurs collègues partis pour le front, c'eût été tâche douce et prenante, consolante même, car elle était comme un dérivatif aux angoisses de l'heure présente, si malgré le laissez-passer officiel, dûment estampillé par l'État-major général, dont on avait eu soin de munir les « missi dominici », la circulation des trains n'eût été si souvent interrompue.

Que de temps perdu en arrêts, en piétinement sur place dans les gares! Quel manque de confort aussi dans les hôtels qui étaient simplement entrebâillés, car le personnel manquait! Ce fut à grand'peine que, pour trois journées seulement, et pour pouvoir pénétrer dans des villages sis aux premières pentes des Alpes, fut obtenue l'une des innombrables automobiles qui n'ont jamais cessé de transporter, pendant des mois, d'innombrables personnages munis de brassards. Encore, la nuit venue, combien de fois la baïonnette fut-elle croisée aux carrefours des chemins devant les étranges fonctionnaires qui se risquaient au paradoxe de voyager sans uniforme!

Mais qu'importaient incommodités et désagréments que l'on eût malaisément acceptés en temps ordinaire! Songeait-on à exprimer un regret, une plainte, quand par la pensée on vivait avec ceux qui, en Belgique, dans le Nord, dans l'Est, subissaient tant de douloureuses épreuves? La fatigue, poussée parfois jusqu'au surmenage, on l'acceptait comme une part, une toute petite part de la dette de reconnaissance et d'affection contractée envers les collaborateurs et les disciples d'hier, luttant aujourd'hui en héros. A se priver un peu, à souffrir un peu avec eux et pour eux, pour les absents auxquels on est attaché par les liens du sang ou bien de l'amitié, l'on portait encore en soi, avec une tristesse un peu atténuée, le regret, presque le remords, d'être éloigné du danger, par l'âge, par la diminution des forces.

Et l'on allait, malgré les difficultés de la route, malgré gêne et contretemps, dans l'impatience anxieuse de lire nouvelles et communiqués n'arrivant que le lendemain de leur apparition.

L'on allait, étudiant, favorisant de son mieux, — et sans s'exagérer certes le peu qu'on pouvait faire soi-même, — tant d'efforts modestes et ingénieux, réalisés par les hommes et les femmes d'école, pour doter les évacués, les réfugiés, les mères et les enfants, de toutes les institutions temporaires, surgissant comme par enchantement, afin de loger, de vêtir, nourrir des milliers d'exilés accourus de toutes parts.

LA TACHE A REMPLIR

L'inspection, ou plutôt la mission de contrôle scolaire et d'assistance, a évolué avec les saisons, avec les phases de la guerre.

Pendant les vacances, tout entières consacrées à l'organisation des secours locaux par les institutrices, les instituteurs, et par les inspecteurs d'Académie et les inspecteurs primaires, non appelés sous les drapeaux, démarches, visites se sont succédé.

Le mot d'ordre que, sans indulgence, et sans doute

bien à tort, l'on dit être d'invention et d'habitude administratives : « Pas d'affaires », ne pouvait être de mode. Que d'affaires à traiter, et qu'il fallait aborder, ou de biais ou de front ! Quelle dépense de diplomatie ! Que de palabres ! Quel recommencement d'efforts, que d'assauts et de contre-attaques pour disputer, classe par classe, tranchée par tranchée, une école, réclamée parfois sans grande utilité, à bonne intention sans doute, mais par une interprétation étroite des règlements ! Et quand l'on croyait avoir sauvé des locaux qui ne convenaient d'ailleurs pas à l'affectation imposée par erreur, quelle reprise constante de négociations, car il fallait courir à un autre point menacé !

L'été passe. L'automne vient, puis l'hiver. Le travail scolaire reprend. L'on peut alors, selon le rythme habituel, assister à la classe, et, de son mieux, juger et comparer les mérites.

Le travail d'assistance ne chôme pas, mais se transforme. Hier, dans les cours, sous les arbres, en plein air, à la ville comme au village, les mères et les filles, groupées dans l'école, coupaient et enroulaient des bandes pour les pansements. Aujourd'hui elles manient la laine, font des sous-vêtements, épais et chauds. Et l'inspecteur dont le métier se transforme aussi, voit plus de chandails, de passe-montagnes, plus de gilets et de bas que de cahiers et de livres.

Les premiers blessés arrivent. De quelle façon les locaux scolaires ont-ils été aménagés ? Il faut s'en rendre compte, et, de commis en confection, se muer en une manière de commis d'architecte.

Mais comment traverser, examiner dortoirs, salles

de pansements et d'opérations, sans s'intéresser aux hôtes douloureux qu'abrite l'École-hôpital?

Tout se tient, tout s'enchaîne. Dans 140 hôpitaux, au cours d'une longue tournée, et en marge de la tâche accoutumée, des instituteurs, ou malades ou blessés, ont confié librement leurs désirs, leurs espérances à un voyageur parfois connu d'eux, vu par eux dans une école, dans une conférence, ou bien dans un congrès, et à qui souvent, en échange d'une parole d'amitié, ils offraient le réconfort d'un héroïque stoïcisme.

De toutes ces courses, d'école en hôpital, d'asile en réfectoire populaire, de cours d'adolescents en patronages, — car l'école prolongée rouvrit aussi, — j'ai souvent fixé le souvenir, le soir, au gîte d'étape. Il m'eût semblé injuste de ne pas noter tant d'actes de solidarité, de dévouement dont j'ai été le témoin, de ne pas relater les traits de courage dont j'ai été le confident, par la révélation qui m'en était faite, si souvent, par d'autres que par l'auteur. Et voici quelques feuilles détachées d'un carnet de route où sont consignés, à côté d'impressions personnelles, quelques récits, quelques scènes prises sur le vif, quelques documents aussi essayant de montrer le rôle capital joué par l'enseignement primaire pendant la guerre. Comme je voudrais qu'on y pût voir, par un simple fragment de preuves, quel vigoureux appui, en exerçant une saine et féconde influence, dans les cités, comme dans les plus humbles villages, en organisant l'aide morale à côté de l'aide matérielle, en devenant la conseillère de l'âme populaire, en exaltant le sentiment patriotique, en dissipant le découragement et la peur, l'école nationale a prêté à l'armée nationale!

OU EST L'ÉCOLE?

La question n'est pas posée pour piquer la curiosité, pour jouer au paradoxe. Le point d'interrogation qui la suit est vraiment mis à sa place pour être, comme disait Dumas père, une « lanterne qui demande à être éclairée ».

Dans nombre de villes, c'est comme une gageure. Pendant la guerre, souvent pour des nécessités réelles, mais souvent aussi pour des raisons fort étrangères à des services d'ordre, soit hospitalier, soit militaire, l'école n'a pas été dans l'école. Par contre, dans l'école, par une interprétation littérale d'instructions parfois très anciennes, des services annexes qui auraient pu être installés commodément ailleurs, sans gêne ni pour eux ni pour autrui, ont souvent entravé un service public.

Pendant la période de la mobilisation, des troupes de passage étaient-elles logées, pendant quelques jours, dans une école? L'école, les premiers occupants partis, devenait un cantonnement, par intervalle, et la classe, par intermittence, devait céder la place tout à coup au régiment qui eût pu recevoir un abri dans tel monument, tel édifice non utilisés et fermés obstinément.

L'école a été souvent un hôpital, et l'est encore. Quand il s'agit de donner asile aux blessés, là où elle réunit les conditions de confort, d'hygiène, d'aménagement que réclame une formation sanitaire, c'est avec un patriotique empressement qu'instituteurs, enfants et familles s'imposent gêne et incommodités qu'il faut éviter à tout prix aux victimes de la guerre. Et dans l'École-hôpital, les institutrices se font un devoir et un honneur de s'inscrire comme infirmières, de veiller les frères et les pères, après avoir instruit les sœurs et les filles.

Mais y a-t-il ombre d'utilité à opérer des chassés-croisés, d'une bizarrerie souvent étrange, qui faussent les rouages d'organismes patiemment montés? Pourquoi, dans telle ville, l'école est-elle occupée par des soldats d'intendance qui viennent seulement y coucher et qui transforment les classes en dortoirs, et pourquoi, tout auprès, les enfants sont-ils obligés de se rendre dans une salle de café, sise en un jeu de boule, qui ferait une chaude et confortable chambrée? Pourquoi des réfugiés, des évacués, sont-ils casernés dans une école dont les écolières et les écoliers sont, ou à la rue, ou difficilement hospitalisés en d'autres écoles surpeuplées, quand une salle de spectacle voisine, d'où l'on déménagerait les stalles et fauteuils comme on a fait des bancs dans l'école, offrirait un asile aux malheureux exilés? Pourquoi retient-on l'école pour recevoir des « services auxiliaires », l'école, dont le mobilier n'est guère respecté, et pourquoi la population enfantine prend-elle le chemin d'un atelier, d'une usine où des ballots de marchandises seraient mieux, et plus au large? Pourquoi?..

Je clos la série des « pourquoi », et l'on comprendra sans doute pourquoi.

Il faut faire à contre fortune bon cœur, et, à la descente du train, demander : « Où est l'école? » — et la chercher le plus souvent ailleurs que là où on l'a vue et où il serait logique qu'elle fût.

Où est l'école?... Les amateurs de pittoresque, d'imprévu, en quête d'impressions originales, la trouveraient, ici, dans un magasin prêté bénévolement, là, dans une salle de gymnase.

Où est l'école? L'école primaire de jeunes filles est, à X..., dans une Bourse du Travail, et l'école normale d'institutrices, dans un lycée de garçons.

Où est l'école? Vous la découvrirez, à Y..., dans la salle du Conseil général, ou bien dans un salon de style pompéien, ou bien encore dans une Orangerie.

Où est l'école? J'ai failli la voir dans la crypte d'une église désaffectée, dans un magasin de décors, où l'on songeait à l'installer. Et je l'ai vue dans une Justice de paix, dans un Musée, dans une Bibliothèque publique, dans une buvette de Théâtre, dans un Cirque, dans une Maison de la Mutualité. Heureux, quand je l'y trouvais, toutes classes groupées, et quand il ne fallait pas courir après des divisions, dispersées aux quatre coins d'une ville !

Mais, par bonheur, où qu'elle fût, malgré tribulations et contretemps qu'elle causait à qui partait à sa découverte, chacun, professionnels et volontaires, s'y activait à l'ouvrage, et y faisait son devoir. Malgré les obstacles, l'école a pu s'ouvrir à peu près partout, s'organiser, opérer le rassemblement des écolières et des écoliers et, dans des conditions défectueuses, faire œuvre utile.

LA CLASSE EN 1915

A la suite d'Alphonse Daudet qui a dépeint naguère la dernière classe faite en Alsace, en 1871, l'on a beaucoup écrit sur la première classe faite, en Alsace, en 1914, par un sergent-instituteur, sur la première classe faite, en France, par le ministre de l'Instruction publique, par des recteurs, des inspecteurs, et qui a revêtu un caractère d'ardent patriotisme.

Mais qu'est la classe, la vie scolaire, celle de tous les jours, à l'heure actuelle, et que sera-t-elle sans doute pendant toute la durée de la guerre ?

Quiconque a visité des écoles, depuis la rentrée, n'a pas laissé d'être frappé par l'air de sérieux, de gravité, empreint sur les visages des enfants déjà en âge de comprendre la grandeur tragique des événements.

Les professeurs, les maîtres, constatent que, si dans les écoles de garçons, la récréation est parfois bruyante, car l'on joue volontiers aux soldats, et que si la vibration nerveuse se prolonge un peu quand se forment les rangs, en classe, la discipline est plus facile, l'obéissance plus sincèrement consentie. Et eux-mêmes se font plus doux, plus tendres, plus paternels. Ils tiennent à entourer de soins plus affectueux les générations qui montent et qu'il faut rapidement former pour la vie.

Dans les écoles féminines, les sentiments éprouvés par l'enfance s'accusent en net relief, et sur les traits et dans les attitudes. Une directrice me disait. « La classe a changé d'aspect chez mes grandes filles. Elles ne donnent pas dans la mélancolie, car elles ont du courage au cœur et ce sont de braves petites Françaises, fières de savoir que leurs pères et leurs frères se conduisent bravement. Mais elles rient moins. L'entrée et la sortie se font sans bruit et sont comme glissées, comme ouatées. Elles travaillent certes, mais souvent leur pensée est au loin. Sur 30 élèves, 25 ont des parents au front. Leur imagination les évoque dans les périls. Problèmes et dictées ont moins de prise sur elles, car elles s'arrachent malaisément à des soucis, parfois d'ordre matériel, que suscite, à la maison, le départ du chef de famille. Le deuil a frappé aussi plus d'une d'entre elles qui, par fierté patriotique, refoule en soi les larmes, mais n'en souffre pas moins au profond du cœur. Cette jeune fille qui tout à l'heure s'efforçait de répondre aux questions d'histoire qu'on lui posait, a reçu récemment la médaille de son frère, mort dans une tranchée. Cette autre, dont le devoir vous a satisfait, est sans nouvelles d'un père disparu depuis deux mois, et, ni du dépôt régimentaire, ni de Genève, ne reçoit aucune réponse à ses demandes inquiètes. »

Et il en est ainsi dans combien d'écoles de ville et de villages, car il n'est guère d'écolières et d'écoliers que l'anxiété ne tourmente.

Les institutrices, les instituteurs entretiennent dans les âmes la flamme de l'enthousiasme et de la confiance, raniment le courage, consolent la douleur. Eux qui, de leur côté, sont atteints parfois dans leurs plus chères affections, puisent de l'énergie dans l'idéal qu'ils se font de leur mission éducatrice.

Mais malgré leurs efforts passionnés pour amener l'enfance et l'adolescence inquiètes à trouver dans le travail, dans une tâche impérieuse et absorbante, une diversion, soit à leurs appréhensions, soit à leurs certitudes, ils ne peuvent les soustraire que malaisément, par le rythme et l'ordre des occupations ordinaires, à l'influence des événements extérieurs.

Avec une infinie délicatesse, ils s'ingénient à faire la part que réclame l'amour de la famille. Au-dessus des peines individuelles, ils montrent l'image de la patrie s'élançant, malgré les ruines et les pleurs, vers la joie de la victoire. Et peu à peu entre dans l'âme des éprouvés le sentiment des nécessaires sacrifices.

L'on communie, entre maîtres, maîtresses et disciples, dans le même amour et la même foi, et la tristesse se dissipe dans les jeunes cœurs que soulève une immense espérance.

C'est l'heure consacrée au culte de la France immortelle, c'est la lecture, le commentaire des dépêches, l'étude de la carte, l'annonce d'une avance, même légère, le déplacement d'un petit drapeau, qui, le plus souvent, accomplit ce miracle de sécher les pleurs, de chasser pour un instant soupirs et regrets, d'incliner les âmes vers un salutaire apaisement.

Mais le réconfort le plus sûr, dans les classes de fillettes et de jeunes filles, c'est le travail manuel qui détient le secret de le procurer, le travail collectif, réclamé, attendu, recherché, pour vêtir, chausser, défendre du froid, blessés, convalescents, réfugiés, mères et enfants pauvres, soldats connus et inconnus. On tricote et l'on est pris d'émulation, car on veut faire plus et mieux et plus vite que les voisines. On tricote avec une sorte de ferveur, par besoin d'être utile, de s'associer, si peu que ce soit, à l'œuvre de défense et de libération. On tricote et l'obsession des douloureuses pensées s'éloigne...

ŒUVRES LOCALES

La guerre a vu surgir des Œuvres fortement organisées, centralisant, à Paris, ressources et influences, et rendant d'utiles services par l'aide qu'elles prêteront aux soldats, aux blessés, aux orphelins, aux prisonniers, aux évacués, aux rapatriés, à tant d'infortunes et de misères, provoquées ou par l'invasion dévastatrice ou par la bataille meurtrière. La clef de voûte en est le *Secours national.*

Mais, en province, combien d'institutions locales, singulièrement vivantes, sont nées qui d'ailleurs ne se sont jamais adressées en vain à la généreuse Société, dispensatrice des libéralités qu'elle reçoit et qui a eu longtemps son siège dans la Maison des Œuvres : la Ligue de l'Enseignement.

Ce sont des groupements modestes, dont la sphère d'action est limitée, peu riches d'argent, mais toujours riches de labeur patient et aussi de générosité morale.

Elles font, ces Œuvres locales, œuvre vraiment excellente. Elles naissent quand naissent les besoins. Elles font le bien, non sur rapports et documents, par intermédiaires, et sans contrôle, mais directement, sur un terrain bien connu et exploré, après enquêtes effectuées sur place. Pas de frais de gestion.

rien d'administratif et d'officiel. Des compétences, des dévouements se rapprochent, et selon les nécessités de l'heure, s'unissent pour venir en aide, ici aux orphelins, là aux veuves, ailleurs aux convalescents, aux réfugiés, aux rapatriés.

La bienfaisance est précise et comme localisée, exactement adaptée au milieu. Telle ville a été la garnison de tel régiment. C'est pour ce régiment dont les officiers sont connus et que l'on peut suivre dans ses déplacements, qu'on travaille ; c'est à lui qu'on adresse vêtements, cadeaux, gâteries. C'est pour la soupe populaire du quartier, c'est pour l'asile où sont des Alsaciens-Lorrains et où l'on peut pénétrer, que l'on se concerte, que l'on trouve argent, denrées, chandails, chaussures. C'est pour des veuves dont on connaît le mari, pour des orphelins dont on a vu partir le père, qu'on consent des sacrifices allant droit où ils doivent aller, et que l'on proportionne les secours aux besoins.

De ces Œuvres qui ont poussé en vivace et riche floraison, l'Ecole a été comme le terrain d'élection. Elle avait des cadres, des organisations singulièrement souples et actives : Amicales d'instituteurs, Associations d'anciennes et d'anciens élèves qui, depuis un long temps, exerçaient une influence plus profonde qu'on ne le soupçonnait.

L'Ecole a été l'inspiratrice d'initiatives prises par ses maîtres, adoptées par ses disciples du jour et de la veille, par les familles qui, aux heures de crise et d'attente, se sont tournées vers elle, lui apportant ou lui demandant un appui.

Il n'est pas de département où, en correspondance

exacte avec le milieu, l'école n'ait donné l'impulsion à des Œuvres qui, tout en adressant une large part de leurs recettes au *Secours national*, n'aient consacré une portion importante de leur avoir et de leur activité au soulagement des maux constatés dans la petite patrie.

Dans tout le pays, l'École a rempli sa mission d'assistance et d'entr'aide. Les rapports reçus par la Direction de l'Enseignement primaire en font foi.

Là où j'ai localisé mon enquête, j'ai constaté quels bienfaits l'Ecole avait pu réaliser par la fondation d'œuvres locales. Il en est de curieuses qui ont un caractère d'ingéniosité touchante et qui relèvent presque de l'anecdote.

A Perpignan, dans une école de faubourg, dans un quartier des chiffonniers où les enfants sont sans fortune et appartiennent à des familles nombreuses, l'instituteur désire vivement envoyer un peu d'argent au *Secours national*, venir en aide aux soldats blessés hospitalisés dans une école voisine, remettre un colis de linge et de provisions aux soldats des régions envahies qui sont à l'ambulance voisine. Qu'imagine-t-il ? Il invite ses élèves à ramasser les objets d'étain, de plomb, de cuivre, de zinc, de fer qui traînent dans les greniers, les caves, la rue. Il les recueille dans des corbeilles où s'entassent vite cuillères et fourchettes cassées, feuilles d'étain, capsules de bouteilles, bielles, tuyaux de plomb. Il vend tous ces vieux matériaux et, avec le produit qui, chaque mois, forme un joli total, réalise son rêve et le fait réaliser par ses petits associés.

Vienne et Berlin ont eu leur Semaine de l'or et leur

Semaine du cuivre pour faire de la mort. Dans une humble école de France, l'Année du métal fait de la vie.

N'ai-je pas vu, à Marseille, des enfants qui, chaque jour, se privaient de dessert et apportaient qui une orange, qui une pomme, d'autres des biscuits pour les blessés ? N'en ai-je pas remercié qui avaient fondé l'*Œuvre du morceau de sucre* et s'en interdisaient l'emploi, pour sucrer le café des soldats soignés dans les hôpitaux ?

A Narbonne, n'ai-je pas félicité un universitaire qui a imaginé l'*Œuvre des Béquilles*, a, pour elle, trouvé des ressources et qui, de ses mains, dans l'atelier scolaire, fabrique de souples et solides appuis pour les amputés ? Et que dire de « l'*Œuf hebdomadaire*, recueilli par les fillettes à Carcassonne et qui, pendant tout l'hiver, a accru de cent cinquante œufs par semaine le menu des blessés ? Dans l'Aude, le *Colis de Noël* venait à peine d'être expédié que déjà l'on songeait à l'*Œuf de Pâques*. Un instituteur a réalisé même une touchante idée : il a fait envoyer, à Pâques, un colis individuel à chaque soldat, enfant de la commune, par un élève appartenant à l'école de cette même commune.

L'énumération serait longue des tentatives originales qui sont issues de l'école, la fonction créant l'organe comme par enchantement.

Mais ce sont là simples faits divers et curiosités. L'école donne d'ordinaire naissance à des Œuvres dont le champ d'action est plus étendu.

Dans la foule de celles que j'ai notées dans les départements visités d'août à avril, j'en retiens un tout petit nombre, dans des régions différentes. Si l'on ne les cite pas toutes, c'est à grand regret, car toutes sont excellentes, mais seulement pour éviter la monotonie des redites et des variations sur le même thème. A peu près partout l'activité a été la même, et le même dévouement.

« En Avignon », grandit chaque jour le *Petit Paquet vauclusien* qui, de l'école part pour l'armée et qui, grâce aux souscriptions des instituteurs, l'intense travail des institutrices, par les dons de toute la population urbaine et rurale, fait véritablement merveille.

A Carcassonne, l'*Œuvre des Vêtements chauds*, celle des *Vieux vêtements* rivalisent d'entrain et doivent leur succès à l'initiative des institutrices, devenues directrices d'ouvroirs, couturières, lingères, tailleuses.

Dijon lance la *Pelote de laine* qui, au 25 février, n'avait pas envoyé moins de 40.734 objets, du bonnet au caleçon, du cache-nez à la genouillère et à la chaussette. Il va de soi que, partout ailleurs, si l'on n'a pas systématisé et centralisé l'effort, il n'a pas été moins vif et continu. L'étiquette manque, mais la marchandise gratuite va gratuitement à son adresse.

Les Amicales d'instituteurs ne sont pas restées en arrière dans le mouvement. C'est 3, 4, et même 5 pour 100 que, tant à Nice qu'à Perpignan, tant à Mâcon, à Valence, à Montpellier, qu'à Lyon, à Marseille, dans tous les départements visités, elles ont tenu à prélever sur les traitements, pour subvenir à l'entretien de lits dans les hôpitaux, pour fournir des subventions à différentes Œuvres, et générales et régionales, pour venir en aide aux veuves des enseignants morts pour la patrie, pour faire quelques gentils dons aux collègues blessés. Grâce à un roulement, comme à Marseille, à Lyon, etc., on leur rend visite, l'on apporte journaux et livres, l'on donne des sous-vêtements, quelque argent, puis, au départ, un viatique, quand ils sont de « l'active » et n'ont pas droit à la mensualité d'État, ou bien quand ils viennent des pays envahis et ne peuvent recevoir aucune subvention de leur famille, prisonnière de l'ennemi.

Que de fois il m'a été donné de me trouver, au chevet d'un blessé, avec le délégué de l'Amicale et de voir avec quelle délicatesse tendre et charmante il s'excusait presque d'apporter l'obole, offerte, en pleine cordialité de cœur, à l'ami qui était en proie à la souffrance !

Ah! si l'on voulait dresser le bilan d'actes si noblement réconfortants, que de pages il faudrait consacrer à l'inventaire! Quel Livre d'or dédié à la bonté grossirait le Livre d'or dédié au courage ! Et ce qui ajoute au mérite de l'élite qui a fait tant de bien au front du Devoir civique, tandis que les instituteurs-soldats et les générations de jeunes gens, formés par eux, accomplissaient d'héroïques exploits au front du Devoir militaire, c'est que ce dévouement à formes multiples mis, dans villes et bourgs, au service des blessés, des exilés, des pauvres, des femmes et des enfants, s'est plu à demeurer secret, ignoré, presque anonyme.

Comme me l'écrivait un inspecteur d'Académie : « Les dons les plus méritoires m'ont été remis à la condition que leurs auteurs ne seraient pas cités. Les traits de dévouement de toute nature, vraiment admirables, accomplis soit par tel maître dans sa commune, soit par telle institutrice dans son hôpital, ont fui l'éloge et évité le grand jour. »

Qui n'a pu se conduire héroïquement s'est noblement conduit.

PATRIOTISME D'ÉCOLIÈRES

Ce sont de grandes écolières, les élèves d'une importante école primaire supérieure qui, à Marseille, porte comme sa sœur parisienne le nom d'Edgar-Quinet [1].

Je leur ai fait, à la rentrée, « la première classe » avec la Directrice Mme Collombel. Je les avais vues au travail. Je les ai revues en récréation, et le repos, pour elles, était travail, car elles se promenaient en tricotant pour les soldats. Filles du soleil et de la lumière, elles songent à ceux qui luttent dans le froid et le brouillard.

Dans toutes les écoles de France, fillettes et jeunes filles ont senti la gravité de l'heure présente, ont donné temps et peine et argent pour les combattants.

Dans la région que j'ai parcourue, combien d'écoles-ateliers pourraient et devraient être signalées et décrites? Je revois en pensée des ruches toutes bour-

---

(1). L'Ecole Edgar-Quinet, à Paris, a fourni aussi un merveilleux effort. Elle a institué dès août 1914, un « Comité de Guerre ». Son « ouvroir » avait, grâce à la constitution du personnel et des élèves dépensé 25.000 francs pour objets de confection: caleçons, chaussettes, chandails — en tabac, chocolat, cadeaux, pipes, denrées alimentaires, en décembre 1915. Même élan à l'École Sophie Germain et dans les Écoles Élémentaires de Paris — dont l'Œuvre de Guerre ne saurait manquer d'être résumée par un témoin.

donnantes d'activité à Nîmes, à Cette, à Carcassonne, à Montpellier, à Perpignan, à Lyon, à Bourg, à Mâcon, etc. Toutes les ouvrières improvisées s'activent à l'ouvrage. Des milliers de petites mains cousent, taillent, assemblent, font du vieux neuf, et du neuf aussi, pour sauver du froid ceux qui luttent au loin.

L'école Edgar-Quinet s'est imposée à mon attention parce qu'elle a eu le bonheur rare et délicieux que lui envieront d'autres écoles, tout aussi méritantes, d'avoir pu fournir un effort particulièrement utile.

Non que le labeur vaillamment consenti, le don de soi et le dévouement n'aient partout réalisé de vraies merveilles de générosité matérielle et morale. Mais les circonstances, le milieu, la préparation antérieure, la science et l'art d'organiser et d'innover peuvent produire sur un point un rendement exceptionnel.

L'école Edgar-Quinet compte 300 élèves, encadrées par une Association : les *Sœurs Aînées*, fondée depuis 18 ans, qui a son bulletin, sa bibliothèque, son budget et qui réunit tout un ensemble d'Œuvres mutualistes adaptées aux besoins d'un quartier populeux.

Quand la guerre a éclaté, École et « Petite A » étaient prêtes à faire besogne utile.

Pendant les vacances, l'école a été un *Asile de réfugiés* venant, ou de la banlieue parisienne ou des Vosges.

Même elle a servi d'abri passager à une troupe d'acrobates africains regagnant la côte des Somalis, qui ont fait mille tours, mille gambades dans cour, préaux et corridors.

En même temps, « la Petite A », maîtresses, élèves et anciennes élèves unies, se tranformait en *Ouvroir* qui fournissait de linge, de cache-nez, de chaussettes, d'objets de pansement la Croix-Rouge, les soldats sur le front, et aussi les enfants pauvres, les orphelins de la guerre. En août et septembre, le grand atelier scolaire put offrir plus de 2.000 dons : chemises, flanelles, vêtements. Ajoutez à cela des paquets remis à la presse locale.

Mais à côté de l'école Edgar-Quinet, des écoles élémentaires sont transformées en hôpitaux qui bientôt s'emplissent de blessés. Aussitôt, à Edgar-Quinet, on ouvre une *École d'infirmières* et les professeurs MM. Cepé et Cottalorda peuvent délivrer 145 certificats à des volontaires, vite et utilement employées.

A la rentrée des classes, l'école Edgar-Quinet cesse d'être une *école-refuge,* une *école de préparation sanitaire.* Elle revient à sa destination précise. Mais élèves et anciennes élèves continuent à exécuter la fourniture gratuite de travaux pour les œuvres hospitalières, pour les œuvres des réfugiés, des combattants, des prisonniers. En octobre, la petite fabrique a fait don de 1.335 vêtements ou objets divers pour les soldats. Elle n'a pas oublié les asiles, les crèches, la Mutualité maternelle qui ont reçu 414 vêtements. Elle a habillé de deuil 910 orphelins de la guerre.

Elle fait plus. Elle est devenue une petite *Usine* fabriquant des imperméables. Par la voie des journaux, l'école a demandé des étoffes usagées que l'on transforme en couvre-képis et pèlerines. Les ouvrières improvisées offrent aussi de couper, de faufiler, de préparer, de coudre la moleskine apportée par les familles qui enverront l'objet achevé à « l'enfant », pour qu'il ne grelotte pas sous la pluie.

Le succès a été grand. La *Maison de confection* qui travaille et livre pour rien a été vite achalandée.

Les *Sœurs Aînées*, les grandes élèves coupent et faufilent. Les plus jeunes cousent, et la besogne est dure : elle ne ressemble en rien aux délicats travaux de broderie qu'affectionnent les jeunes filles [1].

L'ouvrage fini, les petites mains sont un peu endolories. Mais on ne se plaint pas. C'est pour les soldats.

La Maison est fort bien organisée. Trois jeunes filles de quatrième année reçoivent dans le salon d'attente qui précède le cabinet de la directrice. Elles prennent les commandes, marquent la moleskine et rendent le travail fini. C'est un va-et-vient incessant. Parmi les pratiques, j'ai vu une pauvre journalière qui avait ses quatre fils au feu, une autre, trois. Beaucoup de bien est réalisé pour ces intéressantes mères dont le temps est absorbé par les soins du ménage.

L'école Edgar-Quinet fait plus. Les élèves se privent de dessert, se refusent tout ruban, toute parure, toute vaine distraction et consacrent leurs économies à entretenir sept lits dans un hôpital. Les professeurs sont inscrits pour un, les *Sœurs Aînées* pour deux, les élèves pour quatre.

L'école François-Moisson est toute proche qu'on a transformée en hôpital. Là est la Salle Edgar-Quinet contenant les sept lits de l'école. Tous les samedis, la directrice, des professeurs, avec quelques élèves

---

1. Les Sœurs Aînées ont tenu une Assemblée générale le 5 décembre 1915. La Directrice avait écrit sur la lettre de convocation : « Venez, ma fille. C'est pour l'Emprunt de la Victoire ». D'un compte-rendu j'extrais ces mots : « Elles sont venues comme pour une fête ». Et elles ont acquis 6 titres de 88 francs.

désignées par chaque classe vont visiter les blessés à qui l'on apporte du tabac, des friandises. Tout récemment les pensionnaires qui sont des demi-convalescents étaient descendus dans la cour de l'hôpital. Les petites visiteuses ont vite profité de leur absence pour décorer leur salle, pour la fleurir, pour lui donner un air gracieux et riant. La surprise des soldats fut joyeusement émue. C'étaient des réservistes, des pères de famille, qui diront un jour à leurs filles de quelles délicates et charmantes attentions les ont entourées d'autres filles de France et comment elles ont atténué dans leur cœur les regrets qu'inspire l'absence des êtres chéris.

Et ce qui est obtenu dans une grande école de grande cité, prise comme type, est réalisé partout. Dans chaque petite ville, dans chaque quartier d'agglomération urbaine, et de village à village, il y a émulation vive et constante entre les écoles qui, toutes, veulent faire plus et mieux que leurs voisines, rendre plus de services, affirmer la ferveur de leur patriotisme par plus de dons, plus d'envois, plus de sacrifices : émouvant et pacifique tournoi suscité par la guerre qui provoque de généreuses initiatives, qui permet de découvrir quels trésors d'ingénieuse bonté contient l'âme profonde de l'enfance populaire.

L'ÉCOLE DE LA VICTOIRE

Il est des milliers d'écoles, à Paris, en province, où, modestement, sans bruit, d'un effort passionné, continu, enseignants et enseignés, ont compris et rempli le rôle d'assistance et de bienfaisance réparatrice que, devant la guerre, devait jouir l'école.

Mais comment, sans donner dans de monotones répétitions, décrire, énumérer les merveilles ingénieusement utiles qui ont été réalisées dans les classes-ateliers où fillettes, élèves, anciennes élèves, mères de famille, institutrices, ont pratiqué vraiment " l'union sacrée " du travail collectif pour le soldat ?

Et pourtant, si l'on veut réunir pour demain quelques documents et donner comme un aperçu de l'immense labeur fourni par l'École nationale pour la défense nationale, il faut faire choix de quelques exemples, insister sur quelques types d'établissements universitaires où il semble que la vie tout entière des professeurs et des disciples ait été comme tendue vers la production intensive du nécessaire, et du superflu aussi, que réclame l'hivernage dans les tranchées. On m'excusera de signaler encore une École, sise à Marseille, quant il y en aurait tant d'autres à mettre en relief, à Paris, à Lyon, à Bordeaux, au Havre, à Rouen, etc. Mais en un temps où l'on prêche si fort l'amour de la petite patrie, on me pardonnera d'avoir un faible pour ma ville natale qui ne me pardonnera d'ailleurs pas de l'appeler une petite patrie.

L'École de la rue Sainte-Victoire a un nom prédestiné, et l'on y croit avec fermeté, avec conviction, à la victoire dont on cherche à rapprocher l'aube glorieuse en aidant les futurs vainqueurs à lutter contre le froid, contre la pluie, en aidant les femmes des combattants à " tenir " et à remporter, elles aussi, une victoire souvent malaisée sur la détresse matérielle et morale où les laisse le départ de l'être aimé,

L'École de la rue Sainte-Victoire est une Manufacture modèle où 300 jeunes filles, et, avec elles, toute une légion d'anciennes élèves, s'activent à la besogne pour venir en aide aux « poilus » du Nord, de l'Est, et à ceux des Dardanelles, et encore à ceux de Macédoine.

Manufacture de bienfaisance où les premiers Cours d'infirmières ont été organisés qui ont permis d'adjoindre aux Hôpitaux de la ville des collaboratrices dont le savoir pratique égalait le dévouement.

Maison d'industrie très artiste où, dans un décor composé avec goût, dans un atelier très original, gentiment pittoresque, et de couleur toute locale, qu'encadrent des vues de Provence, les filles de Provence s'ingénient à tricoter, à coudre, transforment les matières premières que, de leurs deniers, elles offrent à *l'Ouvroir*, institué par elles, dès le 3 août 1914. J'y ai vu « petites mains », ouvrières et premières, qui confectionnaient à l'envi, avec une belle ardeur, vêtements et sous-vêtements, sous la direction de Mesdames Pereyga, De La Souchère, Pelisson, professeur de travail manuel, et de Mademoiselle Angle-Pereyga, directrice de l'École qui, d'un esprit inventif, fertile en ressources, anime la patriotique usine.

Il n'est pas d'Œuvre de guerre que l'École... de la Victoire n'ait soutenue, pas d'initiative généreuse et pratique, dont elle n'ait assuré le succès. On pourrait suivre l'évolution de l'assistance et de la bienfaisance scolaires, depuis le début des hostilités, en notant toutes les nouveautés utiles qu'elle a su ou promouvoir ou adopter et qu'elle a ajustées étroitement à des fins précises.

Sa « Petite A », — son Association d'anciennes élèves, publie un *Petit Bulletin* qui, chaque mois, fait connaître, non au grand public, dont elle ne recherche pas les louanges, mais aux adhérentes, les résultats obtenus par leur ardente collaboration. Dans le numéro de décembre, on y voit que le nombre des pièces distribuées monte à 11.000, 9.000 vêtements ont été faits, transformés, nettoyés, donnés. Réfugiés, évacués, blessés, orphelins, petits exilés du Nord et de l'Est comme petits exilés de Serbie ont eu leur part. Les pauvres n'ont pas été oubliés, les assistés que l'on semble, trop souvent, en temps de guerre, délaisser pour courir au soulagement d'autres infortunes. Je note la confection d'imperméables, de moustiquaires, de bâillons, qui ont pris la direction de l'Orient. Les paquetages contiennent une foule d'objets : genouillères, chaussons, plastrons, pochettes, chaufferettes japonaises, épingles anglaises, savonnettes, crayons, qui remplissent de joie les destinataires.

L'École de la Victoire a pris à sa charge 7 lits dans les hôpitaux des Femmes de France et 4 lits aux ambulances du front. Elle a une salle à elle à l'hôpital François-Moisson et les visites faites aux blessés permettent de leur offrir régulièrement les douceurs dont ils sont friands.

Mais voici une entreprise nouvelle et qui est de très heureuse inspiration. C'est avec une jolie vaillance que *l'Ouvroir*, avec toutes ses ouvrières, travaille à la confection de trousseaux pour jeunes filles (12 à 18 ans) et garçons (8 à 14 ans). On les enverra à l'Œuvre de la Provence pour le Nord afin qu'ils soient distribués aux écolières et aux écoliers, dès la libération des régions envahies. Déjà sont en réserve 80 trousseaux de fillettes, 20 trousseaux de garçons.

C'est avec ses seules ressources que l'École peut faire face aux dépenses qu'elle assume résolument. Les professeurs s'imposent une retenue sur leurs traitements, les jeunes filles, une souscription volontaire, régulièrement offerte. La moyenne des rentrées, chaque mois, depuis le début de la guerre, est de 1.300 francs.

Il va de soi que l'École de la Victoire a participé à l'Emprunt, et aussi à la cueillette de l'or, ce gage de la Victoire. En décembre 1915, le total des versements atteignait près de 6.000 francs. L'on avait signalé aux enfants l'effort méritoire à faire pour atteindre l'or qui a non pas une valeur matérielle, mais une valeur sentimentale aux yeux de ses détenteurs : pièces rares, anciennes, souvenirs d'anniversaires ou bien d'événements familiaux. L'appel adressé au cœur a porté plus profondément que les leçons dédiées à la raison. La directrice cite en particulier le cas d'une élève, orpheline de père et de mère, qui, très émue, lui a apporté une pièce de 40 francs que son père lui avait donnée, avant de mourir, et dont elle avait hésité longtemps à se séparer.

L'École de la Victoire, comme la plupart des écoles de France, a reçu des blessés, des soldats, des écolières et écoliers, tout un monceau de lettres qui sont classées avec ordre, reliées avec goût. Mlle Angle-Pereyga m'a permis de puiser dans ce merveilleux trésor d'idées et de sentiments. La reconnaissance s'y exprime sous les formes les plus sincères et les plus touchantes.

Voici la copie d'un « remerciement » adressé par un artilleur : F. D. qui, dans le Pas-de-Calais, a reçu un paquetage. Quelle émouvante gravité de ton, quelle éloquence simple, vraie, directe :

« Mesdemoiselles,

« C'est avec une bien vive émotion que je m'empresse de vous adresser tous mes remerciements pour le paquet que grâce à vous, mes chefs m'ont fait remettre ce matin.

« Je ne saurais trouver d'expressions assez fortes pour vous dépeindre les impressions que j'ai ressenties à la vue de toutes ces belles et bonnes choses que votre bonté a réunies pour le soldat inconnu que vous traitez comme un grand frère.

« J'ai été d'autant plus sensible à votre joli geste que j'ai, moi aussi, une petite fille dont je n'ai, hélas, aucune nouvelle depuis le début de la guerre, car j'habitais un pays maintenant envahi par l'ennemi ; mais je serais fier qu'elle vous ressemblât un jour...

« Bon courage, dites-vous ! Dieu merci, j'en ai encore ; mais n'en eussé-je plus, j'en puiserais une provision nouvelle devant tant de bonté touchante.

« Enfin, Mesdemoiselles, laissez-moi vous dire, et de cela j'en suis sûr, que tous les soldats de France qui, comme moi, ont été l'objet de votre attention délicate, mourront, s'il le faut, plus gaîment et contents aussi de voir qu'ils laissent leurs foyers à la garde de mères, d'épouses et de sœurs telles que vous.

« Ils sont heureux parce qu'ils savent que vous préparerez à la France de demain des hommes à qui vous montrerez le chemin suivi par leurs aînés, et que le culte de ceux qui seront tombés pour la liberté et la gloire de notre chère Patrie, sera pieusement gardé tant que vous vivrez vous-mêmes... »

Les soldats, les officiers apprécient l'utilité pratique des dons qui leur sont faits : témoin ces extraits de lettres :

« Je viens vous remercier encore de l'envoi que vous avez bien voulu me faire. Cela me sera d'une bien grande utilité en raison du mauvais temps presque permanent que nous avons à cette époque de l'année. Un imperméable est toujours un instrument de première nécessité ; malheureusement il ne fait pas partie de l'équipement du soldat. »

« C'est avec une profonde reconnaissance que je viens vous remercier de la grande bonté que vous m'avez témoignée en me faisant parvenir ce superbe et vraiment pratique caoutchouc que j'ai reçu avec une grande joie et qui me sera fort utile. Vous m'avez prouvé une fois de plus que le dévouement et la bonté féminine pour les soldats étaient inépuisables. »

Un officier écrit de Salonique :

« En débarquant du transport à Salonique, j'ai reçu votre gracieux colis que je me suis empressé de distribuer. Je vous adresse les remerciements de mes poilus et j'y joins les miens. Nous voici maintenant dans une nouvelle région complètement inconnue pour moi. Le paysage est merveilleux, et ce voyage serait très agréable à faire en temps de paix, surtout avec moins de risque. Je ne sais combien de temps nous resterons ici, mais à mon avis le séjour sera court, et bientôt nous irons plus au Nord. J'ose espérer que malgré la distance vous voudrez bien continuer à vous intéresser à mes poilus. »

Du front français un officier envoie ces mots, en novembre 1915 :

« Les soldats de la 11ᵉ compagnie, le capitaine en tête, vous adressent leurs plus sincères remerciements, et vous prient de les transmettre aux élèves et anciennes élèves de l'École Supérieure de Jeunes Filles, au patriotisme si agissant. — Les imperméables sont appréciés dès maintenant dans le climat pluvieux des Vosges; et les plastrons éviteront plus d'un rhume quand le froid sera venu. »

On ne lira pas sans une poignante émotion les lettres écrites par de petites Rémoises qui avaient reçu mille objets utiles dûs au travail fiévreux et obstiné de leurs petites camarades phocéennes. On verra quels liens de solidarité les épreuves subies par la Patrie ont établis entre les Écoles des régions indemnes et les Écoles des régions dévastées par la guerre.

C'est une grande fraternité qui naît dans le cœur, dans l'âme de l'enfance, et qui aura son lendemain.

Comment elle se traduit en actes de bonté, de généreuse entr'aide, les Écolières de la Victoire l'ont montré. Comment le geste est compris, on l'apprend par les admirables réponses des élèves qui, dans la ville martyre, se sont enfouis dans les caves pour écouter les leçons de leurs institutrices.

J'en retiens deux qui ne sauraient demeurer encloses

dans le Livre d'Or où on les enferme précieusement :

Reims, le 2 août 1915.

« Chères et généreuses Compatriotes,

« C'est animée par un sentiment de reconnaissance, mêlé d'attendrissement que je me fais un devoir de vous écrire aujourd'hui pour vous remercier de votre joli geste de solidarité.

« Comme il confirme ce que nous savons de l'âme française ! Joindre à la bonté tant d'exquise délicatesse, c'est vous élever au rôle maternel.

« Savez-vous que parmi nous, il se trouve une enfant, dont la mère et la sœur sont mortes, bouleversées par l'émotion provoquée par les bombardements fréquents? Le père est au front du côté d'Ypres, aussi je me réjouis en songeant à l'utilité de votre envoi pour elle.

« Oui, vraiment la France peut être fière de ses enfants. Pendant que nos frères, parents, amis, luttent vaillamment pour la défense du sol sacré de la patrie, ceux qui sont restés à l'arrière demeurent unis tous fraternellement. Si la guerre a causé bien des désastres, elle nous a fait connaître mieux notre force morale et nous a tous unis dans une grande fraternité.

« Dites bien à vos mamans que les enfants de Reims les remercient, elles aussi, de ce que vous avez fait pour nous. Nous leur souhaitons de garder confiance tout autant que les Rémois, car nous espérons voir bientôt le droit triompher de la force brutale. Qu'elles prennent donc courage si vos pères sont partis ; le jour est sans doute bien proche où tous pourront reprendre leur place au foyer.

« Lorsque l'ennemi sera vaincu, vous pourrez venir vous rendre compte des souffrances endurées par notre ville. À l'heure actuelle, vous y verriez quantité de ruines amoncelées; mais vous pourriez constater que la force morale des vrais Rémois n'a jamais faibli.

« Je voudrais pouvoir vous acquitter de la dette de reconnaissance contractée envers vous, le jour où chacun aura repris sa place. Ce jour-là vous pourrez venir à Reims, vous y serez reçues à bras ouverts, nous nous ferons un devoir de vous accueillir de notre mieux.

« Chères petites Marseillaises, vos sœurs rémoises, vous disent encore une fois merci.

« Vive la France!!... »

L. LEGRAND.
20, rue d'Ormesson.
Reims (Marne.)

Reims, le 3 août 1915.

« Chères petites amies,

« C'est avec un vif plaisir que je viens de recevoir votre colis, et je suis émerveillée de voir les jolies choses que vous avez confectionnées avec tant de soins et pour lesquelles je vous remercie beaucoup.

« Moi qui me sentais si seule, mon père étant mobilisé depuis le mois d'août et ayant perdu ma mère et ma sœur quelques mois après, j'aurai à présent la consolation de penser que loin de moi, des amies sincères pensent aux petites Rémoises qui travaillent de tout leur cœur sous les obus allemands.

« Malgré le long martyr — qui hélas n'est pas encore terminé — que subit courageusement notre ville, nous croyons plus que jamais à la victoire finale de la France et de ses Alliés, car notre Patrie bien-aimée qui lutte pour le droit et la justice, doit sortir de cette guerre, victorieuse, plus grande, plus belle et plus noble que jamais.

« Maintenant que des cœurs généreux essayent de procurer un peu de bonheur aux victimes de la guerre, nous supporterons avec plus de courage encore, ce bombardement, afin de faire honneur à notre patrie, à notre chère France.

« Bien souvent, notre pensée est allée dans votre pays si beau où nos soldats retrouvent un peu de gaieté ; dans vos hôpitaux, où nos pères, nos frères sont si bien soignés ; mais maintenant nos cœurs pénètreront dans votre École de Marseille où des jeunes filles se sont passées de récréations, ont occupé leurs loisirs à confectionner de jolies choses pour leurs sœurs malheureuses.

« Oh ! comment vous remercier ! Venez dans notre ville après la guerre, vous y serez accueillies avec joie ; en ce moment vous n'y verriez que des ruines.

« Recevez, petites sœurs françaises, mes remerciements accompagnés de baisers les plus sincères.

« Je dis avec vous : « Vive la France ».

Une petite Rémoise,

LAURE MUSSET.

Ce pèlerinage de Reims, on le fait déjà dans les Écoles par la pensée et par le cœur. Car il n'est pas d'enfants que n'émeuve le récit de la « Grande pitié » dont souffre l'enfance rémoise. Le jour est proche où aura lieu la visite aux ruines, quand le front sera dégagé, l'envahisseur refoulé au loin.

L'heure sonnera bientôt où « celles et ceux de demain » viendront à Reims recevoir le baiser de l'amitié, auquel les convient leurs frères et leurs sœurs de la Cité douloureuse, et aussi la leçon d'héroïsme à laquelle les convie l'histoire.

L'ÉCOLE ET L'ASSISTANCE

Patronages féminins, Associations d'anciennes élèves ont, dès la déclaration de guerre, subi une complète métamorphose. Avec une précise entente des mesures répondant aux besoins qu'imposait une lutte, implacable et de longue durée, et qui exigeait l'organisation de la défense intérieure contre la misère morale et matérielle, tous les groupements nés, depuis vingt ans, autour de l'École, ont, sans bruit, modestement, réalisé l'action nécessaire, l'action sacrée.

Dans les villes que j'ai visitées, j'ai pu constater quelle ingéniosité, quelle fertilité de ressources, quelle facilité toujours renouvelée d'adaption, pouvait traduire en actes l'union des disciples et maîtres.

Groupements fraternels et petites A, qui, la veille, s'adonnaient à la récréation, tenaient, surtout dans le Midi, bals et concerts, se cotisaient pour des excursions, et où l'on chantait, et où l'on dansait, se sont métamorphosés. Mis subitement en face d'événements graves, ils ont, avec une sincère gravité, accompli, à l'égard de l'infortune, le devoir urgent qui leur incombait.

Où j'ai pris contact avec Patronages et Amicales de jeunes filles, j'ai constaté avec quel sérieux la jeunesse féminine s'était mise à l'ouvrage. L'école prolongée est devenue un *Atelier national*, avec des milliers de succursales, des milliers de filiales travaillant d'un vif élan.

A Cette, la Petite A de la *Renaissance*, où j'ai assisté naguère à de si jolies fêtes, a changé d'aspect. Elle n'a pas perdu de temps pour rendre service. Le 10 août elle a tenu une assemblée fédérale. Le 11 août le travail commençait. L'ouvroir est rempli de travailleuses et les armoires aussitôt pleines de travaux exécutés par les infatigables sociétaires. 60 dames, patronnesses et anciennes élèves se sont inscrites comme infirmières, veilleuses, et elles remplissent leur tâche avec dévouement et... discrétion. Les objets confectionnés forment un riche tableau. Les pantoufles, les traversins, les oreillers y figurent à côté des mouflons, des gilets de chasse et des serviettes de toilette. Les tabliers de classe ne sont pas oubliés qui sont offerts aux fillettes de l'école dont le père est mobilisé. La bibliothèque de l'Amicale est mise à la disposition des formations sanitaires. Les livres sont confiés par paquets de 5 ou 6 aux anciennes élèves qui se chargent d'en assurer le roulement et l'échange. Les réfugiés, nombreux à Cette, ne sont pas oubliés. La petite A a ouvert des cours de couture et de français en faveur des jeunes filles belges...

A Nîmes, l'ouvroir de l'École primaire supérieure m'a montré, non sans une légitime fierté, le bilan toujours en bénéfice... moral d'un exercice qui n'est pas clos. La petite A, dès le début, a consenti un prélèvement de mille francs sur son budget pour l'achat de fournitures destinées à la confection de vêtements pour les soldats blessés, et aussi, — car les pauvres ne doivent pas être oubliés, — pour les enfants des familles éprouvées par la guerre. L'école a ajouté 50 francs au don de l'Amicale. Et deux *ouvroirs* ont fonctionné parallèlement, où l'on a travaillé entre élèves de la veille, entre associées volontaires, à un double objet. Le premier ouvroir était, pour ainsi dire, l'ouvroir militaire. Et il y avait l'ouvroir civil qui a constitué des équipes allant visiter les familles pour se rendre compte des objets qu'il fallait exécuter et offrir. L'enfance malheureuse a été secourue — comme a été aidée la jeunesse combattante. La cité avait sa part comme l'armée. Et il va de soi que des dons en argent ont été faits aux Soupes populaires, aux ambulances locales.

A Nîmes encore, dans l'école de filles rue Hôtel-Dieu, la guerre a fait surgir une Amicale, à la fin de septembre 1914, — sous ce titre : *Le Tricot Militaire*. Un atelier s'est ouvert et j'ai sous les yeux une incroyable liste de plastrons, de chandails, de cache-nez, pèlerines, manteaux, couvre-képis, avec la date de l'envoi au front. Des dons, des quêtes ont produit 4.000 francs. 3.500 vêtements ont été offerts aux soldats.

Vous direz : « Mais on en a fait autant ailleurs! »

Oui. Mais *Le Tricot militaire* et scolaire a innové. Comment ? Élèves et anciennes élèves ont travaillé, — comme partout, puis elles ont fait travailler des ouvrières qui, dans une ville où l'on s'occupe de bonneterie, chômaient et n'avaient pas l'espoir de recouvrer leur gagne-pain. Elles ont protégé, encouragé le travail à domicile. La directrice de l'Amicale-atelier me disait : « Le prix de revient d'un chandail fait à la main est assez élevé. Sa confection demande une certaine adresse et beaucoup de temps. Toute femme désireuse de le faire ne peut donc tricoter un chandail. D'autre part, de nombreuses ouvrières de fabrique sont sans emploi. Faisons exécuter des chandails à la machine. Notre Œuvre sera ainsi doublement utile. » Ainsi dit, ainsi fait. Et voilà en quoi la Petite A des tricoteuses patriotes est vraiment originale.

Le Patronage féminin de Dijon, fondé par le Cercle de la Ligue de l'Enseignement, se rapproche de l'Amicale nîmoise du Tricot. Il s'est transformé, dès le 20 août, en atelier de chômage. Il a beaucoup émigré car, à mesure qu'il occupait un local, la place était réclamée et réquisitionnée. Il a fonctionné à la Bourse du Travail, puis dans une école d'apprentissage prêtée par la Chambre de Commerce. Mais partout l'aiguille a dû s'incliner devant la baïonnette. J'ai trouvé l'Ouvroir laïque dans l'école du Diaconnat!

Les chômeuses au nombre de 60, sont en plein travail et reçoivent un salaire qui n'est pas de « famine ». Le 25 février, 10.780 journées avaient été payées. Et le Patronage-école fait œuvre d'éducation comme d'assistance, en payant des spécialistes qui forment des apprenties capables de gagner leur vie.

Les jeunes filles sont fort inexpérimentées et elles appartiennent à combien de spécialités de métiers : chaussures, pastilles, bisauterie, dactylographie, modes, lingerie, etc..., et nombre d'entre elles doivent être initiées au travail de la lingerie et de la confection, apprendre à se servir de la machine à coudre.

Le patronage-atelier est en perte et très fier de sa coûteuse entreprise que soutiennent des dons et souscriptions — et l'aide du *Secours National*. En deux salles les pupilles sont rangées et s'activent à faire vite et bien chaussons, objets de pansement, couvertures piquées, vêtements pour les blessés, les femmes des mobilisés, les émigrés traversant Dijon. Le patronage-atelier a des commandes faites à bas prix, mais qui alimentent un peu la caisse! L'*Office des Blessés*, les cheminots, les entrepreneurs qui ont soumissionné pour l'Intendance s'adressent à lui, y trouvent leur compte. Ils creusent le « gouffre de l'affreux déficit », comblé tant bien que mal par les amis de l'œuvre, qui la font vivre pour qu'elle continue à assurer la vie de 60 jeunes filles, arrachées à la misère, à la rue, à l'oisiveté.

L'on ne saurait croire quel réconfort l'on éprouve, à visiter ainsi de ville en ville les Œuvres, si variées, si attachantes, que le patriotisme féminin a suscitées et qu'il réchauffe de sa flamme. Là, on peut constater que la femme sait organiser, faire preuve de méthode et d'esprit de suite, descendre au détail de l'application, ajuster nettement les moyens exacts aux fins précises.

La plupart des Directrices, des Présidentes de ces ateliers improvisés appartiennent ou bien touchent de près, — comme à Dijon, — au monde de l'enseignement. Elles ont montré d'exemple qu'elles savaient allier au savoir théorique le sens pratique le plus délié. Elles ont, sur l'école, sur ses Œuvres annexes, greffé des institutions relevant du domaine économique, avec un ordre, une souplesse, une habileté que leur envieraient des commerçants et des industriels de profession.

Sans doute le gain est nul. Les patronages-ateliers sont au-dessous de leurs affaires, mais la gestion est excellente. On atteint au minimum de pertes, au maximum de rendement. Et le profit moral pour l'école est grand de même que le profit matériel pour l'armée. L'École, après la guerre, bénéficiera des services qu'elle a su rendre à l'Assistance.

LE BAS DE LAINE

C'est chez Mme X..., directrice de l'école de Y... Je supprime le nom de la ville, non pour éviter les ciseaux de la terrible censure, non pour garder ces secrets stratégiques, mais simplement parce que, par modestie, la bienfaisante institutrice, à l'encontre de tant d'autres fondatrices d'Œuvres, que ne tente pas la vertu de l'anonymat, m'a prié de ne pas la nommer, de ne pas citer la ville où elle professe, ce qui la ferait connaître.

Donc Mme X*** à l'école de Y*** — aura-t-on assez usé de l'astérique et du pointillé en 1914-1915? — me montre, comme dons faits par ses élèves aux Œuvres, si nombreuses et si utiles qui de toutes parts surgissent : *Le Tricot, Le Plastron, Le Vêtement, Le Linge du Soldat*, etc., des ballots de caleçons, de chandails, de chemises, de couvertures, de cache-nez et de passe-montagne.

Le lot est respectable. Il s'élève presque jusqu'au plafond. C'est tout un magasin de mercerie, tout un rayon de confection qui est installé dans la salle des professeurs. On travaille à l'enfler et à le hausser, en récréation, en classe de couture, en étude et chez soi, à la veillée, et les jeudis et les dimanches.

« Voyez ce bas de laine, me dit la directrice de X... de l'école Y... il est intéressant et original. » Je tâte le bas de laine qu'on me tend. Je le trouve moelleux, étoffé, solide aux jointures, renforcé au talon, d'aspect confortable, mais je ne lui découvre rien de particulièrement pittoresque. »

« Ah! Ah! Monsieur, vous n'avez pas vu : il est souple, il est résistant. Regardez ce qu'il contient : c'est un bas de laine à surprise. »

Et, du bas de laine, la directrice X*** de l'école de Y... sort une savonnette, un petit canif, quelques épingles de sûreté qui serviront à remplacer un bouton absent, et une pelote de ficelle, et du papier à lettre. Ceci pour la jambe gauche. La jambe et le pied droit, le côté de « l'en avant-marche », sont la cachette aux gâteries : un cigare, des cigarettes, un paquet de tabac, quelques morceaux de sucre, quelques pastilles : le tout enveloppé dans un mouchoir de poche.

Ah! on ne saura jamais tout ce que l'ingéniosité, tout ce que la fine bonté des écolières peuvent faire entrer et de gourmandises et d'objets utiles dans un bas de laine !

Dans ce bas de laine vraiment national, — que l'autre bas de laine si moqué, que le classique tiroir à économies, permet d'emplir, — est caché le nom de la fillette qui offre et le contenant et le contenu au soldat à qui la famille ne peut rien offrir.

De même que Brieux a écrit une lettre, désormais célèbre, à celui qui n'en reçoit pas, la fillette envoie un colis postal à celui aussi qui n'en reçoit pas.

Il ne te dira rien peut-être, petit piou-piou inconnu, le nom de cette donatrice, sache qu'elle et que toutes celles qui, d'une humble école primaire, adressent des bas de laine à tes camarades, ne sont pas des fillettes riches qui les achètent tout faits et les expédient à l'armée, ce dont d'ailleurs il faut leur savoir gré. Le bas de laine qui provoque chez toi et chez eux, des exclamations de joie, qui t'apporte et le nécessaire et le superflu, si nécessaire, a été tricoté, maille à maille, par des écolières de France qui se sont imposé mille petites privations, et de bon cœur, qui se refusent goûter, dessert, tout ruban et tout colifichet, pour que le soldat de France ait chaud au cœur comme au corps.

Leur pensée est allée vers toi et vers ceux qui, avec toi, disputent à l'envahisseur le sol de la patrie. Que ta pensée aille à celle qui pour toi, dans une salle d'école ou bien au foyer familial, se penche sans trêve sur l'aiguille, et qui, son petit chef-d'œuvre terminé, a fait le geste charmant de le transformer en petit bazar ambulant, accueilli avec une allégresse mêlée d'émotion au front de bataille. Et que les deux pensées, celle du soldat et celle de l'écolière, se pénètrent et se fondent dans une même passion de dévouement et de sacrifice, dans un même amour de la patrie qui, après les épreuves, connaîtra la victoire : « Il n'est pas une fille de France qui ne filât une quenouillée pour ma rançon ! disait, avec une juste fierté, Bertrand du Guesclin.

C'est même mot d'ordre d'aujourd'hui. Toutes les filles de France paient leur dette pour la rançon de votre santé, ô fils de France !

ŒUVRES FÉDÉRALES

C'est en gare de Laroche. Deux trains, l'un montant, l'autre descendant sont arrêtés. J'arpente philosophiquement le trottoir, car l'attente sera longue. Des trains de blessés, de permissionnaires, de munitions, sont annoncés qui retarderont le départ du pauvre colis humain qu'est forcément et logiquement un civil en temps de guerre.

D'un wagon une voix m'appelle. C'est une des collaboratrices mobilisées par la Fédération des Amicales d'instituteurs qui me montre, têtes épanouies aux portières, des fillettes, des garçons, toute une colonie de petits rapatriés, d'orphelins, dont elle a la maternelle direction :

« Où les conduisez-vous ? » — « Dans le Var, les Alpes-Maritimes. Voyez ces compartiments. Ils sont pleins d'écoliers rémois. Ils ont séjourné longtemps dans les caves. Il leur faut de l'air, du soleil. La *Sauvegarde*, l'œuvre de refuge et de salut qu'ont fondée à

Paris MM. Paul Strauss et Paul Deschanel, et dont s'occupe, avec un dévouement passionné, M. André, inspecteur primaire, les a logés, nourris, récréés quelque temps. L'*Accueil français*, l'œuvre fondée par la Fédération des Amicales et que dirige avec tant d'intelligente bonté la vice-présidente, Mme Mauger, va prolonger l'action réparatrice de la *Sauvegarde* avec qui elle a scellé une étroite entente. »

A d'autres bifurcations, à d'autres carrefours, où m'a conduit le Tour de France, en temps de guerre, à travers les Œuvres, j'ai croisé d'autres caravanes d'enfants que l'institution improvisée par le groupement corporatif des institutrices et des instituteurs a sauvés de la rue, de l'abandon, du péril, a rendus à la santé, à la joie de vivre, loin des ruines, sous le grand ciel bleu, après les jours d'épreuves et de larmes.

L'*Accueil français* a été pour les familles en exil comme le sourire et la caresse de la patrie. Combien de veuves ont pu renaître à l'espoir quand il a procuré à leur enfant réconfort, lumière et joie ! Déjà, grâce à lui, 3.000 enfants ont été placés, dans le Sud-Est, le Sud-Ouest, la Bretagne, le Poitou, le Plateau-Central, même l'Algérie. Et des adoptions se sont produites, des foyers se sont élargis pour recevoir un long temps ceux qui devaient être les hôtes d'un jour. L'*Accueil* pour mener sa tâche à bien, a été aidé par le Secours National qui lui a fait un don de 10.000 francs. *Les Amicales* ont fourni déjà 112.000 francs.

Et ce n'est là qu'une des Œuvres dont s'occupe la Fédération qui, dès le début de la guerre, a revendiqué et réalisé sa noble et généreuse mission d'assistance et de bienfaisance. Elle veille utilement sur les veuves et les orphelins des instituteurs tués qui reçoivent des secours, accordés d'après des règles établies avec équité. Elle vient en aide, grâce à la collaboration éclairée que lui fournit M. Derboven, instituteur à Saint-Gilles-Bruxelles, aux enseignants belges, chassés de leur patrie et ruinés.

On a parlé d'instituer une journée dite du fonctionnaire, — et qui serait au bénéfice des éprouvés de la guerre. Les institutrices, les instituteurs n'ont pas attendu l'appel de la presse pour avoir une Caisse de secours alimentée par les sacrifices qu'ils consentent volontairement, chaque mois, et avec une ponctuelle régularité.

La Caisse de secours est remplie par des versements qui vont de 2 à 5 p. 100 du traitement et que prélèvent, dans tout le pays, les adhérents des Amicales.

L'organisation est savamment équilibrée. 1 p. 100 revient à la caisse centrale, qui est celle de la fédération. Le reste est conservé dans chaque département par les Caisses des Amicales et sert à soutenir les Œuvres locales.

Le 1 p. 100 a fourni déjà 550.000 francs.

La caisse de la Fédération a pu secourir 1.400 veuves, 1.200 orphelins. Le trésorier, bon ouvrier de l'Œuvre bonne, M. Cadalen, a consacré 320.000 francs aux dons et secours.

L'ensemble harmonieux des Œuvres d'intérêt professionnel et général vaut par l'inspiration dont elles émanent, par les qualités d'ordre et de méthode qu'elles dénotent chez les promoteurs et les collaborateurs de la Fondation fédérale.

La Fédération des Amicales a montré d'exemple qu'elle voulait et pouvait s'adapter aux nécessités de l'heure présente, qu'elle entendait prendre sa part dans le soulagement d'infortunes imméritées.

L'ÉCOLE ET LES ŒUVRES DE GUERRE

Toutes les villes de France, et, dans chaque ville, toutes les Écoles ont lutté d'émulation pour découvrir, pour procurer les ressources aux Œuvres de guerre. Un volume entier — qui serait le *Livre d'Or* du patriotisme des Écolières et des Écoliers ne suffirait pas à l'énumération des services qu'ils ont rendus.

Ce qu'a fait l'École à Marseille, à Lyon, c'est, dans un cadre agrandi, ce qu'elle a fait partout, et dans les petites cités, et dans les villages. Les résumer, c'est fixer un moment de la vie de l'École au temps des grandes épreuves.

MARSEILLE

L'enseignement à tous ses degrés : et le supérieur, et le secondaire, et le primaire ont offert aux Œuvres de guerre une collaboration ardente et qui ne s'est jamais ralentie. Professeurs et femmes de professeurs, institutrices, instituteurs, se sont fait un point d'honneur d'être constamment à la peine, partout où il y avait un service à rendre. Ils ont eu un guide qui n'a cessé de leur donner l'exemple : M. Havard, inspecteur d'Académie des Bouches-du-Rhône.

Dès le début de la guerre, que d'instituteurs sont devenus d'un seul coup, chefs de bureau, expéditionnaires abattant vite et bien la besogne, dans les diverses administrations de la Grande ville?

Combien d'institutrices ont conquis le diplôme d'infirmières et ont fourni un service apprécié aux hôpitaux, partageant courageusement leur temps, entre l'accomplissement de leur devoirs professionnels et l'assistance aux malades, ajoutant la veillée au travail scolaire du jour.

Dès le mois d'août 1914, la *Solidarité du personnel enseignant* a été fondée pour soutenir l'effort des Œuvres de guerre. 3 p. 000 ont été prélevés pour les traitements par un geste volontaire; en un an l'encaisse a été de 100.000 francs dont ont bénéficié les Œuvres corporatives, les Œuvres locales, les Œuvres générales. Les instituteurs, prisonniers de guerre et appartenant aux départements envahis n'ont cessé de recevoir de leur collègues des paquets, contenant nourriture et vêtements. Les instituteurs blessés ont été visités avec une méthodique régularité. Et chaque fois, des gâteries leur étaient offertes avec une délicatesse charmante.

Écolières, écoliers, imitaient l'exemple donné par les maîtresses et par les maîtres. L'école primaire supérieure de jeunes filles Edgar-Quinet, l'école de la rue Sainte-Victoire et, avec elles, les associations des anciennes élèves se sont transformées en ateliers d'où l'on envoyait par milliers des objets, aux organisations locales, aux soldats du front. Elles ont vêtu des orphelins, fourni de l'argent pour entretenir des lits, soit dans les hôpitaux, soit dans les ambulances sises dans la zone des armées.

Les écoles de garçons, par quêtes et dons, ont procuré des pièces blanches que les écoles de filles métamorphosaient en vêtements.

Dans une seule circonscription, l'un des inspecteurs primaires, évalue à 120.000 le nombre des objets confectionnés.

Que de traits touchants l'on pourrait conter! Que d'économies ont été réalisées sur les goûters, par les enfants, pour payer le « sou hebdomadaire », institué dès octobre!

Je retiens un fait entre tant d'autres, qui m'est révélé par M. Fontenaille, inspecteur primaire.

A la Madrague de la Ville, une petite fille de 8 ans, appartenant à l'une de ces familles profondément déshéritées, comme on n'en rencontre guère que dans les grandes villes, n'avait pu, jusqu'à janvier 1915, apporter l'obole de la semaine. Son maigre visage, en paraissait plus émacié, ses yeux plus tristes.

Un matin de janvier, sa physionomie intelligente et douce s'éclaira de joie : l'enfant rapportait, une seule fois, 0 fr. 40 à sa maîtresse pour l'Œuvre du sou.

« Comment vous êtes vous procurée cette grosse somme, interrogea l'institutrice? — Mademoiselle, c'est moi qui l'ai gagnée. — Comment cela? » Après un peu d'hésitation, la capitaliste improvisée dit : « J'ai ramassé les croûtes de pain de la cour et de la rue.

— Mais, personne n'achète des croûtes malpropres !
— Mademoiselle, le jeudi je lave mon tas à la maison ; ma mère m'aide quand elle est là, puis le dimanche nous allons les vendre ensemble à un fermier de l'Estaque qui nous les achète pour les donner à manger à ses poules. »

Le 20 mai 1915, le travail persévérant de cette brave enfant avait produit 3 fr. 60, au profit de l'Œuvre de l'Assistance du sou de la semaine. Depuis, elle continue, et ses petites compagnes cherchent avec elle, dans les ruisseaux ou les carrefours, des richesses innommables.

Que dire de ces élèves d'une école supérieure de garçons, rue Beaujour, qui se sont fait professeurs de dactylographie à l'hôpital militaire, auquel on avait prêté les machines à écrire d'un Cours forcément abandonné par un professeur mobilisé !

Que dire aussi de ces jeunes gens de l'école primaire supérieure Victor Hugo, s'instituant moniteurs de gymnastique dans les écoles élémentaires pour remplacer des maîtres partis au front !

L'ardeur patriotique des écoliers, des écolières, s'est encore manifestée dans la part qu'ils ont pris au succès des cinq Grandes Journées.

Avec les institutrices, les instituteurs, ils ont été en grande partie les organisateurs de la victoire ; tant sous la direction de M. Félix Gravier qui en fut le stratège, que M. de la Rivière, trésorier-payeur, et de M. Havard, inspecteur d'Académie.

A Marseille et dans tous le département, les résultats, dus surtout à l'Union de la Croix-Rouge et de l'École, ont été splendides.

Le vente du petit drapeau belge, en décembre 1914, a réalisé 195.000 francs. En février 1915, la journée du 75 Touring-Club s'est soldée par 135.000 francs de boni. En mai, la journée française a produit 123.000 francs.

Et l'élan des enseignants et des enseignés ne ralentit pas. « Les efforts faits jusqu'ici continueront », disait récemment M. Landreat, inspecteur primaire. Et ce sont les instituteurs eux-mêmes qui déclaraient récemment : « que leur action devait continuer dans le même sens et durer encore longtemps après la fin de la guerre. »

LYON

L'Université, à tous ses degrés a été entraînée, à Lyon, par la foi agissante de M. le Recteur Joubin, qui, dans une circulaire relatant les résultats obtenus, pouvait écrire justement : « C'est une grande joie de constater que toutes les pensées sont tournées vers ceux qui souffrent et vers ceux qui se battent. »

Les trois ordres d'enseignement ont fourni une collaboration active et constante, féconde en procédés ingénieux, en inventions discrètes et souvent émouvantes.

Les Facultés ont mobilisé savants, médecins et chirurgiens qui ont acquis pour Lyon, dans l'armée, la réputation d'une ville où l'on était soigné, guéri, suivi de près dans la convalescence: plus d'un blessé reconnaissant conservera le souvenir de maîtres qui l'ont opéré et sauvé. Elles ont, en outre, contribué à maintenir intacte la santé morale de la population, car elles ont donné, dans des séances où l'on se pressait en foule, des Exposés d'histoire, de géographie, d'économie sociale, de politique étrangère, qui ont été et sont des leçons d'énergie.

Le Lycée de garçons, personnel et élèves réunis, a payé largement, généreusement, sa part de dette sacrée pour aider au soulagement des misères. Le Lycée de jeunes filles, devenu un Hôpital militaire, a un atelier installé dans le propre appartement de la directrice et où travaillent maîtresses et disciples. Dans les classes sont disposées des tirelires et l'*Œuvre du Gros Sou* fonctionne avec succès.

L'École normale d'institutrices transformée en hôpital, a assuré jusqu'au début de janvier, grâce aux maîtresses et aux futures enseignantes, les services de l'économat, du secrétariat, de la lingerie et de l'Ouvroir. En plus de leur travail, élèves et anciennes élèves, bien que peu fortunées, ont apporté leur obole. L'Amicale a fait don à l'Hôpital d'une somme de 1.000 francs représentant la presque totalité de ses fonds disponibles. La « Caisse de voyage » a été vidée.

Les Écoles primaires supérieures ont été comme autant d'Ouvroirs. Jeunes filles et parents ont fourni cotisations et dons. Les ateliers gratuits n'ont pas chômé, car la Préfecture, d'un côté, la Municipalité, de l'autre, ont envoyé de la laine à tricoter, des chemises, des caleçons à coudre. L'on m'a parlé pour les trois écoles, au mois de mars, de 1.300 paires de chaussettes, sans compter les passe-montagne, les cache-nez et un monceau de chandails, de ceintures de genouillères, de plastrons, etc.

Et l'on a tricoté aussi dans les Écoles élémentaires, d'où les objets de lingerie, les vêtement raccommodés, les sous-vêtements, sont partis par ballots. Et l'on a quêté dans les Écoles de filles et l'on a participé au succès des Arbres de Noël, des Journées nationales et de la Semaine lyonnaise.

Les *Œuvres post-scolaires*, dont la Fédération est présidée par M. C. Bador, ne sont pas non plus restées inactives. Les Amicales de jeune gens qui ont tant de leurs adhérents au front, n'ont cessé de faire des dons en argent. Les Amicales de jeunes filles ont consacré la plupart de leurs séances d'hiver à la préparation de vêtements de laine pour les soldats. Comme les écoles, les Petites A ont tricoté et tricotent...

Partout, enseignants et enseignés, apportent un concours utile, sont prêts à remplir tous les devoirs qui apparaissent aujourd'hui, comme ceux qui apparaîtront demain. Comme le disait récemment M. Lamounette, inspecteur d'Académie : « A constater le travail qui se fait, la discrétion et l'empressement que chacun, — élèves et maîtres, — apporte à remplir tout ce qui lui a semblé comme un devoir sacré, tout cet ensemble d'actes patriotiques, j'éprouve une joie profonde et vraiment bien réconfortante. »

Institutrices et instituteurs, tous les groupements, se fondant dans une même pensée d'action, ont constitué, dès le 28 août, une organisation autonome dans le but « d'apporter aux pouvoirs publics l'aide collective du personnel de l'enseignement primaire en faveur des Œuvres d'assistance nécessitées par la guerre ».

Tous les membres présents votèrent d'enthousiasme un prélèvement de 5 p. 100 sur leurs traitements. Le *Comité de secours de l'enseignement primaire et primaire supérieur du Rhône*, a compris et comprend encore les représentants des diverses Associations et Unions. C'est « l'union sacrée » qui s'est formée ainsi dans un noble élan de dévouement et de fraternité.

Le total des sommes recueillies, grâce au prélèvement, atteint déjà plus de 100.000 francs. Le fonds de réserve est de 16.000 francs placés en « Bons de la Défense ». J'ai sous les yeux le bilan des dépenses. La préfecture a reçu pour ses œuvres, 11.000 francs, le maire de Lyon 22.000, le Consul de Belgique 6.000, etc.

Ce n'est pas, en vain, je le sais, qu'on s'est adressé aux instituteurs de Lyon pour venir en aide aux instituteurs des régions envahies, prisonniers en Allemagne. Le bureau composé de : M. Lamounette, président, M. Veyet, vice-président, Mme Viennot, vice-présidente, M. Dupeuble, secrétaire, Mlle Dupuis, secrétaire-adjointe, M. Commissaire, trésorier, M. Dupasquier trésorier-adjoint, Mlles Prèle, Jocteur, M. Péron, conseillers départementaux, a revendiqué avec joie la mission de venir en aide aux malheureux internés. Il a pris sous sa protection un nombre important de collègues. Il leur adresse deux fois par mois, à ses frais, un colis par l'intermédiaire de l'*Œuvre municipale* du « Paquet aux prisonniers de guerre. Je suis allé voir le premier paquet envoyé. Il contenait 2 chemises, 1 flanelle, 1 caleçon, 2 paires de chaussettes, 1 serviette de toilette, 2 mouchoirs, 1 trousse renfermant peigne, brosse à dents, glace, fil aiguilles, etc., un morceau de savon, 1 kilogramme de pain, 500 grammes de sucre, 500 grammes de figues, 500 grammes de foie gras de porc, 250 grammes de chocolat. Les envois qui suivront contiendront plus d'aliments, moins de linge.

Et des institutrices ont la délicatesse de correspondre deux fois par mois avec les prisonniers. Elles savent trouver les paroles qui soutiennent et qui consolent. Comme il est dit dans l'appel du Comité de secours : « Il faut que nos prisonniers s'aperçoivent qu'ils ne sont point oubliés, que nous songeons à eux; il faut qu'ils sentent la chaleur de notre pensée et qu'elle les suive partout, dans leur camp misérable, auprès de leurs paillasses ou de leurs gamelles. Il faut qu'ils devinent de chères présences invisibles, des amitiés qui s'émeuvent... Donnons-leur par dessus les frontières, cette chose vivante, la pensée... La solitude est lourde à ceux qui n'ont point le réconfort d'une affection. »

L'ÉCOLE PROFESSIONNELLE DES MUTILÉS A LYON

L'Ecole professionnelle des mutilés a été pensée, voulue, réalisée par M. Edouard Herriot, sénateur-maire de Lyon, qui, dans la Ville « des grands blessés », a compris, par le spectacle qui s'offrait sous ses yeux, qu'il fallait aider ceux qui voulaient s'aider et qui, par leurs infirmités, sont mis dans l'impossibilité de continuer l'exercice de leur profession, mais sont résolus à ne pas glisser dans la paresse et le désœuvrement.

L'Ecole a été ouverte, le 14 décembre 1914, jour où furent reçus trois jeunes soldats du 17° d'infanterie, dans le vieux Château de la Buire, 41, rue de Rochais.

Quand pour la première fois, un soir pluvieux et sombre de février 1915, je franchi le seuil de la seigneuriale demeure à tourelles où déjà se trouvaient réunis 35 étudiants mutilés, si différents de ceux que, depuis un quart de siècle, l'éducation populaire m'a admis à fréquenter, j'étais étreint par un sentiment d'indicible tristesse. Je me disais que j'allais pénétrer dans la Cité dolente où devaient s'exaspérer la souffrance et le désespoir.

Mais vite l'impression est dissipée. Guidé par le Directeur-Econome, M. le professeur Basèque Azer, réfugié belge, j'entre dans le réfectoire. Là, béquilles et soutiens posés à côté d'eux, s'activent au travail des mandibules, et les amputés du bras, et les amputés de la jambe, qui attaquent avec vigueur, et une joie bruyante, un excellent gigot et des macaronis savamment beurrés et fromagés. Je visite les locaux qu'on transforme en ateliers, le dortoir qui est installé dans une ancienne chapelle désaffectée. Comme la nuit tombe, je me promets de revenir pour faire plus ample connaissance, et avec cette Université professionnelle qu'a fait surgir la guerre, et avec ses disciples.

Je suis revenu fin mars, puis en avril. J'ai vu de près les deux corps d'habitation, sis au milieu d'un joli parc. J'ai vu les vastes salles qui servent aux ateliers, aux cours théoriques, la salle de bains, la buanderie, les aménagements que le « Maire social », à l'esprit inventif et tout rempli d'ingéniosité, a créés comme par enchantement dans le Château où vivait, il y a 200 ans, noble Etienne de Rochais, seigneur d'Amblerieu, et de Vaulx-en-Velin, et qui, par une généreuse affectation, a pour nobles hôtes les mutilés de la Grande Guerre.

71 élèves sont réunis. Ils ont été choisis, parmi de nombreux candidats, par un dévoué collaborateur de l'Œuvre : le docteur Carle. J'ai assisté à une interrogation d'entrée et j'ai constaté, avec quelle conscience, quelle douceur patiente, il conduisait son enquête, et aussi avec quel souci délicat de faire intelligemment le bien, de découvrir les métiers les plus exactement adaptés aux aptitudes des aspirants et, en outre, au milieu d'où ils sortent. Le Docteur Carle, un savant doublé d'un psychologue, ne retient que les soldats atteints de lésions définitives et qui ont pris vraiment la résolution de ne pas rester des non-valeurs à la charge de la société. Il fait comprendre aux blessés que les places toutes prêtes, dues à la protection, seront âprement disputées et qu'il y aura des centaines de demandes pour un poste de facteur, d'huissier, ou de gardien de monument. Comme 7 candidats sur 10 sont des cultivateurs ne pouvant plus se pencher sur le sol, il les amène à choisir de préférence un métier qu'ils puissent exercer seuls, librement, chez eux, dans leur village où ils retrouveront et logis et affection.

J'ai vu dans le détail les sections qui se partagent l'activité des Étudiants militaires. 24 aspirants comptables sont confiés à des maîtres expérimentés. La section des cordonniers retient 16 amputés d'une jambe. Je m'enquiers des professions antérieures. Je trouve 1 chauffeur d'auto, 2 mineurs, 8 cultivateurs, 1 plâtrier, 1 maçon, 1 terrassier, 1 vigneron, 1 commis de distillerie.

Les tailleurs sont au nombre de 8. Qu'étaient-ils auparavant?

On comptait parmi eux : 1 boucher, 5 cultivateurs, 1 maçon, 1 coutellier. Les menuisiers forment une équipe de 8 amputés de jambe ou de main. Qu'étaient-ils auparavant : 1 terrassier, 1 ébéniste, 1 poseur de voie de chemin de fer, 2 cultivateurs, 1 outilleur, 1 métallurgiste, 1 tisseur. Chez les relieurs brocheurs : 12 amputés d'un bras ou d'une main, on peut relever : 1 poêlier, 1 limeur, 1 tisseur, 1 palefrenier, 1 charpentier, 2 cultivateurs, 1 coiffeur, 1 mouleur en fonte, 1 valet de chambre, 1 mineur, 1 poseur de voies pour chemin de fer.

Des cours d'instruction générale ont été organisés, avec 3 classes, selon le degré de savoir. C'est le programme de l'enseignement primaire que fait suivre un instituteur retraité, car, à l'exception d'un élève comptable pourvu du brevet élémentaire, tous les blessés n'ont fait que des études primaires.

Je cause avec M. Basèque Azer. C'est un éducateur d'une exquise bonté, sachant mettre la confiance et l'espoir au cœur d'hommes qui auraient vite tendance à se décourager. Et c'est un spécialiste très versé dans les questions relatives à l'enseignement professionnel, car, à Charleroi, il était secrétaire de l'Université du Travail. Il me dit quelles espérances on peut fonder sur la rééducation des amputés, quels progrès ne cessent de réaliser des jeunes gens, stimulés par l'amour-propre et la nécessité de retrouver un gagne-pain et qui, à cause de la pénurie de main-d'œuvre, trouveront sûrement, après la guerre, l'emploi de leur énergique effort. Il me parle des projets très pratiques que forme le docteur Carle appelant la découverte de nouveaux appareils, modifiés et perfectionnés qui procureront à l'amputé des facilités pour son travail. Il m'informe que le professeur Nové-Josserand, et le docteur Pont s'ingénient à combiner l'orthopédie et la rééducation.

Le succès de l'école nouvelle est complet. Déjà M. Edouard Herriot songe à ouvrir une seconde Ecole qui sera rurale et destinée aux amputés pouvant s'occuper d'horticulture, de jardinage, etc. Même il m'a fait visiter un vaste domaine de 7 hectares, la Tour-Vieille, placé sur une hauteur aux environs de Lyon, et qu'il fait transformer pour recevoir de nouveaux étudiants professionnels [1].

Et là encore, le succès attend le promoteur de l'Œuvre, car il unit à l'esprit d'initiative et de décision l'art de choisir des collaborateurs de spéciale compétence et passionnés pour le bien public.

On l'imite ailleurs. Des écoles sont en formation. Il est à souhaiter qu'elles aient, elles aussi, des techniciens et des éducateurs à leur tête, et pour le choix des métiers, et pour la direction morale, et pour

---

[1]. L'Ecole rurale des Mutilés est en plein fonctionnement avec des Mutilés s'initiant à la culture fine, dans un Jardin-d'Eté. Cf: Les Ecoles professionnelles des Blessés, par le Dr Carle. 1 vol. in-18, chez Rey,; à Lyon, et à Paris; chez Baillière.

l'organisation pédagogique qui est singulièrement complexe et qui présente des difficultés insoupçonnées.

L'ÉCOLE MARSEILLAISE DES MUTILÉS

L'École Marseillaise de rééducation des mutilés de la guerre n'est pas à l'atelier, comme dans quelques villes, elle n'est pas dans des locaux spécialement aménagés comme à Lyon; elle est à l'Ecole.

C'est à l'Ecole professionnelle, à l'Ecole pratique d'Industrie que dirige avec une si remarquable maîtrise M. Bousquet que le grand blessé apprendra la profession et la pratique d'un métier.

L'Ecole de rééducation est municipale, et le maire de Marseille, M. Pierre, l'entoure d'une spéciale sollicitude.

L'Aile occupée par le cours préparatoire est réservée aux mutilés, que la bataille a privés d'un bras ou d'une jambe ou dont elle a raidi les doigts.

Entre trois dortoirs sont répartis 43 internes, qui sont placés sous la surveillance d'un sergent et de caporaux mutilés eux-mêmes. Un quatrième dortoir va s'ouvrir.

La plupart des rééduqués désirent devenir des comptables. Un petit examen leur ouvre l'accès de la classe commerciale qui est très recherchée et où déjà 20 d'entre eux ont été admis.

Les professions les plus variées sont enseignées : cordonniers, tailleurs, ajusteurs et tourneurs sur métaux, menuisiers et tourneurs sur bois, modeleurs, mécaniciens, électriciens, ferblantiers, fondeurs, mouleurs, chaudronniers, serruriers et forgerons.

J'ai pénétré dans quelques-unes des sections de travail manuel, chez les tailleurs, chez les cordonniers. Les progrès ont été rapides. Déjà des vêtements ont été confectionnés ; déjà des souliers ont pu être achevés par des hommes qui hier encore étaient des cultivateurs. Deux sacs de chaussures ont déjà été livrés à la Caisse des écoles.

Dans les ateliers on ne peut pas, ne pas être frappé par l'antithèse brutale des situations. D'une part, tout au fond, avec une fiévreuse activité, des ouvriers mobilisés tournent les obus qui vont semer la mutilation et la mort ; d'autre part, au premier plan, sous la direction de maîtres expérimentés, les mutilés s'exercent à l'apprentissage pour devenir ajusteurs, tourneurs, dessinateurs, industriels, se livrent aux travaux pacifiques que leur a imposés la guerre.

Leurs maîtres se louent fort de leur travail, de leur application. « Ils avancent vite en besogne, me dit l'un d'eux. Ils ne perdent pas une minute. Ils savent que de la leçon bien comprise et bien appliquée dépend le gagne-pain. »

J'ai causé avec eux. Tous me disent combien ils sont reconnaissants envers la Cité qui prend à tâche de les instruire, de les rééduquer, de les armer de nouveau pour la vie.

M. Bousquet me cite ce trait caractéristique : « J'ai été obligé à plusieurs reprises, le soir, de faire cesser l'étude que l'on prolonge trop tard. J'ai dit qu'à 10 heures avait lieu l'extinction des feux. »

C'est ainsi. Cette petite élite de turcos, de lignards,

de chasseurs alpins qui ne cédaient pas un pouce de terrain à l'ennemi, montent à l'assaut du savoir, ne battent pas en retraite devant le surmenage.

Nombre d'industriels, de commerçants, leur ont rendu visite, ont été émerveillés des résultats obtenus et déjà se sont fait inscrire auprès de M. Pierre, maire de Marseille, et de M. Bousquet, pour retenir des ouvriers qui auront du cœur à l'ouvrage. A leur pension de réforme (dès leur sortie de l'Ecole, comme il est dit dans la brochure explicative, les mutilés ajouteront leurs revenus professionnels, assurant ainsi, par eux-mêmes, par leurs efforts, leur indépendance et leur dignité.

L'ÉCOLE POUR L'ÉCOLE
L'entr'aide des écoliers mutualistes

Institutrices et instituteurs ont pratiqué, depuis le début de la guerre, l'entr'aide corporative, avec un rare esprit de méthode, une ingéniosité de moyens toujours renouvelée. Ils ont secouru instituteurs blessés, instituteurs prisonniers, veuves, enfants de collègues tombés au champ d'honneur. Jamais la solidarité enseignante ne s'est affirmée avec tant de générosité pratique, d'heureuse précision.

Écolières et écoliers ont suivi l'exemple donné par les éducatrices et les éducateurs. Ils se sont imposés mille petits sacrifices pour procurer pain et gâteries aux petits camarades réfugiés, évacués, dont il fallait

1. Revue Pédagogique. Novembre 1915.

adoucir les épreuves. Écoles de villes, écoles de villages et de hameaux, et les supérieures, et les primaires, ont fait œuvre fraternelle et patriotique quand il s'est agi de trouver des ressources pour les blessés, pour les prisonniers, pour les enfants frappés d'exil par l'invasion. La fleur de la bonté éclot vite au cœur de ceux dont l'âge n'est certes pas « sans pitié », quand on sait la cultiver en eux. A la solidarité enseignante a correspondu la solidarité enseignée.

L'Entr'aide mutualiste organisée par les Sociétés scolaires de secours mutuels et de retraite qui, au nombre de 3.000, ont été établies aux campagnes comme aux cités, comptera comme un des plus jolis gestes, un des plus français et des plus humains, que la guerre, maîtresse de beauté morale comme de laideur intérieure, ait suscités parmi l'enfance.

D'où est venue l'idée? D'où l'étincelle a-t-elle jailli, qui, de proche en proche, a éclairé les sentiments de sa vive lueur ?

Certains d'entre nous, dès la fin de septembre 1914, se demandaient comment l'*Union Nationale des Mutualités scolaires publiques* pourrait affirmer son action, faire œuvre utile, tirer parti des réserves dont disposaient de nombreux groupements. On eut un instant la pensée d'organiser « une Journée mutualiste » avec vente de petits drapeaux, une Journée de l'école, mais l'une aurait été trop... compréhensive, l'autre trop limitée. On cherchait une combinaison et l'on ne trouvait pas grand'chose de vraiment pratique, quand, le 12 octobre, je reçus de M. Tailliart, inspecteur d'Académie, président de la Mutuelle scolaire d'Alger, une lettre rédigée, au nom des institutrices et instituteurs, des amis de l'Ecole, faisant partie de son Conseil d'administration.

Elle avait, cette lettre, belle allure de foi et d'apostolat. Elle contenait aussi quelques entrevisions prophétiques, car, à une heure où chacun croyait que la guerre serait de courte durée, elle en prévoyait la longueur. Elle était simple et grave de ton; elle disait l'amitié, la générosité. Mais en voici quelques extraits :

« Désirant apporter une modeste contribution au magnifique mouvement de solidarité qui se traduit de tous côtés pour concourir, sous les formes les plus diverses et les plus touchantes, au soulagement des maux causés par la guerre, notre société a décidé d'opérer un prélèvement sur son fonds de réserves... par application du principe... de l'article 18 des statuts qui prévoit : *d'une façon générale tous encouragements à la Mutualité scolaire.* »

Comme on le voit, M. Tailliart et ses collaborateurs ont le souci de la légalité. Il se mettent sous le couvert des statuts qui, par bonheur, ont assez de souplesse pour permettre qu'une mutualité prospère vienne en aide à une mutualité défaillante. La prévoyance de J.-C. Cavé, fondateur de l'œuvre, n'avait pas été en défaut et avait introduit la solidarité dans la prévoyance.

D'ailleurs, aux jours d'épreuve, la Mutualité ne saurait se limiter aux bornes d'une ville, d'un canton, d'un département. Elle doit s'élargir en Mutualité nationale, — comme l'école qui est nationale.

M. Tailliart poursuit ainsi : « Pour associer d'une manière active nos jeunes adhérents à ce généreux épanouissement des sentiments de fraternité et fournir au personnel l'occasion d'une profitable leçon sur la nécessité et la beauté de l'Entr'aide, le Conseil d'administration a décidé de calculer ce prélèvement à raison de 1 sou par sociétaire et par mois. Le nombre des adhérents étant actuellement de 5.352, la somme prélevée pour les dix mois de l'année scolaire serait de 2.216 francs. « Elle serait destinée aux camarades mutualistes des départements envahis... »

M. Tailliart, après avoir demandé des indications pour les répartitions de la somme, conclut ainsi : « En s'associant, dans la mesure de leur force, au soulagement d'infortunes, les jeunes mutualistes algériens mettront en pratique les leçons de solidarité et de fraternité qu'ils ont apprises sur les bancs de l'école... ».

La lettre venue d'au delà de la Méditerranée apparut comme un trait de lumière. La solution du troublant et pressant problème était trouvée. On pouvait la modifier, l'améliorer, mais Alger montrait dans quel sens il fallait agir.

Car il fallait agir. Il n'était pas juste de laisser retomber sur le seul comité d'Alger le poids de la libéralité, et, tout en lui laissant l'honneur de l'initiative, de dérober aux autres « Petites Cavé », l'heureux et fécond devoir de l'Entr'aide. D'ailleurs, 2.216 francs, répartis entre huit départements, occupés provisoirement, en totalité, comme les Ardennes, ou en partie, comme les sept autres, et entre 150.000 écoliers environ, n'auraient, après la libération, rendu que de faibles services et n'auraient guère eu qu'une valeur symbolique. Il était nécessaire et urgent de retenir l'idée émanant d'Alger, de la généraliser.

D'envoyer des imprimés, des papiers, des appels, il n'y fallait pas songer.

On pourrait se servir de circulaires quand dix, quinze départements auraient été gagnés, et à condition de circuler soi-même derrière elles.

Force était de voyager pour faire voyager l'idée, pour la « camionner » comme disait Jean Macé. Camionnage malaisé, car les déplacements ne sont guère facilités en temps de guerre. Troupes et munitions passent, comme de juste, devant les pauvres colis humains, cahotés sur les rails, arrêtés brusquement, empilés dans les wagons, oubliés parfois sur une voie de garage...

Ah! lettre d'Alger! je t'ai bien des fois et bénie et maudite. Tu m'as causé, en des heures d'angoisse, de réconfortantes émotions, tu m'as remis en contact avec une élite de vaillants collaborateurs, mais tu m'as valu combien de tribulations! N'as-tu pas été cause que, de ville en ville, j'ai fait le Tour de France mutualiste et bien des fois, pour ne pas manquer le train, manqué la lecture du Communiqué, attendu avec anxiété!

Tu es toute jaunie, toute froissée, toute rapiécée et recollée par endroits, car tu as passé par bien des mains, au Nord, à l'Ouest, au Sud. J'ai pesté contre toi, sous la pluie bretonne et sous l'implacable soleil languedocien, mais, au vrai, je te suis reconnaissant de m'avoir entraîné à cette course qui, bien des fois, m'a rappelé la *Chasse au Chastre*, narrée par le prestigieux conteur marseillais qu'était Méry.

C'est précisément à Marseille que fut prise dans mon esprit la résolution de propager l'idée de M. Tailliart. Je fus encouragé par M. Lapie, directeur de l'enseignement primaire, qui avait été tenu au courant de l'innovation réalisée par le comité d'Alger.

Et d'abord la mise au point du projet s'imposait. Le versement d'un sou par tête de sociétaire et par mois comportait des calculs parfois compliqués. Les rentrées pouvaient être difficiles dans les contrées où la guerre a fait sentir ses contre-coups économiques. Le comité d'Alger renonça de lui-même au pourcentage, et, se tournant vers l'épargne accumulée, préleva une somme globale de 5.000 francs sur les *bonis* qu'on a l'habitude de placer aux fonds libres.

Dès le 20 octobre, une réunion a lieu à Marseille où, d'enthousiasme, on répond à la lettre d'Alger en qui chacun voit un appel.

Puis, des séances sont organisées à Avignon, à Valence, à Grenoble, à Lyon, qui, par prévision budgétaire, souscrit un versement, avec Givors, Villefranche, dépassant 10.000 francs.

Et ensuite ce furent la Saône-et-Loire, l'Ain, la Côte-d'Or, l'Yonne, la Loire, la Nièvre, l'Allier, l'Ardèche où la « Grande Cave » du département a consenti une contribution de 10.000 francs, le Gard, l'Hérault, l'Aude, les Pyrénées-Orientales, où, au pays du Généralissime, les villes furent prises d'émulation. Perpignan a offert 2.000 francs, Prades 1.000, Céret 2.000.

En mai 1915, déjà 120.000 (cent vingt mille) francs étaient réservés, sous forme de « promesses ».

Ce qui assurait le succès de l'innovation, c'est qu'elle fournissait à la Mutualité scolaire l'occasion et le moyen de manifester pratiquement les sentiments d'altruisme qui animent tuteurs et pupilles ; — c'est qu'elle établissait un contact direct entre l'enfance qui donne et l'enfance qui reçoit. Pas de caisse centrale. Pas de frais d'administration, 70 caisses ou plutôt 70 comptes seront ouverts, aux chefs-lieux des départements auxquels on s'est adressé. Après la libération du territoire, sur documents fournis par les intéressés, et sur indications données par le Comité de l'Union nationale des Mutualités scolaires, l'argent sera envoyé, soit par une caisse départementale, soit par deux ou trois d'entre elles combinant leur effort, à telle ou telle circonscription. Une commission spéciale, composée de Mlle Ginier, inspectrice primaire ; de MM. Lacabe-Plasteig, Baudrillard, qui est originaire des Ardennes ; André, qui a longtemps exercé à Reims ; Mironneau, Léon Robelin, secrétaire général de l'Union, membre du Conseil supérieur de la Mutualité, etc..., a pour objet de déterminer les règles d'une équitable répartition.

De la province, l'idée a gagné Paris, à l'encontre de l'usage ordinaire.

Deux réunions ont eu lieu à la Ligue de l'Enseignement, siège social de l'Union nationale. Déjà 14 arrondissements ont consenti des « promesses » : le 10ᵉ, 2.000 francs ; le 11ᵉ, 2.000 francs ; le 13ᵉ, 2.500 francs ; le 14ᵉ, 2.500 francs ; le 15ᵉ, 2.000 francs ; le 16ᵉ, 2.000 francs ; le 20ᵉ, 2.000 francs.

Dans le 19ᵉ arrondissement, la Société Mère, fondée par J.-C. Cavé, s'est inscrite pour 5.000 francs. Son président, M. Mironneau, inspecteur primaire, m'annonçait ainsi, par dépêche, la résolution prise à l'assemblée générale : « Par un vote unanime, nous avons voulu bien marquer que le premier devoir des Sociétés mutuelles, c'est de pratiquer la Mutualité. Nous croyons ainsi être restés dignes de notre vénéré fondateur. »

La banlieue a suivi. Ivry figure sur la liste des « promesses » pour 1.000 francs, Saint-Denis pour 1.000, Aubervilliers, Pantin pour 500 francs, etc.

M. Albert Sarraut, ministre de l'Instruction publique, mis au courant de la propagande, lui donne son approbation. M. Bienvenu-Martin, ministre du Travail et de la Prévoyance sociale, autorise officiellement, encourage, soutient avec une bienveillance affectueuse l'Entr'aide des petits mutualistes « qui, écrit-il, le 18 juin 1915 à l'Union nationale, permettra aux écolières et aux écoliers mutualistes de France de porter secours à leurs petits camarades, écoliers et écolières des Sociétés scolaires des régions envahies ». M. Bienvenu-Martin se déclare heureux de l'initiative « qui traduit en actes les sentiments d'Entr'aide fraternelle et de solidarité nationale qui animent la Mutualité scolaire. C'est avec le plus vif intérêt, écrit-il, que, comme Ministre du Travail et de la Prévoyance sociale, je suis la campagne patriotique poursuivie de ville en ville, et pour le succès de laquelle je forme les vœux les plus sincères ».

M. Albert Métin, par lettre, en date du 5 décembre 1915, a donné son adhésion à l'œuvre.

Le 1ᵉʳ juillet, la campagne est reprise. La moitié de la route était parcourue. Il fallait « boucler la boucle ». Les séances ont rouvert dans la Seine-Inférieure qui s'est montrée d'une particulière générosité et dont les « engagements » montent à 29.200 francs.

Vous conterai-je par le détail le Tour de France mutualiste ? Vous dirai-je les menus incidents survenus dans le demi-cercle qui restait à parcourir pour aller du Havre à Bordeaux, à Toulouse, avant de... revoir Carcassonne ?.... Vais-je résumer les observations que j'ai pu recueillir, les impressions que j'ai éprouvées dans ce Voyage de Quête, — et forcément d'Enquête aussi, — fait en France, en temps de guerre, dans la fièvre intense d'un pays, tout tendu vers la défense, tout soulevé d'ardeur patriotique, devenu un immense atelier national, une forge d'obus et de canons, un camp préparant les recrues de la victoire ? Le récit serait pour me tenter. Mais il pourrait être long. Et il s'agit de l'Entr'aide...

Tant il y a que la collecte ne fut point infructueuse, Caen, Saint-Lô, Blois, Tours, Angers, Nantes, ont ouvert leur caisse avec un généreux empressement, ou plutôt en tireront l'heure venue les espèces sonnantes et trébuchantes qui prendront le chemin du Nord et de l'Est.

Voulez-vous quelques chiffres transcrits sur mon carnet, riche d'espérances qui demain seront des réalités : Haute-Garonne, 7.600 francs ; Vendée, 8.000 fr.; Vienne, 7.000 francs ; Deux-Sèvres, 6.000 francs pour une année ; Charente-Inférieure, 14.000 francs ; Gironde, 20.000 francs ; Landes, 20.000 francs, etc.

L'Entr'aide a eu l'honneur de voir les séances de Grenoble, de Poitiers, de Bordeaux, présidées par MM. Petit-Dutaillis, Pineau, Thamin, recteurs qui ont bien voulu patronner la propagande.

A la mi-février 1916, l'obole collective s'élevait à 380.000 francs.

35 départements n'ont pas encore été touchés, — tout l'intérieur de la boucle.

Atteindra-t-on le demi-million ? Peut-être.

Familles, enfants, ceux-là qui donnent, ceux-là dont l'argent est en cause, et que l'on a eu bien soin d'initier au geste qu'ils font et que l'on fait pour eux, sont favorables à l'Entr'aide. En certaines villes, où les versements devenaient irréguliers, dès que, au retour de l'école, la fillette, le garçon, ont annoncé qu'on allait aider les petits Picards, les petits Flamands, les petits Lorrains, vite on a remis les deux sous de la cotisation aux jeunes associés qui font œuvre d'amitié scolaire et française.

Même les départements qui bordent les régions momentanément occupées et auxquels on n'avait pas osé adresser un appel parce qu'ils ont été touchés par la vague d'invasion, entendent participer à l'Entr'aide. M. Leune, inspecteur général, le fondateur du Sanatorium des instituteurs, qui est allé dans les pays proches de la zone des armées, nous a transmis le vœu de collaborateurs qui, eux aussi, veulent être les bienfaiteurs de l'enfance mutualiste.

D'Abbeville, nous avons reçu une lettre significative :

Cayeux-sur-Mer, 13 juillet 1915.

« J'ai lu avec un vif intérêt l'appel que vous adressez aux Mutualités scolaires en faveur des « petites Cavé » des régions envahies.

« Notre société tiendra sûrement à s'associer à cet

acte de solidarité... Rayonnant sur une circonscription voisine elle-même des pays occupés par l'ennemi, elle ne pourra peut-être pas tenir son assemblée générale aussi vite qu'elle le voudrait. Mais au nom de M. Chapotot, inspecteur primaire, président, je puis vous donner l'assurance que la somme de mille francs qu'il se propose de demander sera votée d'acclamation. Les membres présents seront heureux de témoigner ainsi leur ardente sympathie aux jeunes mutualistes soumis depuis tant de mois à la dure épreuve de l'invasion.

« Pour le président de la Mutualité scolaire de la 2ᵉ circonscription d'Abbeville et avec son autorisation,

« Le Trésorier central,

« Roussel, directeur d'école. »

M. Fiquet, sénateur-maire d'Amiens m'a écrit à la date du 10 décembre : « J'ai l'honneur de vous informer que sur ma proposition, l'Assemblée générale de la Société scolaire de secours mutuels et de retraite d'Amiens, réunie le 9 décembre dernier, a souscrit une somme de deux mille (2.000) francs en faveur des mutualités scolaires des régions envahies.

« Bien qu'ayant subi les douleurs et les rigueurs de l'invasion allemande, la ville d'Amiens a tenu à s'associer au mouvement solidariste dont... etc... »

Le Pas-de-Calais s'inscrit pour 4.050 francs. Un canton de la 2ᵉ circonscription d'Arras dont le tiers est dans la ligne de feu a voté 250 francs. Mais voici la liste :

Canton de Saint-Pol-en-Ternoise. . .	500
— d'Aubigny-en-Artois.	500
— d'Auxi-le-Château.	600
— d'Avesnes-le-Comte.	800
— d'Heuchin.	600
— du Parcq.	400
— Par-en-Artois.	250
Union départementale.	1.000
Total	4.650

Les Vosges ont souscrit pour 1.569 francs dont 1.129 francs pour l'arrondissement de Saint-Dié.

Tout commentaire affaiblirait ces mots empreints d'une noble simplicité que m'adressait, le 12 décembre, en m'annonçant le succès de la patriotique souscription, M. Clémencet, inspecteur primaire de Saint-Dié, l'émule de M. Mercier, inspecteur primaire de Saint-Pol, pour la science et le dévouement mutualistes :

« Bien que la ligne de feu traverse l'arrondissement et que 8 sociétés, dont une cantonale, soient comprises dans la partie restée sous l'invasion, j'espère que nous aurons atteint quand même le montant qui correspond à la moyenne des arrondissements de France ».

Ce sont là les résultats, singulièrement probants qu'ont produits, chez les maîtres et les disciples, la doctrine et la pratique de la solidarité, la théorie si justement chère à M. Léon Bourgeois. La Mutualité de l'école s'est élargie en Mutualité nationale.

L'Entr'aide est une Œuvrette certes dont il ne faut pas exagérer l'importance. Elle est en marge des puissantes et nécessaires institutions suscitées par la guerre. Elle joue un rôle modeste et effacé. Elle vient des petits et s'adresse aux petits. Mais, pour son humble part, elle contribuera, parmi l'enfance, à faire l'union des cœurs, gage de l'union vraiment sacrée.

Quand, le territoire envahi sera libéré, — quand à Lille, à Roubaix, à Tourcoing, à Laon, à Douai, à Saint-Quentin, à Mézière, à Briey, dans les villages comme dans les villes, les écolières, les écoliers groupés dans les « Petites Cavé » qui, parfois forment les deux tiers de l'effectif scolaire, car la vie mutualiste est intense à la frontière, apprendront que, pendant l'occupation, on a fait effort de pensée, de sentiment, d'action pour eux, n'est-on pas assuré qu'ils éprouveront au profond du cœur une délicieuse émotion et qu'ils seront encore fortifiés dans leur foi patriotique ?

Et cette foi soutient les collaborateurs de l'Entr'aide. Elle est l'inspiratrice de l'œuvre, — « leur force, leur joie et leur pilier d'airain », comme dit le poète.

Dans les quatre-vingt-deux assemblées, qui déjà ont été tenues, on a prouvé qu'on ne doutait pas de la victoire devant être arrachée à la force par le droit devenu fort, qu'on l'attend, qu'on l'escompte, qu'on en prépare les lendemains réparateurs.

L'Entr'aide, par contre-coup, produit un autre heureux effet. Elle fait un peu de bien aux éducateurs mutualistes qui l'ont cimentée. Elle raffermit en eux à chaque réunion, qui est toujours communion des sentiments, la confiance et l'espoir.

Bientôt, elle fera un peu de bien aux écoliers qui, de l'autre côté des tranchées, espèrent, eux aussi, la délivrance et dont l'humble avoir mutualiste sera reconstitué par le don mutualiste de la France scolaire.

FRATERNITÉ D'ÉCOLIERS

« L'Enseignement, c'est l'amitié », disait Michelet. Il l'entendait des enseignants. Mais des liens d'affection peuvent et doivent se nouer entre ceux qu'on enseigne et qui sont fils et filles d'une même patrie.

La guerre a fait passer comme un souffle de fraternité sur les Ecoles de France. Les enfants s'habituent à porter leurs regards au delà des limites où les enferme l'horizon du pays natal. Ceux qui ont le privilège de vivre en des régions épargnées par les horreurs de la guerre, songent à ceux qui ont eu devant les yeux des visions d'épouvante et qui ont subi l'invasion. Les gestes de solidarité se succèdent qui ont quelque chose de spontané, de gracieux et d'émouvant à la fois et qu'il faut recueillir comme témoignage de ce qu'a produit l'éducation du sentiment au profond de l'âme enfantine. Ce sont actes de bonté vivement éclos au cœur des humbles et qui déjà forment une gerbe drue et richement nuancée.

J'en détache une fleur exquise, qui a pris racine dans le sol du Midi :

Dans les écoles de l'Aude, quand on apprit les souffrances qu'endurait Denise Cartier, l'innocente et l'héroïque victime de la barbarie allemande, mutilée à la suite de l'horrible blessure qu'ont provoquée les bombes d'un taube, les fillettes furent prises d'une grande pitié pour leur petite sœur parisienne. Mais l'aide vaut mieux que les gémissements et les pleurs. Vite, une souscription est ouverte. Elle produit 1.500 francs et un livret de caisse d'épargne est envoyé à Denise.

Denise Cartier a répondu à ses amies méridionales. Sa lettre est charmante. L'enfant est « toute stupéfaite du magnifique cadeau ». Ce qui la réjouit, « c'est de voir la quantité de petites amies » qu'elle a là-bas, car, ajoute-t-elle, sur un ton sérieux, « il en a fallu beaucoup pour réunir un si gros chiffre ».

Mais elle est patriote. Ce qui « la rend encore plus heureuse », c'est d'avoir contribué, par le mal que lui ont fait les méchants Boches, à les faire haïr par tant de petites Françaises...

Et voici une fleur délicate qui, au Centre, a poussé sur le riche terroir qu'Alfred de Vigny appelait « le jardin de la France. »

Depuis quelques semaines, s'étend, à larges flots, la grande vague des rapatriés. C'est par milliers que les infortunés sont refoulés dans villes et villages. Ils ont passé par l'Allemagne où ils ont souffert. Ils viennent de Suisse où on les a secourus. C'est dans la Haute-Savoie que les malheureux exilés sont triés, puis dirigés vers les régions dont ils doivent être les hôtes.

Dans une école d'Indre-et-Loire, à Villedômer, l'instituteur a lu le récit du lamentable exode. Les écoliers ont estimé qu'il fallait tendre la main fraternellement aux écoliers chassés de leur petite patrie

FRATERNITÉ D'ÉCOLIERS

Ils ont fait une quête entre eux et ils ont écrit à l'inspecteur d'académie de la Haute-Savoie en lui adressant une modeste obole pour secourir leurs camarades : « Nous regrettons de ne pouvoir faire plus. Mais dites-leur, ajoutent-ils, que de petits Tourangeaux pensent à eux et sont heureux de leur apporter quelque soulagement. »

La lettre était accompagnée d'un mandat de 30 francs et signée par 8 écoliers.

D'Annemasse sont venues des réponses.

Annemasse, 27 mars.

« Chers camarades,

« C'est avec un grand plaisir que j'ai reçu de notre directeur une part de l'envoi que vous nous avez si gentiment envoyé.

« Cela nous montre votre patriotisme et votre cœur si bon à venir en aide à de pauvres enfants qui n'ont plus rien et qui ont vécu dans un exil si terrible pour notre jeune âge, mais que le souvenir de la patrie a toujours aidé à supporter les épreuves avec courage et dans l'espoir d'être un jour de bons soldats comme nos pères.

« Recevez, chers camarades, d'un enfant de Villerupt, les souvenirs les plus affectueux.

Vive la jeune France !

« ANDRÉ SAUVAGE. »
(Meurthe-et-Moselle.)

Annemasse, le 15 mars, 1915.

« Chers camarades,

« Nous avons été bien agréablement surpris quand

notre directeur d'école nous a fait part de votre charmant envoi. La jolie lettre que vous avez adressée à M. l'inspecteur d'Académie, comme le gentil cadeau qui y était joint, nous ont fortement émus. Nous sommes surtout bien heureux à la pensée que les petits élèves de Villedômer n'oublient pas de petits camarades moins heureux qu'eux, et nous nous joignons à nos parents pour remercier bien vivement les bons petits cœurs qui ont pris une si charmante initiative.

« Recevez aussi, chers camarades, les meilleures amitiés des petits internés réfugiés à Annemasse (Haute-Savoie).

« Les cinq internés qui ont profité du don :

André Sauvage, Henri Nennig,
Pierre Gérard, Max Royer, Pecquet. »

Bienfaiteurs et obligés se verront-ils dans la vie ? Je ne sais. Mais ni les uns ni les autres n'oublieront le sentiment, soit de pitié, soit de reconnaissance, qui, en une heure de crise les a rapprochés.

On ne saurait trop rechercher l'occasion de resserrer les liens qui doivent unir l'enfance heureuse et l'enfance subitement et tragiquement plongée dans le malheur.

Ne faudrait-il pas multiplier, élargir les gestes isolés qu'ont faits quelques groupes d'écoliers et d'écolières ?

Pourquoi n'y aurait-il pas une grande manifestation de l'Enfance qui, en sécurité, à l'arrière de l'armée, poursuit son travail, en faveur de l'Enfance qui a souffert dans les régions envahies et qui est déracinée du sol natal ?

Pourquoi n'y aurait-il pas une Journée de l'Ecole pour l'Ecole ?

L'ENTR'AIDE NORMALIENNE

De mon carnet de route, je détache cette simple statistique : « Vu quinze écoles normales d'institutrices. Vu quinze ouvroirs. »

Le travail est intense en effet dans les écoles normales de jeunes filles, et partout l'on s'active à la tâche pour fournir de tricots, chandails, passe-montagnes, les régiments, d'objets de pansements les hôpitaux, où, si souvent, les élèves de 3e année, là où elles n'ont pas été mobilisées pour remplacer des instituteurs, s'emploient comme aides, comme lingères, secrétaires, comptables, leur âge leur interdisant parfois de devenir infirmières.

Elles préparent le brevet supérieur et tricotent. Elles font leur apprentissage professionnel, et tricotent.

Mais tout en consacrant classes spéciales, récréations, journées de repos, aux œuvres de guerre, elles réservent une part de leur temps, et non la moins aimée, à l'entr'aide fraternelle. Normaliennes, elles songent aux normaliennes des régions qu'a touchées un instant la vague d'invasion, des pays qui sont encore foulés aux pieds par l'ennemi.

De dix départements il a fallu s'enfuir, au hasard de la dispersion. Parfois les exilées sont parties sans vêtements, sans linge de rechange. Les Prussiens étaient aux portes de la ville. Il fallait faire route à pied. Nul moyen d'emporter même un léger trousseau. Je sais des jeunes filles qui, lors de la classique retraite, changée bientôt en victoire désormais historique, ont dû fournir une fuite éperdue pendant 150 kilomètres et qui n'avaient sur elles qu'une mince étoffe d'été.

L'école de Fontenay a fait appel aux écoles normales en faveur des émigrantes qui avaient dû subir le lamentable exode, et des souscriptions ont été recueillies.

D'autres appels ont retenti.

L'un émanait d'une école normale, sise en territoire désormais libéré, mais où les élèves, désormais revenues, ont tout perdu, livres et trousseaux, dans l'alerte du début. Aussitôt, dans toutes les écoles normales de France, on a taillé, bâti, cousu, et pour les camarades sauvées en faveur de qui on sollicitait un secours nécessaire, et, d'avance, par prévision, pour celles qui, après avoir reçu un abri previsoire dans leur détresse, reprendront demain le chemin des villes du Nord et de l'Est, enfin reconquises.

Un bel élan de solidarité s'est manifesté parmi les futures institutrices. On m'a montré les ballots de chemises, pantalons, camisoles, jupons, corsages, serviettes et bas que discrètement l'on prépare, que l'on tient en réserve soigneusement à Bourg, à Mâcon, à Lyon, à Saint-Etienne, etc., pour les sœurs inconnues qui ont souffert et à qui l'on tend une main amie.

Et voilà pourquoi, dès qu'est terminé l'ouvrage, qui

est comme la dette patriotique dont on s'acquitte généreusement envers l'armée, on se hâte, en intermède, avant d'en entreprendre un autre, de travailler pour l'école.

L'envoi des dons sera fait bientôt, espèrent les apprenties-éducatrices, qui se réjouissent de la surprise qu'elles causeront. Et celles qui bénéficieront du cadeau éprouveront quelque joie aussi et quelque réconfort en pensant qu'on ne les a jamais oubliées, aux heures sombres, qu'on s'est attaché d'autant plus à les aider que l'ennemi s'est acharné davantage sur leurs « Petites Patries ».

La directrice d'une importante école normale m'écrivait :

« J'ai proposé à nos élèves de fournir chacune un objet, soit neuf, soit emprunté à leur trousseau. Elles ont accepté avec enthousiasme; les dons affluent et nous les classons. Un premier envoi va être fait à Bar-le-Duc. Nous en préparons d'autres pour la rentrée des autres écoles, quand elle aura lieu : Charleville, etc.

« Nos jeunes filles sont heureuses de venir en aide à des condisciples inconnues, mais qui deviennent d'autant plus proches pour elles que je leur fais connaître les écoles, lire les lettres reçues, etc. Tout ce qui rend ainsi réelles et tangibles la solidarité et l'entr'aide mérite d'être encouragé. »

L'AUTRE USINE

Pendant une année, sans lassitude, MM. Charles Humbert et Henry Bérenger, sénateurs, n'ont cessé de s'écrier : « Derrière l'armée, il faut l'usine de guerre ». Et à leur patriotique appel, les ouvriers ont répondu par un effort qui aura rendu possible l'effort des soldats. M. Albert Thomas, de son côté, a su activer, maintenir la mobilisation industrielle qui permettra à la mobilisation armée de passer de la défensive à l'offensive libératrice.

Mais à côté du Creusot, de Bourges, de Tarbes, de Saint-Etienne, de Saint-Chamond, des nombreux centres où l'on forge les canons, où l'on tourne et charge les obus, il est une autre usine, aux multiples succursales, qui a déjà fonctionné tout un hiver et qui, à la veille d'une nouvelle campagne hivernale, doit fournir un incessant et nécessaire labeur.

C'est l'Usine qui, en marge de l'Intendance, souvent à son instigation, ajoute à l'uniforme le sous-vêtement et ses accessoires, qui lève une immense armée de tricoteuses, guidées, stimulées par l'École.

L'autre Usine assure un service public dont les modernes « hommes des cavernes », vivant aux profondeurs des tranchées, ne peuvent se passer, sous peine de succomber au froid, à l'humidité.

C'est l'autre Usine dont l'enfance et l'adolescence féminine constituent l'ingénieuse et économique main-d'œuvre, qui permet aux « poilus » d'avoir le poil de bête protégeant leurs corps.

L'autre Usine, en 1914, n'a commencé à « travailler pour l'armée » qu'à la fin de l'automne, car on ne savait si la guerre serait de longue durée. Mais, en 1915, dès le début d'octobre, il faut que, mettant à profit l'expérience acquise, petites mains, apprenties, ouvrières, contremaîtresses se mettent à manier l'aiguille, continuent leur entreprise de fournitures militaires qui ne sera certes pas soumise à l'impôt sur les bénéfices de guerre.

La rentrée de l'atelier, dans l'autre Usine, doit coïncider avec la rentrée de l'Ecole. Les doigts qui façonnent la laine doivent, sans tarder, venir en aide aux doigts qui manient grenades et fusils.

Le patriotique labeur de l'Ecole-Usine aura d'ailleurs un double effet.

Il aidera les soldats à « tenir » contre un ennemi redoutable, l'hiver, et les femmes et filles de France à « tenir » aussi, car c'est dans le travail qu'elles puiseront le réconfort et l'espoir, qu'elles trouveront les quelques instants, sinon d'oubli, du moins de diversion qui rendent moins longue la durée des heures anxieuses.

DE L'ÉCOLE A LA BANQUE

Si l'on avait dit, au début de 1914, aux écolières, aux écoliers qui, péniblement, disposent d'un petit sou pour acquérir une tablette de chocolat ou bien un sucre d'orge : « Un jour viendra où l'on exaltera devant vous l'*Or de la délivrance* comme on célébra en 1870 les Bijoux de la Délivrance », ou à l'institutrice, à l'instituteur : « Vous apporterez de l'or libérateur; vous servirez de trait d'union entre l'Ecole et la Banque; vous ferez la collecte des louis étincelants qui deviendront bronze, acier, canon, bombe, obus, et qui contribueront à la défense, à la victoire de la patrie », ils n'auraient rien compris au langage qu'on leur tenait.

Les jours d'épreuve et de gloire sont arrivés. L'enfant, comme l'adolescent, comme l'adulte, a été secoué par les événements tragiques dont il est le témoin souvent douloureux, car il voit la famille privée du père, des grands frères. Il voit la mère, les sœurs dont la pensée anxieuse est comme projetée vers les tranchées, où lutte, vers l'hôpital, où souffre l'absent. Il voit parfois le deuil entrer au logis. Il se revêt de noir. Il pleure et il se demande quels services lui aussi pourrait rendre, afin de contribuer au succès qui mettra fin à la sanglante hécatombe. Et comme on lui dit que l'or est nécessaire, que le peuple vaincra qui, le plus longtemps, possédera le plus du précieux métal, qu'il peut, lui enfant, qu'il doit se mettre à sa recherche, agir sur ses parents pour qu'ils l'exhument des cachettes où trop souvent on l'enfouit, il remplit son rôle avec une conviction vaillante. Il répète avec intelligence ce que lui a dit le maître. Il sait trouver le mot qui émeut, qui persuade. Et triomphalement il rapporte la pièce qui aidera au triomphe.

L'influence que l'institutrice, que l'instituteur ont exercée, par le moyen des écolières et des écoliers, pour faire la moisson de l'or, aura été profonde. Les uns et les autres auront gagné sur la défiance, sur la manie de thésauriser chère à tant de gens.

On me disait récemment que des instituteurs avaient devancé l'appel des pouvoirs publics les conviant à la « campagne de l'or ». On m'a cité, à Paris, en province, des résultats surprenants, obtenus par le travail de propagande, méthodique, obstiné, qu'ils ont revendiqué. Mille moyens ingénieux ont été employés par eux pour stimuler le zèle, l'amour-propre des enfants.

Dans une grande ville de province, à la suite d'une causerie faite à de grandes élèves par la Directrice d'une Ecole Primaire Supérieure, en quatre jours 7,200 francs d'or ont été découverts et apportés. Et dans cette même Ecole, à l'examen d'admission, la Composition d'orthographe imaginée par la Directrice a eu pour titre : « l'Or de la France ». C'était un appel pressant à la recherche du précieux métal. Le voici :

L'OR DE LA FRANCE

« La France a besoin de son or pour défendre son territoire envahi. C'est un devoir sacré pour tous les Français, riches ou pauvres, d'apporter dans les caisses de l'Etat les centaines de louis de leurs coffres-forts, les quelques louis cachés dans l'armoire à linge de la ménagère, l'unique louis de la tirelire des enfants heureux. Garder par devers soi, égoïstement, l'or qui peut servir au salut de notre chère France, est un crime de lèse-patrie. Aussi, petites filles, n'hésitez pas à briser votre cachemaille, si elle contient ne serait-ce qu'un demi-louis, et acceptez joyeusement en échange le billet que vous donnera la Banque de France. Bien plus, en vacances, à la campagne, employez-vous à faire vider les bas de laine des grand'-mères, très souvent jalouses de leur or. Vous savez bien câliner qui vous aime, quand vous voulez obtenir

ÉD. PETIT.

une gâterie : jouet, ruban ou bonbon. Usez de votre pouvoir sur vos grands-parents pour qu'ils apportent au Trésor public l'or de la France. Ainsi vous aurez contribué à la victoire prochaine que nous attendons tous, vous aurez aidé nos vaillants soldats à chasser plus tôt de notre sol l'Allemand qui le souille. En chasse! toutes, débusquons les louis d'or qui dorment inutiles : c'est pour la France. »

Dans le Vaucluse, M. Abit, inspecteur d'académie, l'heureux fondateur du « Petit paquet vauclusien pour le soldat du front » qui a fait merveille, a adressé, sous forme de « Note au personnel enseignant sur la propagande à instituer en faveur des versements d'or à la Défense Nationale », un appel où sont résumées, par un administrateur doublé d'un économiste, toutes les raisons qui exigent la rentrée dans les caisses de la Banque de France de toutes les réserves d'or éparses chez les particuliers.

M. Abit démontre qu'elles augmentent la puissance d'achat de la France, que la « mobilisation de l'or » double l'effort de la mobilisation militaire, et devient « une des conditions essentielles du salut national ». Il réfute toutes les objections et des pessimistes, et des égoïstes qui, pour justifier leur conduite, la « colorent de prétextes patriotiques ». Et il prouve avec une lumineuse clarté qu'aux heures de crise « le meilleur calcul est encore de ne pas ruser avec l'intérêt commun ».

Déjà un milliard en or a été exhumé. Trois milliards se terrent encore. L'École aidera sans nul doute à dépister l'or, subtilement embusqué.

UNE CONFÉRENCE PÉDAGOGIQUE

La Conférence pédagogique, institution d'âge vénérable, née en 1837, qui, des ans, en 1880, avait essayé de réparer l'outrage, et qui sommeillait un peu, a été brusquement réveillée par la guerre. Inspecteurs d'Académie, inspecteurs généraux, recteurs, lui ont rendu sa vigueur sur de nombreux points du territoire. Ils ont assisté à des séances, pris la parole, — et repris contact avec leurs collaborateurs.

On ne peut voir que trop peu l'École élémentaire, car les Écoles normales, les Écoles primaires supérieures dont le nombre va toujours croissant absorbent le temps des tournées. Mais on peut voir dès instituteurs groupés par canton, les écouter, s'inspirer de leur expérience et, en mettant à profit leurs propres suggestions, leur rendre ce qu'ils ont prêté.

La conférence pédagogique, dans l'automne de 1915, a revêtu une physionomie particulière. Elle a été empreinte d'une gravité, d'une émotion patriotique qu'imposait le drame se déroulant aux frontières.

Nul à l'heure présente ne peut s'absorber tellement dans sa tâche qu'il échappe au dédoublement de son être intime. On vit dans son labeur et l'on vit aussi, par la pensée et par le cœur dans l'œuvre tragique qui s'accomplit là-bas...

L'assistance est transformée par la guerre. L'auditoire est surtout féminin, — et combien de mères, combien de femmes portent de longs voiles de deuil? Les instituteurs présents sont des vétérans que l'âge retient loin des combats, et quelques intérimaires, très jeunes, à la veille du départ, quelques réformés, attristés de ne pouvoir échanger le service de l'école contre le service de l'armée.

Sur quoi roulent les Entretiens, les Causeries ? Naturellement, sur la guerre, sur les œuvres de guerre, sur la collecte de l'or, sur l'emprunt.

La séance s'ouvre toujours par un pieux hommage rendu aux instituteurs morts pour la patrie, et, partout, par sa longueur, la liste des noms prouve quel tribut l'école aura payé à la défense du pays.

Le plus souvent, on commente la circulaire de rentrée adressée à l'Université de France par M. Albert Sarraut, les instructions rédigées par M. Lapie, directeur d'enseignement primaire.

J'ai noté, comme type choisi entre dix autres, le plan d'une Conférence développée par un Inspecteur retraité, qui a rallié au drapeau, dès la mobilisation, pour remplacer un collègue parti sur le front. C'est à peu près même note qui a été donnée partout et qui est à fixer à titre de souvenir.

« Place à faire à la guerre dans l'Enseignement et l'École primaire. — Il faut vivre la guerre par la pensée, par le sentiment, par l'action. Il faut l'enseigner par l'histoire, par la géographie, des pays en conflit, — en élargissant les cadres du programme, — par la morale, l'instruction civique, la rédaction, la lecture, la récitation. » Il est impossible de ne pas constater que le personnel enseignant s'accorde à trouver que la poésie de nos plus notoires contemporains manque de souffle, — ce qui ne l'empêche pas de manquer souvent de goût.

Je me souviendrai toujours de ces assemblées tenues soit dans des bourgs, soit dans de grandes villes, où, pendant quelques heures toute l'armée enseignante a communié dans un même idéal, dans une même espérance.

Je revois certaines scènes qui m'ont touché profondément. Dans un chef-lieu de canton du Centre deux soldats blessés, deux tout jeunes instituteurs bretons, soignés dans un hôpital ont appris qu'une conférence pédagogique doit avoir lieu. Ils ont demandé à y assister et, malgré les souffrances qu'ils endurent, font preuve d'une attention passionnée.

Dans un bourg de l'Est, deux instituteurs permissionnaires, un sergent, un adjudant, qui viennent tout droit des tranchées, sacrifient une journée de repos en famille pour écouter conseils et directions de chefs, non militaires, mais qui, eux aussi, leur parlent de la patrie. Et je n'oublierai jamais non plus, cette mère, cette veuve, qui, après des explications données sur l'Œuvre des Pupilles de l'École, ont offert spontanément de recueillir un orphelin.

De toutes ces réunions j'ai emporté une impression de confiance et de réconfort. On peut être assuré que, dans les campagnes, les éducateurs nationaux aideront la Nation à tenir jusqu'au bout. Grâce à l'École, les Œuvres de guerre contribueront à rendre victorieuse l'Œuvre de la guerre.

PAROLES D'UN ANCIEN

C'est dans une de ces Conférences pédagogiques qui ont emprunté une spéciale importance à la guerre, conférences non pas seulement de théorie mais d'action, car elles prolongeront leur influence en travail, intense et soutenu, dans les Écoles, pour la santé physique des soldats, pour la santé morale des civils...

Je revois debout d'abord devant un auditoire d'instituteurs de campagne, puis devant une réunion d'instituteurs de chef-lieu, un inspecteur que j'avais connu naguère quand il était en service actif. Il est blanchi par les années. Depuis quelque temps déjà, dans une reposante retraite, il relisait ses classiques et cultivait son jardin.

Au premier appel, il a repris place dans les rangs et abattu la besogne, sans s'inquiéter du surmenage. Il a tenu à ne supprimer aucune assemblée lui permettant de s'adresser à ses collaborateurs, car il sait qu'en cette heure de crise son appel se transformera en geste utile à ceux qui combattent, à celles qui attendent et souffrent.

J'entends encore sa voix toute vibrante d'émotion sincère. D'abord il s'efforce de donner aux instituteurs, aux institutrices, conscience du rôle qu'ils peuvent et doivent jouer, dans le village et dans la cité. Sans prétention à l'éloquence, il y atteint par la simplicité du ton, par d'heureuses découvertes d'expressions. Il dit que si l'on demande beaucoup aux instituteurs, c'est qu'ils peuvent beaucoup pour seconder l'effort de nos armes. Ils constituent « l'armée pour la défense morale de la nation ». Ils peuvent lutter partout avec efficacité contre tous les décourageurs : pessimistes, propagateurs de fausses nouvelles, médisants et calomniateurs, égoïstes, indifférents. Ils peuvent soutenir l'ardeur des non-combattants pour les Œuvres de solidarité nationale.

L'orateur les adjure sur un ton d'émouvante conviction à tendre toute leur pensée, toute leur conduite vers le but suprême : le salut de la patrie.

J'ai pu recueillir quelques lambeaux de son improvisation :

« Il faut vivre la guerre, s'écriait-il. Chacun de nous doit appliquer toute son attention au grand drame qui met l'Europe à feu et à sang. Il faut en suivre, d'une pensée tendue et d'un cœur sensible, toutes les péripéties, et avoir constamment devant les yeux l'image de tous ces beaux jeunes hommes qui se dévouent pour la France.

« Par l'imagination, il faut les revoir partant par un beau jour du mois d'août, en chantant, et avec des roses au canon de leurs fusils; il faut revivre les pleurs et les déchirements du départ... Puis, il faut revoir ces mêmes hommes dans l'horreur des combats, sous la mitraille, sous les obus, sous les gaz asphyxiants, sous les liquides enflammés,... entendre les cris déchirants de ceux qui tombent...

« Ou bien, il faut se représenter les souffrances de la vie dans les tranchées humides et froides, les nuits sans sommeil, les transes d'un péril permanent...

« Enfin, il faut suivre par la pensée nos malheureux prisonniers, emmenés par des brutes qui les maltraitent, les outragent, ajoutant la souffrance morale à la souffrance physique.

« Ces images, il faut les évoquer encore et encore, parce qu'elles sont la réalité persistante de tous les instants, et qu'il ne faut pas se laisser blaser sur les tourments qu'endurent les nôtres, tourments qui ne sont pas moindres parce que répétés par le temps qui toujours s'allonge...

« Chacun de nous doit s'instruire le plus possible de tout ce qui a trait à la guerre, et s'efforcer de la concevoir dans toute son étendue, dans ses causes, dans son développement, dans ses conséquences... »

Paroles fortes d'un Ancien qui avait vu 70, paroles de mâle énergie, prononcées ou plutôt martelées par un homme de la génération forgée à l'École des Ferry et des Paul Bert, mais paroles qui, à la fin de la Causerie, s'enveloppèrent de douceur et de tendresse car le Grand-Père songea sans doute aux filles et aux fils de son fils qui combattait à la frontière. La raison faisait place au sentiment :

« Si, en tout temps, dit le vieil inspecteur, l'enfant est digne d'affection, en temps de guerre, il doit vous être plus cher encore. Vous remplacez souvent auprès de lui le père absent; à ce titre vous devez à l'enfant un plus grand appui moral.

« Pensez à la joie qu'aurait le père, si, du front, il pouvait vous voir entourant son fils ou sa fille de soins affectueux! Veillez donc, plus que jamais, à ce que l'enfant soit bien élevé; à ce qu'il ait bonne tenue; à ce qu'il soit occupé normalement; à ce qu'il contracte de bonnes habitudes...

« Soignez tout particulièrement sa culture morale, utilisez l'enseignement de la guerre pour lui donner un *haut idéal* vers lequel il devra marcher toute sa vie... »

Leçon de guerre qui vaudra encore quand la paix reviendra !

LES PUPILLES DE LA GUERRE

La guerre allonge chaque jour la liste des morts et aussi la liste des orphelins. Il n'est guère d'École, où, privés de leur père, qui est tombé au champ d'honneur, des enfants ne soient vêtus de deuil.

L'Etat les secourra, car il alloue une pension à la mère.

Mais l'École à qui ils ont été confiés par celui qui a donné sa vie à la patrie, n'a-t-elle pas des devoirs à remplir envers eux ? Ne leur doit-elle rien que l'Enseignement distribué à tous ceux qui la fréquentent?

Un certain nombre d'éducateurs ont estimé que l'École avait un rôle de tutelle directe, d'affectueuse protection à jouer auprès de ces écolières, de ces écoliers que la volonté réfléchie des pères, souvent en dépit de durs obstacles, avait commis à ses soins.

Guider, protéger, aider effectivement la fille, le fils, laissés derrière lui par le soldat frappé de mort, n'est-ce pas le mieux respecter sa pensée, maintenir intact l'idéal dont sa conscience se réclamait ? N'est-ce pas, par un acte valant mieux que l'inscription d'un nom sur un marbre, honorer sa mémoire, perpétuer son souvenir ? N'est-ce pas continuer la survivance de son œuvre la plus chère, prolonger son influence, exécuter son testament moral ?

C'est de la Sorbonne, c'est de l'enseignement supérieur qu'émane la généreuse initiative prise en faveur de l'école primaire.

Autour de M. Liard, vice-recteur de l'Académie de

Paris, qui a appliqué à l'institution nouvelle ses qualités d'ordre et de méthode, d'entraînante bonté, se sont groupés les promoteurs de l'idée MM. Durckeim, Xavier Léon, Leune, Lapie, et l'Œuvre des Pupilles de l'École est née qui, placée sous d'actifs patronages, rendra d'utiles services.

L'Œuvre des Pupilles réalise un geste de solidarité scolaire.

L'école ne veut pas laisser à d'autre, le soin de seconder, de secourir, de préparer pour la vie, les enfants destinés par la volonté paternelle à recevoir sa discipline intellectuelle et morale.

L'école, grâce aux institutrices, aux instituteurs, qui sauront choisir les foyers où, en cas de mort ou bien d'indignité de la mère, sera recueilli l'orphelin, revendique l'honneur de servir d'abri à ses pupilles.

Comme dans toute Œuvre, il y aura des souscripteurs, des bienfaiteurs, des membres d'honneur dont l'adhésion et le concours pécunier seront soigneusement sollicités.

Mais l'Œuvre des Pupilles de l'École aura une originalité bien marquée. Elle sera comme une Mutualité de l'Enfance. Elle pourra prendre pour devise : l'école pour l'école.

L'écolière, l'écolier qui auront le bonheur de revoir leur père, revenu de la grande guerre, viendront en aide eux-mêmes, fraternellement, à leurs petits condisciples qu'ils avaient connus joyeux et qui, subitement, ont connu tristesses et soucis. Ils verseront pour eux, un sou, un petit sou par mois, pendant les 10 mois de l'année scolaire. L'enfance heureuse, épargnée par la destinée, tiendra à honneur d'apporter cette humble obole, offerte par quatre millions d'écolières et d'écoliers, à l'enfance orpheline qui doit être doublement sacrée, et parce qu'elle est malheureuse, et parce qu'elle est née de héros dont le sacrifice sublime, consenti pour le salut commun, permet à la France de vivre.

L'Œuvre des Pupilles aura un autre caractère distinctif. Elle sera gérée par un Comité central qui réglera l'action, l'adaptera aux besoins des régions, mettra équilibre et harmonie entre les ressources fournies par les « Pays de France » ici, riches, là, si peu fortunés. Dans chaque département, sera organisé un Comité qui assurera le fonctionnement local de l'institution.

Il n'est pas douteux que l'Œuvre des Pupilles de l'École, dont la fondation s'imposait, — car elle a sa doctrine, son objet propre, nettement déterminé, — doive recevoir bon accueil des éducateurs et des familles. Elle contribuera à dégager les vocations, à aiguiller les adolescents, après la sortie de l'école, dans le sens de leurs aptitudes, à obtenir de l'enfant orphelin le rendement, utile à lui-même et aux autres qu'eût favorisé le père.

Les institutrices pourront beaucoup pour son succès. C'est elle qui, de leur vigilance, de leur tendresse berceuse, protégeront dans les villes et les villages, la fillette, le garçon dont elles auront facilité le placement familial.

Dans des conférences pédagogiques, où l'Œuvre des Pupilles a été exposée, j'ai pu me rendre compte qu'on l'attend, qu'on en souhaite le nécessaire et prompt fonctionnement. Et n'ai-je pas vu, à l'issue de quelques réunions, des institutrices s'approchant de celui qui avait annoncé la fondation de l'Œuvre, pour lui dire, de vif et généreux élan, elles qui avaient été frappées au cœur dans leurs plus chères affections, elles qui avaient perdu ou un fils ou un mari : « Je suis prête à recevoir un orphelin dont je serai, de mon mieux, la mère. »

ŒUVRES FÉDÉRALES

C'est en gare de Laroche. Deux trains, l'un montant, l'autre descendant, sont arrêtés. J'arpente philosophiquement le trottoir, car l'attente sera longue. Des trains de blessés, de permissionnaires, de munitions sont annoncés qui retarderont le départ du pauvre colis humain qu'est forcément et logiquement un civil, en temps de guerre.

D'un wagon une voix m'appelle. C'est une des collaboratrices mobilisées par la Fédération des Amicales d'instituteurs qui me montre, têtes épanouies aux portières, des fillettes, des garçons, toute une colonie de petits rapatriés, d'orphelins, dont elle a la maternelle direction.

« Où les conduisez-vous ? — Dans le Var, les Alpes-Maritimes. Voyez ces compartiments. Ils sont pleins d'écoliers rémois. Ils ont séjourné longtemps dans les caves. Il leur faut de l'air, du soleil.

« La *Sauvegarde*, l'œuvre de refuge et de salut qu'ont fondée à Paris MM. Paul Strauss et Paul Deschanel, et dont s'occupe, avec un dévouement passionné, M. André, inspecteur primaire, les a logés, nourris, récréés quelque temps. L'*Accueil français*, l'œuvre instituée par la Fédération des Amicales et que dirige avec tant d'intelligente bonté la vice-présidente, Mme Mauger, va prolonger l'action réparatrice de la *Sauvegarde* avec qui elle a scellé une étroite entente. »

A d'autres bifurcations, à d'autres carrefours où m'a conduit le Tour de France, en temps de guerre, à travers les Œuvres, j'ai croisé d'autres caravanes d'enfants que l'institution improvisée par le groupement corporatif des institutrices et des instituteurs a sauvés de la rue, de l'abandon, du péril, a rendus à la santé, à la joie de vivre, loin des ruines, sous le grand ciel bleu, après les jours d'épreuves et de larmes.

L'*Accueil français* a été pour les familles en exil comme le sourire et la caresse de la patrie. Combien de veuves ont pu renaître à l'espoir quand il a procuré à leur enfant réconfort, lumière et joie! Déjà, grâce à lui, 3.000 enfants ont été placés, dans le Sud-Est, le Sud-Ouest, la Bretagne, le Poitou, le Plateau central, même l'Algérie. Et des adoptions se sont produites, des foyers se sont élargis pour recevoir un long temps ceux qui devaient être les hôtes d'un jour. L'*Accueil*, pour mener sa tâche à bien, a été aidé par le *Secours National*, qui lui a fait un don de 10.000 francs. Les Amicales ont fourni déjà 112.000 francs.

Et ce n'est là qu'une des œuvres dont s'occupe la Fédération qui, dès le début de la guerre, a revendiqué pour l'École et, par l'École, réalisé une noble et généreuse mission d'assistance et de bienfaisance.

Elle veille utilement sur les veuves et les orphelins des instituteurs tués qui reçoivent des secours accordés d'après des règles établies avec équité. Elle vient en aide, grâce à la collaboration éclairée que lui fournit M. Derboven, instituteur à Saint-Gilles-Bruxelles, aux enseignants belges chassés de leur patrie et ruinés.

On a parlé d'instituer une journée dite du fonctionnaire, — et qui serait au bénéfice des éprouvés de la guerre. Les institutrices, les instituteurs n'ont pas attendu l'appel de la presse pour avoir une caisse de secours alimentée par les sacrifices qu'ils consentent volontairement, chaque mois, et avec une ponctuelle régularité.

La caisse de secours est remplie par des versements qui vont de 2 à 5 p. 100 du traitement et que prélèvent, dans tout le pays, les adhérents des Amicales.

L'organisation est savamment équilibrée : 1 p. 100 revient à la caisse centrale, qui est celle de la Fédération. Le reste est conservé dans chaque département par les caisses des Amicales et sert à soutenir les œuvres locales.

Le 1 p. 100 a fourni déjà 550.000 francs.

La caisse de la Fédération a pu secourir 1.400 veuves, 1.200 orphelins. Le trésorier, bon ouvrier de l'Œuvre bonne, M. Cadalen, a consacré 320.000 francs aux dons et subsides.

L'ensemble harmonieux des Œuvres d'intérêt, et professionnel et général, vaut par l'inspiration dont elles émanent, par les qualités d'ordre et de méthode qu'elles dénotent chez les promoteurs et les collaborateurs de la Fondation fédérale.

La Fédération des Amicales a montré d'exemple qu'elle voulait et pouvait s'adapter aux nécessités de l'heure présente, qu'elle entendait prendre sa part dans le soulagement d'infortunes imméritées.

IV

D'ÉCOLE EN ÉCOLE

L'ÉCOLE-CANTONNEMENT

L'École, au cours de la Grande Guerre, a servi un peu à toutes fins. Parmi les multiples aspects, souvent pittoresques, parfois douloureux, qu'elle a revêtus et que la « petite histoire » ne doit pas dédaigner de retenir, il en est un qui est à fixer.

L'École, dès le début de la mobilisation, est devenue lieu de cantonnement pour les troupes de passage ou bien pour les dépôts régimentaires. Dans le Sud-Est surtout, l'École a été constamment réquisitionnée et les soldats s'y sont succédé sans interruption, et les blancs, et les Marocains bronzés, et les Sénégalais d'un beau noir d'ébène, tout un défilé de races, de religions différentes, rappelant les théories de guerriers décrites par Flaubert dans Salammbô. Les costumes, les parlers parfois les plus différents ont jeté leurs couleurs et leurs cris dans l'école devenue une nouvelle Babel, mais une Babel qui, dans le heurt des dialectes, avait conservé même idéal.

Sans doute le séjour des soldats n'a pas été sans causer quelque dommage à l'école. Le mobilier, de-ci de-là, a été quelque peu endommagé. Des pupitres, au lieu de cahiers, ont abrité des conserves ; des tables, reluisantes de graisse, ont servi aux convives en uniforme, dans des réfectoires improvisés. La paille, point toujours fraîche, envahit les cours, les corridors, les salles de classes. Les vitres font défaut. Sur les parquets, qui faisaient hier encore se disputer les tenants du balayage sec et les partisans du balayage humide, s'étendent de boueuses empreintes : « Et moi, me disait plaisamment une institutrice, qui grondais mes élèves s'il y avait la moindre tache par terre ! »

Les murs n'ont pas été épargnés par les inscriptions classiques dans les corps de garde et qui nécessiteront une couche épaisse de badigeon.

Parfois une note originale est donnée qui amuse l'attention. J'ai vu sur un tableau noir d'admirables modèles d'écriture, dignes des copistes d'autrefois, qu'un soldat, sans doute un instituteur pris de spleen pédagogique, s'était appliqué à calligraphier. Ailleurs, c'étaient des cartes de la frontière, très exactes, et qui devaient être d'un professeur préparant des élèves à Saint-Cyr ; et ailleurs encore c'était, prodigieusement ressemblant, un dessin mural dû à un véritable artiste, stigmatisant le kaiser représenté sous la forme caricaturale d'un vampire... Aux heures d'ennui, après l'exercice et les corvées, les hôtes casqués de l'école se distrayaient ainsi.

Un instituteur me disait : « L'école en a reçu de toutes les armes et presque de tous les âges. Les grands enfants de l'active campaient un peu bruyamment, désireux surtout de prendre l'air du dehors. Ils se souvenaient peut-être de la férule. Qui eût songé à les reprendre de leurs écarts, en pensant aux épreuves qui les attendaient ? La réserve et la territoriale, composées de pères de famille, avaient comme le respect de l'école, à qui ils confient leurs enfants. Ils s'y installaient, en la ménageant, et non sans souci de l'aise et du confort. Nulle recommandation à leur faire. Nulle réclamation à adresser aux chefs. »

D'une école-cantonnement, sise dans un quartier populeux d'une grande ville méridionale, j'ai conservé un souvenir que d'autres impressions ne sauraient effacer.

Le groupe comprenait une énorme construction, difficile à surveiller, à un carrefour. Là, malgré l'entassement des hommes, nulle trace de dégradation, de malpropreté, de désordre. L'institutrice qui, doucement mais fermement, savait commander et se faire obéir, avait obtenu que, sous le préau, tous les meubles fussent rangés avec soin. Elle avait fait appel au bon sens des soldats. Sans phrase, en invoquant leur intérêt, elle les avait inclinés à des habitudes d'hygiène. Dans les couloirs, dans les escaliers, des crachoirs étaient disposés dont on se servait au passage. Pas de cris, d'éclats de voix, quand on rentrait. Même on évitait d'appuyer trop fort sur les lourdes chaussures pour ne pas éveiller la directrice, saluée militairement comme la colonelle. L'institutrice, qui avait vraiment le sens de l'organisation et qui savait au besoin se transformer en infirmière, était estimée, respectée par de braves gens, heureux de se plier à l'autorité d'une brave femme. La discipline était assurée par un chef improvisé dont le gouvernement, d'une patience toute féminine, s'exerçait avec une intelligente bonté et rappelait aux soldats la sœur ou bien la mère absente...

L'École-cantonnement est trop souvent et en trop d'endroits restée ouverte aux militaires après la rentrée des classes, et trop longtemps fermée aux écoliers. Elle a prolongé les vacances démesurément.

Peu à peu, elle a repris sa physionomie habituelle; elle est revenue à sa véritable destination. Le fusil a cédé la place au livre. Où les pères ont séjourné, s'instruisent les enfants. Et toujours en elle habite l'âme de la patrie.

L'ÉCOLE-REFUGE

L'École s'est appelée autrefois l'Asile et, pour les tout petits enfants, a fait œuvre d'assistance. Elle est devenue Refuge, surtout dans la région du Sud-Est, pour la famille entière, dès que dans le Nord a commencé l'invasion.

Le Midi n'était-il pas tout désigné pour recueillir, pour réchauffer et réconforter les infortunés qui avaient dû fuir villes et villages à l'approche de l'ennemi ?

Je revois ces longues files, chaque jour renouvelées, de vieillards, de femmes, d'enfants qui se succédaient dans le Vaucluse, les Basses-Alpes, le Var, etc. Oh! la triste et navrante théorie qui arrachait des larmes aux passants, dont nul ne pouvait être indifférent à tant de misères imméritées! On lisait dans les yeux des hôtes, fraternellement réclamés par les municipalités, l'épouvante des horribles scènes qu'ils avaient été forcés de contempler : vol, bombardement, incendie, tous les raffinements de cruautés imaginés par la rage destructrice d'une nation barbare tournant tout progrès de la science humaine à la ruine de l'homme.

Ils allaient, au sortir du train où ils avaient été enfermés, souvent trois ou quatre jours, depuis le Nord, l'Est, depuis la Belgique aussi, ils allaient, courbés, harassés, vêtus sommairement de quelques hardes saisies à la hâte, dans la fièvre du départ, portant, noués aux quatre coins, des mouchoirs qui contenaient un peu de linge, quelques papiers de famille sauvés du pillage. Ils allaient, regardant à peine la rue, insensibles à l'étrange nouveauté du spectacle. Ils allaient, pensant à la petite patrie perdue, tout entiers au désespoir de tomber à ce qu'ils considéraient comme une humiliation : l'offre et l'acceptation d'une aide, qui n'était pourtant pas aumône, mais paiement d'une dette due à des frères dans le malheur.

C'est à la Maison d'École qu'on les conduisait. Là ils trouvaient gîte et couvert, en attendant d'être répartis, par groupes familiaux, entre les habitants.

Combien en ai-je vus dans des Écoles de villages ou même de hameaux! A combien ai-je causé du pays lorrain, champenois, picard, flamand, wallon, ou bien tout simplement parisien? Tous me posaient la même question : « Les Boches y sont-ils toujours ? Ah! que nous avons hâte de rentrer chez nous! » Hélas! pour tous l'attente demeura longue.

Mais tous célébraient, au bout de quelques jours, la beauté du Midi qui enfin opérait son charme d'enveloppante douceur sur ces corps et ces cœurs meurtris. Tous aussi manifestaient une sincère reconnaissance aux instituteurs, aux institutrices, aux habitants, pour les soins vraiment touchants, pour les attentions délicates dont ils étaient entourés. L'exode détesté eût été pour plus d'un exilé le plus doux des hivernages, — sans le spleen, sans l'obsession des soucis personnels, des malheurs publics.

Le Midi — dont on a osé dire qu'il n'avait pas ressenti assez profondément les épreuves de la patrie — a su, en ces sombres années 1914-1915-1916, donner un magnifique exemple de cette solidarité, de cette « communauté nationale » que M. Lavisse réclamait comme un devoir pour tous. Il avait, au début, cru qu'il lui faudrait lutter contre l'Italie; mais, dès que la neutralité de la sœur latine fut déclarée, il n'eut qu'une pensée, qu'un obsédant souci : l'allègement des souffrances qui lui avaient été épargnées et qu'on endurait sur d'autres points de la mère patrie.

Tout ce que pouvait suggérer la plus intelligente, la plus généreuse bonté, il s'est ingénié à le réaliser. L'hospitalité qu'il a offerte, il l'a transformée en une amitié. On sentait qu'il voulait mettre sa coquetterie et son amour-propre à traiter largement les hôtes qui étaient forcés de lui demander place à son foyer.

Dans combien de villes et villages, d'Orange à

Menton, ai-je pu constater que, dès le lendemain de l'arrivée, dès qu'on avait pu s'organiser, les nouveaux venus avaient et bonne chambre et bonne table!

Pendant l'été, tout ce que la nature, en sa magnificence, produisait de plus beau, de plus exquis : raisins aux grappes dorées, figues, pêches, abricots, melons, étaient distribués à profusion à chaque repas. Je me souviens de l'émerveillement que causaient à des paysans des Vosges les aubergines, les pastèques qu'ils voyaient pour la première fois et qui excitaient leur admiration. Pourtant faut-il l'avouer? S'ils s'étonnaient en contemplant citronniers, orangers, champs de fleurs, ils trouvaient que les pins aux branches romantiques, capricieusement tourmentées, ne valaient pas les sapins de leurs montagnes, hauts et droits comme des colonnes de cathédrale. Mais ils ne regrettaient, quand vinrent l'automne et l'hiver, ni les brumes ni la neige, et goûtaient avec délice la clémence du climat.

Combien de ceux qui partirent pour le triste exode ne se souviendront-ils pas avec gratitude de la bonne terre hospitalière qui leur a donné santé, réconfort, et a transformé dans leur âme le découragement en confiance et en espoir!

Le Midi, terre d'asile, affirmant sa compassion par ses bienfaits, chassait des cœurs la tristesse, car son soleil, même quand il éclaire des spectacles sans joie, ne peut pas ne pas luire d'un vif éclat, et le ciel, même quand il recouvre des infortunes, ne peut pas ne pas être bleu, et tout son décor de mer, de montagnes, même quand il enserre des deuils, ne peut pas être triste. Et qui lui reprocherait d'avoir séché des pleurs, dissipé pour un temps des regrets, d'avoir fait renaître le sourire sur des lèvres qu'avait crispées la douleur ?

Comme la nature, l'École fut, pour les exilés, aimable et aimante. Elle fut le gîte d'attente avant que, du dortoir improvisé, on pût aller au foyer ouvert pour la durée de la guerre. Elle fut la Maison de cordial accueil.

Dans l'École-Refuge, deux faits m'ont surtout frappé qui dépeignent nettement le caractère et les mœurs des fortes populations du Nord et de l'Est, apprises aux mâles vertus qu'elles n'ont pas oubliées en changeant de milieu, quelque séduction qu'il exerçât sur eux.

Partout, ouvriers, cultivateurs, femmes, jeunes adolescents demandaient qu'on les occupât : « Nous voulons gagner notre pain. Nous ne voulons pas vivre en mendiants. Qu'on nous donne du travail. »

Et institutrices, instituteurs se mettaient en rapport avec des Comités de placement gratuit, surgis de toutes parts, avec la presse locale, avec les propriétaires, les fermiers des environs. Et en 1914, en 1915, on vit des Belges qui, d'ordinaire, vont en Beauce faire la moisson du blé et en Picardie arracher la betterave, vendanger en Provence.

Partout aussi, quand je paraissais dans les écoles, des mères me disaient : « Quand les classes rouvriront, nous désirons que nos enfants les suivent sans perdre un jour. Faites-les y admettre, nous vous en prions, quoi qu'ils soient de bien loin. »

Touchante et réconfortante requête, et qui montre quel amour, quel respect de l'instruction ont toutes ces travailleuses, ne craignant rien tant que de voir leurs filles et leurs fils devenir des illettrés! Malgré les soucis qui les accablent, loin du pays natal, loin du mari, des grands fils luttant à la frontière, elles voulaient éviter à leurs jeunes enfants, après tant de maux, le mal de l'ignorance. Et quand, d'accord avec les autorités locales, on leur promettait — et la promesse a été religieusement tenue — que leurs fillettes et leurs garçons seraient les premiers inscrits, elles remerciaient de tout leur cœur, car c'était leur désir le plus cher qui était exaucé.

L'ÉCOLE-ATELIER

Dès le début de la guerre, l'École est, chez les filles, devenue un immense atelier national où nulle écolière n'a refusé le don de ses épargnes, de son travail, où nulle « petite main » n'a fait grève, trouvant son salaire dans la passion, dans la joie du dévouement.

Dès l'été, on a préparé la campagne d'automne et la campagne d'hiver. L'école a fabriqué d'utiles et protectrices munitions pour l'armée. Elle a organisé la défense de la santé, protégé contre la pluie, le vent, les brouillards et le froid ceux qui avaient déjà à lutter contre les balles et les obus.

L'École-atelier s'est remplie d'ouvrières improvisées qui ont manié le crochet et l'aiguille pour fournir les soldats de bas, de tricots, de passe-montagnes. Il n'est pas une Œuvre, sans distinction de partis, qui ne se soit adressée à l'Ouvroir, aux multiples rayons, où fillettes et adolescentes, tant au village qu'à la ville, ont peiné, d'un si vif effort, général et continu.

L'École-atelier a été témoin de scènes spontanées et charmantes, de mille petits faits touchants, de sacrifices vivement consentis, qu'inspirait la plus délicate bonté. Pour se procurer cette chose qui devint bientôt rare et coûteuse : la laine, on a réalisé dans l'école des merveilles d'inventive ingéniosité. On eût éprouvé un remords à ne pas économiser sur la toilette, sur tout ce qui est luxe, commodité superflue. Je sais des écolières qui se refusent tout goûter, tout dessert, pour avoir quelques ressources vite versées à la masse. J'en sais qui, pauvres, ne pouvant apporter un peu d'argent, même quelques petits sous, donnent un morceau de sucre qui, s'ajoutant à d'autres, forme vite le tas dont on extraira la part envoyée au bénéficiaire inconnu. Certes, il ne se doute pas, en sucrant son café, dans la tranchée, ou bien au gîte d'étape, que des milliers de fillettes, pendant des semaines, se sont refusé toute boisson, tout aliment doux pour lui procurer une gâterie dont la privation eût été gêne pour lui.

L'École-atelier! Je la revois, fonctionnant en plein air, aux chaudes journées d'août et de septembre. C'est comme une Assemblée de village, une Assemblée presque silencieuse où, après avoir échangé quelques commentaires sur les nouvelles, après s'être montré les lettres des absents, l'on rivalise d'entrain pour faire de copieux envois à la Croix-Rouge dont il faut contenter les divers groupements qui, en tant de villes, eussent dû, au vrai, se fondre en harmonieuse unité, pour éviter la dispersion des efforts et des ressources. On lutte d'émulation, de quartier à quartier, et entre villages, pour envoyer de nombreux, d'énormes ballots dont la statistique comparée emplira les colonnes de la presse locale, et, ce qui vaut mieux, stimulera les efforts individuels et collectifs, au grand profit des combattants.

L'École-atelier a résisté, dans l'école, aux métamorphoses qu'a subies l'école. Les soldats de passage ont respecté les salles où s'abritait la ruche laborieuse. Les réfugiés, qui comptaient tant de femmes et de fillettes dans leurs rangs, lui ont souvent apporté l'aide que la misère sait fournir à l'infortune, fraternellement.

L'École-atelier ! Je l'ai vue dans des écoles transformées en hôpitaux. Sous le préau, l'été, dans une classe, ou bien dans une aile à part, l'hiver, les jeunes filles, les élèves plus jeunes, ont maintenu l'Ouvroir. Elles travaillent à l'envi sous l'œil des soldats, qui ont vite découvert la retraite, et qui manifestent bien sincèrement leur reconnaissance envers les petites fées agiles s'activant pour ceux qui, au Nord, sont sur la ligne des neiges et des brouillards.

Le tableau était à la fois réconfortant et émouvant que formaient autour des tables de travail, tout encombrées de pelotes et d'étoffes et encadrées de lingères et de tailleuses improvisées, ces braves gars, les uns le bras en écharpe, les autres la tête entourée d'un bandeau, d'autres se traînant sur des béquilles. En songeant à leurs mères et à leurs sœurs, gentiment, ils remerciaient, encourageaient les bonnes collaboratrices de l'Œuvre bonne, Eux qui avaient pâti et qui étaient encore tenaillés par la souffrance, éprouvaient pour cette élite féminine une déférence visible chez les plus rudes et les moins affinés d'entre eux.

Même l'École-atelier annexée à l'Hôpital-école a suscité plus d'une fois d'étonnantes vocations chez les blessés, qui, atteints aux jambes, mais ayant les mains libres, ont demandé et obtenu, pour s'occuper utilement, de tricoter, eux aussi, jerseys et chandails. Vite ils avaient profité des leçons données par des professeurs dont, vite aussi, ils atteignaient presque la maîtrise. L'un d'eux, que je félicitais sur son habileté, me disait, non sans quelque émotion dans la voix : « Cela me rappelle mon enfance, et ma mère et mes sœurs. Que de fois j'ai tenu l'écheveau ! C'étaient les joies intimes d'autrefois. Écolières et infirmières me permettent de trouver moins longues les heures d'immobilité forcée au lit, en favorisant mon apprentissage. »

L'École-atelier durera autant que la guerre, se renouvelant, se transformant, s'adaptant aux besoins qu'imposent climat et saison. Elle est à l'heure actuelle ouverte dans les Cours d'adolescentes où, plus qu'on ne lit et qu'on n'écrit, l'on ravaude, l'on raccommode, l'on fait du vieux neuf. Elle est l'annexe nécessaire du Patronage, de l'Association d'anciennes élèves. Elle est la Veillée Populaire, la Veillée de France.

UNE ÉCOLE EN 1915

C'est à G..., chez les fils d'ouvriers mobilisés sur place qui travaillent à la défense nationale en fabriquant dans les usines, toutes vibrantes d'activité patriotique, des obus et des bombes. La porte de l'école de garçons qui donne sur la grand'place est largement ouverte. C'est l'heure de la récréation. Du seuil, on peut suivre les attaques et contre-attaques, les mouvements enveloppants des grands et des petits qui jouent à la guerre. Le directeur veille de près sur les combattants qui n'ont pas le droit de se transformer en blessés.

L'heure de la rentrée sonne. Les rangs se forment.

Huit institutrices, dont quatre étaient hier encore des normaliennes, prennent la direction des huit classes et, par un coup de sifflet, donnent l'ordre aux garçons, petits et grands, de reprendre le travail. C'est au pas emboîté et cadencé que le mouvement s'opère. Le pied bat fortement le sol, à la quatri..ne mesure, ainsi que le veut le règlement.

Je suis le défilé qui, militairement, évolue dans le corridor, puis fait l'ascension des étages. Dans le vestibule, je remarque, sous le tableau d'honneur, une affiche blanche, mise en belle place. C'est une citation à l'ordre du jour qui fait grand honneur à l'instituteur qui en a été l'objet. La voici :

47ᵉ division. Extrait de l'Ordre général nº 7
Etat-major

« Sont cités à l'ordre de la division : *Maréchal*, sous-lieutenant au 51ᵉ bataillon de chasseurs :

« Durant les journées du 19 au 24, sous un feu
« d'artillerie intense, a poursuivi, avec le plus grand
« calme, la plus grande intelligence, l'organisation

« des pentes du vallon de Mulbach, et au moment
« des attaques, n'a pas cessé d'être pour ses hommes
« le plus bel exemple de dévouement et de courage. »

« Q. G., le 16 mars 1915. »

Et les autres instituteurs, où sont-ils ? Tous à la guerre. Deux sont blessés. Deux ont disparu.

Et à la place des huit instituteurs soldats, huit institutrices font la classe.

Il va de soi que grands et petits écoliers font preuve à G..., comme dans les autres écoles, d'une obéissance déférente et affectueuse à l'égard des institutrices qui ont assumé la tâche de suppléer les absents. C'est le témoignage que je recueille, dans toutes les classes, où les maîtresses se louent fort des marques de respect que leur prodiguent les élèves mettant leur honneur à faire leur devoir dans l'école d'où sont partis des maîtres qui font leur devoir à l'armée.

Dans l'une des classes, il était malaisé de ne pas éprouver un sentiment d'émotion profonde en constatant que là où, hier encore, professait le héros de la citation à l'ordre du jour, le sous-lieutenant Maréchal, devant ses disciples aimés dont il parle souvent dans ses lettres, en s'intéressant à leurs études, Mme Maréchal fait la classe, grâce à une délicate attention de ses chefs. C'est elle qui continue la leçon commencée.

C'est ainsi que se déroule l'année scolaire à G... où enfants et parents sont chaque jour en quête de nouvelles concernant les huit instituteurs soldats que remplacent huit institutrices. Ils éprouvent une juste fierté en apprenant qu'au front leurs maîtres se distinguent, font honneur à la « petite patrie » où ils enseignaient.

DANS L'ÉCOLE-HOPITAL DES NOIRS

Voulez-vous me suivre un instant dans une École-Hôpital où l'on guérit et où l'on instruit de successives promotions d'étudiants héroïques et qui ne pouvait avoir pour cadre que Marseille ?...

Derrière la cathédrale, qui découpe sur le bleu du ciel sa silhouette byzantine, dans une École et dans une garderie, des blessés, tous d'un noir d'ébène, sont soignés par une admirable élite de femmes appartenant aux « Dames Françaises » et que dirige Mme Keller.

Il est étrangement pittoresque, cet hôpital noir dominant le port de la Joliette.

L'école a été complètement transformée. Chaque classe est un dortoir où s'alignent 25 lits. Un quartier est réservé aux contagieux, aux malades atteints de dysenterie, de phtisie.

Vite, la plupart d'entre eux sont rétablis quand le climat a opéré son charme. La cure, appropriée exactement à la maladie, est opérée par des médecins coloniaux, habitués au tempérament des noirs. Et vite revient la gaieté, une gaieté enfantine, qui fait étinceler la blancheur des dents, qui, dans la cour de récréation, pousse aux danses exécutées à la mode du pays, aux bruyantes palabres, où les différents dialectes finissent par s'accorder et se comprendre, grâce à des traductions parfois comiques du dahoméen en voloff, en toucouleur, en petit-nègre.

J'ai vu de nouveaux arrivants, encore sous l'étreinte de la fièvre, ou bien en proie à la toux contractée dans les tranchées, se soulevant sur leur lit et jetant un œil d'envie vers la cour où s'ébattaient leurs camarades. Mais bientôt ils les rejoindront et feront entendre, eux aussi, interminablement le « tam-tam », et jetteront des billes dans la manière de « jacquet à grands trous » qu'on a fait façonner pour eux, sur un modèle venu de la « petite patrie » africaine.

Ils prendront part à la prière, faite, trois fois par jour, par le marabout, et, dans une attitude d'extase émouvante, répandront sur leur front du sable fin.

Grands, forts, admirablement musclés, ils ont donné de la tablature aux Allemands et aux Turcs. Même ils sont volontiers batailleurs, et, au début, se plaisaient quelque peu aux rixes violentes. Il fallut imposer le dépôt, dès l'entrée, de tout arme, de tout argent, pour que le jeu n'avivât pas les passions;

Mais la discipline a été bientôt acceptée dans une Maison où la règle est toute de douceur. Les infirmières ont conquis vite la confiance des grands enfants confiés à leurs soins ; ils appellent tous avec reconnaissance Mme Keller : « Madame Maman ».

Ils ne défilent plus deux ou trois fois de suite, en spéculant sur la difficulté qu'on eut, au début, pour les reconnaître, afin d'obtenir, par une tactique savante deux ou trois paquets de tabac. « Toi, plus carotter, a dit Mme Maman », et la carotte n'est plus cultivée sur le boulevard de la Major.

Mme Maman me dit comment on les nourrit, combien ils sont friands de riz, de lait caillé et d'arachides.

Parfois, ils écrivent à leur famille. Quand l'un d'entre eux adresse une épître à son père, il a soin de rappeler le nom de sa mère, car il risquerait de se voir confondu avec d'autres enfants parmi la copieuse progéniture produite par la polygamie. Tous n'écrivent pas, car la plupart sont illettrés et ignorent comment se matérialise sur le papier l'idiome natal.

Plus nombreux encore sont ceux qui ne connaissent pas l'alphabet français. Mais il y en a qui ont voulu en déchiffrer l'énigme. Pour eux, sous la direction de l'adjudant colonial qui est le surveillant de la Cité noire, s'ouvre une École improvisée que suivent de grands diables, très sages et très attentifs, avides d'être un peu initiés à la science de leurs frères blancs.

Même un Cours d'adultes à l'usage des Sénégalais et des Soudanais a été fondé par M. Maurel, directeur de l'école transformée en hôpital.

L'instituteur, aidé de sa fille, a vu sa classe se peupler de cinquante-trois étudiants noirs, qui l'ont fréquentée pendant plus de cinq mois. Les résultats ont été surprenants.

M. Fontenaille, inspecteur primaire, qui a suivi de près l'original essai, me disait récemment : « Tout s'y faisait de confiance par l'amour des maîtres et de la France; aussi quarante et un Sénégalais, en quelques mois, ont appris à parler assez correctement, à lire, à écrire de petites lettres, à raconter leurs impressions, à compter leurs petites finances et celles du pays lointain, et, dans leur gratitude, à aimer un peu plus la France « parce que tout Français est bon », — réflexion que j'ai recueillie au Cours.

« Tous ces braves noirs ont été dirigés depuis vers les Dardanelles. Ils nous ont donné souvent de leurs nouvelles. L'une des lettres, adressée à M. Maurel, contenait cette finale naïve et touchante : « Nous avons, par toi, appris beaucoup choses bonnes... Sénégalais n'est pas ingrat ; si notre peau il est noire, crois bien, Mossieur Maurel, que notre cœur est comme vôtre, bien Français ».

L'ÉCOLE DES PETITS EXILÉS

L'invasion du Nord et de l'Est a rejeté vers le Centre, l'Ouest, le Midi, des vagues humaines toujours grossissantes. Aux évacués que l'autorité militaire refoula loin des places fortes, ont succédé les Alsaciens-Lorrains pris comme otages, puis les réfugiés volontaires, fuyant l'envahisseur, enfin les rapatriés, emmenés comme prisonniers en Allemagne et qui ont été brusquement repoussés en France, après un crochet fait sur territoire ennemi, puis en Suisse, quand la disette a sévi parmi les maîtres d'un jour.

L'école publique s'est ouverte largement, fraternellement, aux filles et aux fils de Français, chassés de leurs foyers et qui, à Paris et dans nombre de cités et de villages, ont pu y trouver place.

Mais il a fallu parfois instituer des classes spéciales, organiser des cours comme dans la Loire, la Drôme, l'Ardèche, etc... pour les Alsaciens qu'on voulait initier à la connaissance de la langue française.

Et là où les réfugiés arrivent en flots serrés et toujours grandissants, force est d'improviser des Écoles dans les Asiles temporaires, dans les Abris de fortune où s'entassent les arrivants, expédiés sans choix, et où braves gens et travailleurs sont condamnés à une triste promiscuité avec une lie et des déchets sociaux que l'on eut dû avoir la prévoyance de parquer séparément.

Ce n'a pas été une des moindres difficultés de la tâche, sans cesse renaissante et renouvelée, qu'ont réalisée et les Municipalités et les Autorités universitaires, que d'instaurer, soutenir, encourager ces tristes Écoles quasi-foraines, œuvres de protection et de pitié, où l'assistance se confond avec l'instruction, où toutes règles administratives sont justement abolies, où l'éducateur doit se substituer au père, qui est, ou captif ou disparu, assumer une tutelle toute de réparation et de douceur consolatrice.

De ces Écoles, surgies sous la poussée brusque d'un convoi, jetant tout à coup dehors un faubourg populeux, des femmes, des vieillards, pauvres colis humains, recueillis un jour par la Suisse, au sortir d'un transit cahoté à travers l'Allemagne, j'ai pu visiter plusieurs, de types divers, et, de toutes j'ai emporté un sentiment de profonde mélancolie.

Nulle part plus qu'en ces annexes scolaires, étranges phalanstères à la population trop mêlée, où une élite qu'on n'a pas su découvrir, est obligée de côtoyer les pires tares physiques et morales, où tout un quartier de ville est subitement déraciné, bons et mauvais éléments confondus, en un rapprochement malsain et détestable, je n'ai compris l'horreur sacrilège de la guerre telle que l'entend la barbarie allemande. Nulle part je n'ai davantage ressenti le coup au cœur des maux tragiques déchaînés dans le monde, au nom de la culture et de la civilisation, par la horde teutonne...

Mais du moins si nombre de femmes, de jeunes filles, de vieillards, souffrent du casernement forcé, de la claustration avec des indignes, l'enfance insouciante, amusée par la nouveauté du spectacle, par le changement d'horizon, oublie, sèche ses pleurs, joue, rie et chante...

Je revois à X... une de ces Écoles où grouillent fillettes et garçons, arrachés, avec ce qui leur reste de famille, aux faubourgs de Saint-Quentin, emmenés pour la plupart à Rastadt, en une râfle subite, puis, chassés vers Genève, et, convoyés depuis Annemasse, jusqu'au centre de la France. Ils sont là, les expulsés, répartis en trois classes, avec des réfugiés de Meurthe-et-Moselle, des Vosges, des Ardennes, accourus depuis déjà quelques mois.

Un Comité les habille à son vestiaire. L'État, par les allocations, les nourrit. La ville les loge. Et sans doute parce que les Écoles publiques sont combles d'enfants, on les instruit à part.

Un instituteur en retraite, deux adjoints des environs se chargent de cette École mixte, navrant assemblage d'éléments disparates, rapprochés par la communauté de misère.

Ah! que maîtres et maîtresses ont à faire pour obtenir quelque discipline parmi cette enfance turbulente, aux patois qui se heurtent, parmi ces hôtes, dont quelques-uns séjournent mais dont la plupart ne font souvent que passer et qui, au jour le jour, au hasard des arrivages, se renouvellent sans cesse. C'est un programme réduit, approprié aux circonstances et adapté au milieu, qu'a établi, dans l'école-garderie, le personnel qui se dévoue pour elle.

J'admire ce vétéran, ces vaillants volontaires qui se sont offerts pour empêcher qu'écolières et écoliers oublient le peu de lecture, d'écriture et de calcul appris l'an dernier.

Le maître me dit : « Après le long et dur voyage qui leur a été imposé, ils arrivent, agités, nerveux, sous l'impression des brutalités, des privations subies, de l'emprisonnement dans les wagons où ils ont été entassés et comprimés dans une atmosphère empestée, puis le calme se fait en eux peu à peu. L'odyssée de certains d'entre eux fut lamentable. Les devoirs qu'ils me remettent disent la fuite éperdue, quand il s'agit des réfugiés, l'arrachement à la « petite patrie », quand il s'agit des expulsés. Et tous, malgré la réconfortante faculté d'oubli qui est en eux, pensent au pays de Flandre ou de Lorraine d'où la guerre les a chassés.

C'est avec émotion qu'ils écoutent une fillette récitant : *Le Retour au pays natal*, page de douceur sincère, empruntée aux « Souvenirs » de Jules Simon. L'on sent, pendant un instant, un sentiment de mélancolie passer sur ces pauvres êtres, innocentes victimes que le destin a placées sur la route sanglante de l'invasion. Plus d'une larme perle au rebord des paupières.

Mais l'heure de la récréation sonne. Dans la vaste cour les jeux se déchaînent, et, dans l'air, vibrent des appels, des exclamations entrecroisant les notes aiguës des dialectes les plus différents.

Et je revois une autre École, à X... dans un ancien séminaire, subitement transformé en refuge. 700 rapatriés y sont hospitalisés et 150 enfants sont instruits par un instituteur retraité, plus que septuagénaire, un rapatrié lui aussi. Il a, comme auxiliaire, une petite brevetée de 15 ans et, pour garder la classe enfantine, une fillette qui a le certificat d'études.

Je n'ai guère visité l'école, — car l'école a conduit au cimetière le jour de ma venue, une enfant morte la veille.

Ah! l'inoubliable et navrant cortège! Écolières et écoliers font la haie. La petite bière, recouverte d'un drap blanc, repose sur une civière portée par les plus grandes filles qui se relaient. La mère toute secouée de sanglots et de pleurs, soutenue par des compagnes d'infortune, d'exil, suit. Avec l'Inspecteur d'Académie, le sous-préfet de R..., le directeur de l'asile, le vieil instituteur, j'assiste aux émouvantes obsèques.

Sous la pluie, par un sentier boueux, on s'achemine vers l'humble cimetière de campagne, et là, en terre française, mais en terre d'exil pourtant, et dans le deuil de la nature, la petite fleur du Nord disparaît. Combien il est malaisé ou plutôt impossible de rendre courage à cette mère, comme affolée par sa détresse morale, dont le mari, les fils combattent au front et qui, loin de son foyer, sous un ciel presque étranger, perd un être adoré dont l'affection et la caresse étaient son refuge dans la ruine et dans l'effondrement!

La vision de cette école en larmes, de cette fosse absorbant si vite sa proie, de cette mère abîmée dans sa douleur, ne s'effacera jamais de ma mémoire : en ces jours d'épreuves où, de ville en ville, j'ai vu tant de scènes de deuil, je n'ai pas vécu d'heures plus douloureuses et plus poignantes.

L'ÉCOLE DE « NOTRE JOFFRE »

« Notre Joffre » : c'est ainsi que l'on appelle le généralissime dans sa ville natale, à Rivesaltes, où il a le bonheur d'être prophète en son pays et d'être admiré, surtout d'être aimé, parce qu'il n'est « pas fier », parce qu'il parle catalan et parce que, ménager du sang des soldats, il tient tête victorieusement, avec une ténacité toute pyrénéenne, à l'assaut de l'ennemi détesté.

« Notre Joffre » qui, là-bas, est à la peine, est, chez lui, à l'honneur. De son image, murs et vitrines s'illuminent. Bustes et cartes postales reproduisent ses traits, empreints de volonté patiente, d'ardeur contenue. On cite mille anecdotes sur sa bonhomie et sa simplicité. On nous conduit, rue des Orangers, à sa modeste maison natale où, le 12 février 1852, dans une humble chambrette à alcôve, attenant à une cuisine, il a vu le jour. On nous dit son enfance, et ce qu'il fit à l'École publique avant d'aller au collège de Perpignan, puis d'entrer à Polytechnique.

L'École de « Notre Joffre », déplacée, agrandie, embellie, mais pleine des fils de ceux qui ont été élevés avec le Temporisateur, je l'ai vue, et j'ai eu la joie de constater qu'une véritable élite s'y forme.

C'est vraiment une École modèle que l'École de « Notre Joffre ». Elle est, grâce à un excellent maître, ouverte largement aux innovations pratiques. On y met en usage des méthodes singulièrement adroites pour tirer parti du langage régional et pour s'y habituer à écrire et à parler français. De son Cours complémentaire sort, chaque année, une promotion de jeunes gens, d'intelligence vive, pleins d'ardeur à l'ouvrage, qui, dans les Postes, à l'École normale d'instituteurs, dans le commerce, s'imposent par leur énergique initiative, leur application méthodique et soutenue. L'École de « Notre Joffre » a des traditions. Elle est de celles qui donnent à la classe populaire ses cadres et son armature.

L'École de « Notre Joffre » est ornée, vivante. Sur les parois des classes courent des dessins, des photographies représentant les sites de la « petite patrie ». C'est dans un cadre d'art et de beauté que s'intensifie, en temps de guerre, le travail quotidien, qui, pour les écoliers, est la marque la plus probante du patriotisme.

Dans cette salle où plane le souvenir du « Grand Aîné », avec quelle vigueur et quelle sincérité d'accent un élève m'a récité les vers célèbres de Victor Hugo :

O soldats de l'an II, ô guerres, épopées!

Et quand il prononçait le mot « épopées », évocation d'exploits accomplis en pleine lumière, de fougueuses chevauchées à travers l'Europe, on ne pouvait s'empêcher de penser à l'antithèse que présente avec les brillantes mêlées d'autrefois, la lutte quasi souterraine soutenue par les soldats de l'an 1915, avec un héroïsme stoïque, égal, en vertus guerrières, à l'impétuosité brillante de leurs devanciers.

Dans l'École de « Notre Joffre », le lendemain du jour où l'armée du généralissime avait célébré, avec une spirituelle opportunité, l'anniversaire du kaiser, — 27 janvier, — en infligeant aux Allemands des revers qui leur avaient coûté 20.000 hommes, un élève a expliqué, commenté devant moi, le Communiqué officiel. Il a fait, face à la carte, avec une précision, une sûreté, dénotant un long entraînement, l'étude passionnée et suivie des moindres faits qui se déroulent sur le front. « Notre Joffre » peut être assuré, pendant qu'il dresse ses plans, là-bas, et dirige l'immense manœuvre, que, dans l'École de sa ville natale, ses petits concitoyens suivent, dans le détail, les péripéties des combats serrés qu'il mène du Nord au Rhin, vivent en pensée avec lui, éprouvent une émotion joyeuse à la nouvelle des résultats heureux qu'entraîne la patiente habileté de sa tactique.

L'École de « Notre Joffre » est une grande école qui compte 362 élèves. Elle tient, au jour le jour, comme la plupart des Écoles de France, une statistique d'émouvante actualité qui est inscrite sur les cahiers des écoliers. Elle est à connaître, car elle est un résumé de situation à peu près générale en France. Le nombre d'enfants dont le père est mobilisé est de 158, de frères mobilisés, 59, soit 217 parents partis. A la fin de janvier, déjà l'on a appris que 4 des combattants sont morts, 4 blessés, 2 disparus.

L'École de « Notre Joffre » connaît, elle aussi, les deuils et les larmes. Elle connaîtra bientôt, non sans une juste fierté, les joies consolantes de la victoire.

Et les écoliers de Rivesaltes pourront saluer par les rues et sur la grand'place, où se dresse une statue de Minerve, le passant modeste et glorieux à qui la Déesse a communiqué sa ferme et claire raison.

LES PROFESSEURS VOLONTAIRES

Combien de fois m'a-t-on répondu, en cours de route, dans une école, longtemps cherchée elle-même, car elle était devenue un hôpital et l'on avait déménagé les classes ailleurs, quand j'y cherchais les professeurs, le directeur : « Mobilisé. Classé dans les services auxiliaires. Gestionnaire, infirmier dans un hôpital. Vaguemestre dans un régiment » ; ou encore : « Ambulancier, brancardier au front. Interprète en telle région. Soldat. Officier » ; et aussi : « Blessé » ; et trop souvent : « Mort à l'ennemi ».

Les remplaçants étaient des intérimaires, des délégués qui ne faisaient parfois qu'un stage fort court dans le poste, car la lettre de convocation les guettait.

Mais souvent l'on trouve, faisant la classe, se dévouant, se donnant tout entiers à l'ouvrage, des « volontaires » qui, à l'appel du Ministre de l'Instruction publique, ont répondu : « Présents », et ont repris allègrement du service dans la pacifique armée.

Trop âgés pour manier le fusil, ils sortent de la retraite où les règlements les ont relégués, et, vivement, rallient au drapeau, prennent rang dans l' « active » scolaire. Ils se remettent au courant des programmes et, comme ils ont du savoir, de l'expérience, s'acquittent vite et bien de leur tâche.

Ils mettent leur amour-propre et leur coquetterie, ces Anciens, à n'être pas trop écrasés par la comparaison avec les jeunes qui ont quitté la plume et le crayon pour le fusil, l'in-seize ou l'in-dix-huit pour le 75. Ils fournissent pour la plupart un travail bénévole et désintéressé, donnent l'exemple de l'exactitude et s'efforcent d'éviter l'absence médiocrement motivée. Même pour achever un exposé, pour compléter une explication, pour aider à préparer un examen, ils prolongent la durée de la classe.

« Cela me rajeunit, me disait l'un deux, qui est plus que septuagénaire, et que je remerciais d'avoir assumé une suppléance un peu lourde. Cela me ragaillardit de relire mes classiques, avec mes disciples. Je les ai compris autrement, les Auteurs anciens, depuis qu'ils ont été mes compagnons de loisir et de méditation. Ce que j'ai découvert en eux, sous la lettre du texte, je le révèle à mon auditoire.

— Mais la classe ne vous fatigue pas?

— Non, certes. Les élèves sont respectueux et déférents. Jamais, il y a quinze ans, je n'aurais obtenu pareil silence dans le lycée où je professais. C'est plaisir que d'enseigner à des Normaliens. Et c'est tout profit pour moi. Le croiriez-vous? Le retour à l'action me rend des forces. Je ne pense plus à mes rhumatismes qui ne m'ont pas tracassé depuis octobre ; comme vous le voyez, le bénéfice est réel. Et puis, je suis si heureux d'échapper à la solitude en cette heure de crise et de fièvre! Je me dérobe à l'obsession des événements. D'ailleurs, quand on a aimé enseigner la jeunesse, on ne peut s'en déprendre. »

Tous ces vaillants, tous ces désintéressés tiennent

même langage, ont même état d'esprit et de sentiment. Quand on les félicite, ils ont tôt fait de vous persuader qu'ils sont les obligés des enfants et des adolescents dont ils s'ingénient à meubler les intelligences et à former les caractères.

Ces vétérans, qui sont souvent des délégués cantonaux, des membres des Caisses des Écoles, donnent aux générations qui montent, non seulement des leçons marquées au coin du savoir et du goût, mais, par leur foi patriotique, par le vivant pouvoir de leur ardeur éducative, fortifient la santé morale et des enfants et des familles. Ce sont des professeurs de lettres, de sciences — et d'énergie nationale.

LE GOUVERNEMENT FÉMININ

Dans nombre d'écoles primaires, dans les écoles primaires supérieures de garçons, l'institutrice, la femme-professeur ont remplacé, pendant la guerre, l'instituteur parti pour l'armée. Ce fut, dans bien des villes et des villages, le moyen qu'on disait être de fortune et qui était, au vrai, la méthode de salut pour empêcher des milliers d'enfants d'être jetés à la rue, au désœuvrement et au vice, pendant de longs mois.

Il fallait improviser. On confiait les élèves souvent à une débutante et qui faisait son apprentissage dans des conditions défavorables. Les effectifs des classes étaient souvent doublés, et aussi doublée la fatigue.

Parents, éducateurs, et aussi féministes, à des

points de vue différents certes, n'étaient pas sans inquiétude. Comment, sans préparation, la femme allait-elle affronter l'épreuve ? Saurait-elle maintenir la discipline, s'adapter à ses fonctions nouvelles ? Comment le gouvernement féminin s'affirmerait-il, quelle emprise saurait-il exercer sur des écoliers, parfois sur des jeunes gens que déjà, si souvent, l'instituteur a quelque peine à contenir, et que l'on pouvait croire quelque peu surexcités par la tourmente ? Le féminisme enseignant inscrirait-il à son actif une victoire ? Ou bien subirait-il un échec qui eût été bien excusable en cette heure de crise que traverse le pays ?

C'est, par bonheur, un succès qu'il faut enregistrer, et proclamer, et souligner.

La femme brusquement appelée à tenter un essai redoutable a réussi, fort souvent, en perfection dans les écoles de garçons et même dans les collèges, dans les lycées où des émigrées du Nord, de l'Est ont su occuper des chaires avec une réelle maîtrise.

Les familles, de-ci, de-là, craignaient l'innovation. Elles se demandaient si l'année ne serait pas perdue pour les études de leurs enfants qui parfois, à la maison, en l'absence du père, avaient un penchant à la désobéissance, sous la tutelle maternelle, et qui, très aisément, auraient pu transformer une année de guerre en confortables semestres de paresse et d'inaction.

Toutes les autorités, et la familiale et l'universitaire, et aussi la municipale, ont été vite rassurées. Même les pouvoirs constitués se sont réjouis, en plus d'une ville, en constatant quel changement s'opérait

dans le caractère, dans la tenue des écoliers et d
collégiens qui, par coquetterie, par déférence vis-à-
d'une femme dont le mérite s'imposait, se montraie
dociles, prévenants même, et rapportaient au lo;
quelque chose de la souplesse et de l'amabilité,
la douceur polie acquises en classe.

J'ai interrogé des bonshommes qui suivaient, da
un lycée, un cours d'histoire ancienne enseigné ṛ
une femme, professeur dans une école normale d'i
titutrices. Au début, ils reconnaissaient avoir fait
moue, avoir manifesté quelque dédain pour l'étra
gère. Ils se demandaient si elle était digne de tei
la place d'un devancier surchargé de diplômes,
comment il faudrait l'accueillir, et même s'il
conviendrait pas de lui témoigner quelque froide
ou bien encore une humeur frondeuse.

Ils m'ont avoué gentiment que vite ils ont ҫ
conquis par l'éducatrice qui, à la fois, savait et sav
enseigner et, par sa bonne humeur, par sa bon
grâce enveloppante, gagnait les cœurs comme]
intelligences.

J'ai assisté à plusieurs classes ou de sciences,
de lettres, faites par des professeurs-femmes, et j
été frappé et de la facilité d'adaptation dont el
faisaient preuve, et de l'attention que leur prêtaic
leurs élèves. Je me rendais compte que ces messiet
se sentaient en confiance, et l'institutrice aussi. (
était dans une atmosphère d'affection. La raison av
comme une parure de sentiment. Et sur le bord de
chaire j'ai vu plus d'un petit bouquet de fleurs.

Enfants comme jeunes gens auraient eu honte à
livrer à des incartades de conduite, à mal répondre

donner des signes d'impatience et de mécontentement, devant celle qui, à leurs yeux, revêtait le caractère sacré de la mère.

J'ai noté plus de soin dans la tenue, même plus d'émulation dans le travail qui était contrôlé minutieusement, car la femme a la science du détail. Je reconnais que les choix qu'on avait faits étaient excellents, que les institutrices à qui l'on avait confié la mission d'instruire des garçons appartenaient à une élite sachant rendre une classe intéressante et vivante, mais c'était aussi à une élite qu'elle succédait.

La guerre cessera. Tout rentrera dans son ordre et reprendra le rythme habituel. Il y aura encore des cloisons étanches entre les lycées de jeunes filles et les écoles de garçons. Aucune confusion des diplômes, des genres, des classifications n'est à redouter ! Mais le souvenir demeurera des leçons solides certes, mais point pédantes, point didactiques à l'excès, et qui se relevaient de grâce persuasive et de souriante bonté, qu'à une heure de crise, la femme enseignante a données aux écoliers, aux jeunes gens des écoles primaires supérieures, des collèges, des lycées, et peut-être y a-t-il une leçon à retenir.

POUR LA PETITE HISTOIRE

Pendant qu'à la frontière l'histoire de la Grande Guerre se déroule, déjà l'on songe à réunir des documents pour l'histoire des mœurs, l'histoire anecdotique, la « Petite Histoire ».

A l'exemple de l'innovation réalisée d'abord dans l'Académie de Grenoble, où le recteur, M. Petit-Dutaillis, a prescrit une enquête détaillée sur les faits produits par l'état de guerre dans les communes, on procède, à l'École, dans plus d'un département, à la réunion d'imprimés, de circulaires, d'observations écrites, qui, plus tard, seront consultés avec profit. M. Liard, vice-recteur de l'Académie de Paris, a encouragé l'idée et a contribué à la répandre.

Sans doute, dans les localités situées au Centre, au Midi, loin du théâtre des opérations militaires, ce sont surtout des faits d'ordre économique qui seront retenus, mais qui seront loin de laisser indifférent l'historien de l'avenir. J'ai feuilleté dans l'Isère des « Cahiers de guerre » d'un intérêt très prenant et qui montrent, par des détails curieux, quelle répercussion la guerre a exercée sur la vie rurale. Ce sont « Livres de Raison » s'appliquant, non à une famille isolée, mais à une association humaine. La sociologie de demain y pourra puiser largement.

Dans l'Aude, M. Canet, inspecteur d'académie, recommande qu'on prenne des « Notes de guerre » en y relatant tout ce qui concerne les originaires de la commune mobilisés.

Il dit ce qu'il faut éviter : ne pas mêler le récit à la statistique : ne pas écrire une histoire de la guerre européenne, mais une monographie de la petite commune, etc.

Et il dit ce qu'il convient essentiellement de faire : insister sur ce qui intéresse la vie locale : mobilisés, blessés, tués, cités à l'ordre, hospitalisés, secourus…; —noter avec soin les données de la vie économique (prix des denrées, réquisitions, travaux agricoles); — de la vie administrative (mairie, école, ordre public); — conserver le plus grand nombre possible de documents originaux qui seront un jour extrêmement précieux (cartes postales du front, avis de décès, photographies); — recueillir, avec plus de soin encore, les lettres des anciens élèves de l'école, adressées à des parents, à des amis.

Les lettres! C'est en elles qu'est la vie aux camps, aux tranchées. Elles constitueront un jour le vrai Journal de la guerre, écrit en toute vérité de sentiment, exprimant et regrets et espérances, montrant la nature humaine, et dans sa faiblesse et dans son héroïsme. En marge des communiqués, des pièces officielles, elles disent les souffrances, les colères, et aussi la patience, l'énergie de ceux qui peinent. J'en sais qui, de sincérité naïve et fruste, sont toutes soulevées d'éloquence âpre et forte. Il y a plus de poésie en elles que dans tel sonnet, dans telle ode, que déclament les comédiens dans les Matinées à la mode. Ce que fut le vrai patriotisme du vrai peuple qui se dévoua et se sauva par lui-même, des lettres d'ouvriers, de paysans, tracées en hâte après la fièvre du combat, l'établiront pour la postérité.

Le fin et délicat lettré qu'est M. L. Deries, inspecteur d'académie de la Manche, a compris l'importance qu'il faut attacher à la conservation des correspondances privées et il la recommande à ses collaborateurs. Il montre qu'« elles contribuent à nous donner l'impression de la réalité vivante et nous éclairent sur les idées et les sentiments des hommes ». Il écrit :

« Mais il est une autre raison de ne rien laisser perdre d'un pareil dépôt. Si la commune a ses archives, la Famille doit aussi avoir les siennes. Nos enfants et petits-enfants devront pouvoir lire un jour, mêlées à d'autres documents de la vie de chaque maison, ces petites lettres, maculées souvent de boue, parfois de sang, que leurs pères ou grands-pères auront écrites dans les tranchées, sous les balles ou la mitraille. Il importe qu'elles soient conservées.

« Je vous prierai donc de profiter de toutes les occasions qui s'offriront à vous, au dedans et au dehors de l'école, pour que ces précieuses reliques puissent être léguées par le présent à l'avenir.

« Le souvenir d'une nation est fait du souvenir de chacun de ses foyers. »

Oui, conservons les lettres. Sauvons-les de la destruction. Prenons nos précautions contre l'oubli, surtout contre l'ingratitude qui si vite se glissent au cœur de l'homme.

Fondons dans chaque école comme un Musée des souvenirs dédié à la Guerre du Droit.

L'ÉCOLE-SŒUR

Nazione sorella, dit-on, en France, en Italie, en parlant des deux grands pays latins. « École-Sœur », peut-on dire aussi de l'École, dans les deux nations.

Depuis plus d'un quart de siècle, une entente étroite a été nouée entre un groupe important des éducateurs qui, dans les deux pays, façonnent l'âme des deux peuples, et qui, s'aimant, ont appris, d'un dessein continu, aux générations nouvelles, à s'aimer.

Ce sont les Missions, les Expositions, les Congrès, qui ont mis en rapport nombre d'enseignants de France et d'Italie, les ont rapprochés, les ont amenés à un concert d'efforts que rien n'a pu rompre : ni les défiances qu'on essayait de semer entre eux, ni les démêlés de la politique extérieure et intérieure. Ils savaient, des deux côtés des Alpes, que les difficultés seraient passagères, qu'ils défendaient ensemble la cause même du progrès, qu'ils avaient même idéal, mêmes aspirations.

Que de fois, à Milan, à Turin, à Rome, partout où il m'a été donné de prendre la parole dans des assemblées d'instituteurs, de professeurs volontaires, j'ai constaté qu'on cherchait à s'inspirer, dans les Écoles d'Italie, des principes d'entr'aide et de solidarité qui dominent et pénètrent les disciplines des Écoles de France!

Les institutions post-scolaires, la pédagogie sociale, nées chez nous, sont en faveur au delà des Alpes : MM. Maurice Roger, Ferdinand Buisson, Léon Robelin l'ont pu constater.

La Mutualité scolaire, les Associations d'anciens élèves ont pénétré là-bas profondément. Les Universités populaires, si vite démodées dans leur pays d'origine, sont en pleine prospérité, au nord et au centre de la péninsule. Les Associations d'anciens élèves s'y sont répandues de ville en ville et ne recevais-je pas la nouvelle, en 1912, qu'en terre « irrédentiste », à Trieste, avait surgi une « Petite A » entre jeunes gens élevés dans les Écoles de langue italienne?

La conquête intellectuelle n'a-t-elle pas précédé ainsi la conquête matérielle?

Si l'industrie, si les finances, si parfois même le haut enseignement se laissaient envahir par l'influence allemande, l'École élémentaire, l'École du peuple, surtout en Lombardie et dans le Piémont, adoptait, en l'ajustant au milieu, la culture humaine et douce de France.

Ce m'est une joie profonde de me rappeler les conversations engagées, à Paris, avec Aurelio Stoppoloni, provéditeur des études à Ancône, devenu depuis inspecteur général des Écoles italiennes en Orient, que son gouvernement avait envoyé en mission chez nous, où il a étudié les Œuvres d'éducation sociale qu'il a contribué ensuite à introduire dans sa patrie.

Que de projets échangés, que de rêves, que d'espérances, et aussi que de regrets et de déceptions!

Comment oublierais-je aussi les causeries toutes débordantes d'ardent enthousiasme, qu'au sortir de séances laborieuses, prolongeaient, par les places et les rues, ces alliés d'avant l'alliance, ces vaillants éducateurs populaires : Angelo Merlini, Rugarli, Osimo!

Le contact, une fois établi, ne se desserra pas. Entre l'*Umanitaria*, le merveilleux groupement milanais d'Œuvres sociales, qui, en septembre 1906, conviait à Milan, dans le premier Congrès international, sous la présidence de M. Credaro, les éducateurs populaires de toutes les nations, et la Ligue française de l'Enseignement qui les réunit à la Sorbonne, en octobre 1908, la pénétration de vues, l'accord dans l'action ont été constants. Rien n'a pu séparer ceux qu'animait la même foi, allumée au même foyer.

Quand, en décembre 1912, je me rendis à Rome, cédant à l'invitation pressante qui m'était faite d'assister, bien qu'étranger, au Congrès national et corporatif des instituteurs italiens, on était encore sous l'impression d'incidents maritimes qu'on exploitait contre nous : les affaires du *Carthage* et du *Manouba*. La réserve à l'égard des Français semblait aller, dans certains milieux, jusqu'à la défiance et s'enveloppait de froideur polie. Mais, au théâtre de l'Argentina, quand fut apporté le salut de l'École de France à l'École d'Italie, j'éprouvai une indicible et joyeuse émotion, quand j'entendis saluer à son tour d'enthousiastes acclamations la *Nazione sorella*. Les porteurs de l'idée et de la bonne parole parmi l'enfance et l'adolescence ouvrière et rurale ne se laissaient pas distraire, par les bruits du dehors, de la tâche sacrée. La communion des cœurs demeurait sûre et fidèle.

Quand, en France, depuis le début de la guerre, j'entendais demander, non sans quelque inquiétude, sans quelque impatience aussi : « L'Italie interviendra-t-elle ? », j'étais rassuré. Ne recevais-je pas, chaque semaine, des billets, des lettres respirant l'espoir dans le triomphe du droit, le désir passionné d'une prompte rupture avec le *Tedesco*? Je savais que les éducateurs, mes affectueux correspondants, étaient hommes vivant près du peuple, et qui exprimaient la vérité du sentiment populaire. Et le jour où les ministres Salandra et Sonnino ont annoncé le grand événement historique, j'étais bien certain que l'École-Sœur me ferait connaître avec qu'elle plénitude de joie elle accueillait la fraternité des armes scellée avec la Nation-Sœur.

De Rome, le 20 mai 1915, je recevais ces simples mots :

Ami,

« *L'heure suprême a sonné. Bientôt notre armée entrera en campagne contre l'ennemi commun, pour la défense du droit, de la civilisation, de l'humanité. Vive la France! vive l'union latine!*

« A. Stoppoloni. »

Certes, les Ligues, les Comités, la Presse, la diplomatie ont, malgré les obstacles et les traverses, défait par un traité l'œuvre d'un autre traité. Mais dans le grand courant d'opinion qu'ils ont déterminé, l'action de l'École-Sœur, sous les remous et sous les vagues, a su constamment apporter sa part d'eaux profondes et vigoureuses.

LES PETITS POULBOT

Les Petits Poulbot sont à la mode. Les gamins de Paris les tout petits, et les « garçonnets », les gavroches qui, déguenillés, « grelotteux et miteux », fils de la misère, font l'école buissonnière et courent par les rues, toute la marmaille des « fortifs » et des faubourgs, à la fois spirituelle et sentimentale, rendue experte et avisée par le malheur, et aussi la gent écolière s'égayant sur les chaussées, en bonds et en cris fous, au sortir de la classe, tout ce monde grouillant et pittoresque, de l'enfance populaire, Poulbot le campe dans la vérité de ses silhouettes, de ses gestes, de ses réparties jetées comme à la volée.

Les Petits Poulbot sont de lignée bien française. Ils sont les petits-fils des garnements qui furent élevés à la « Mutuelle » et que rendit le crayon de Charlet, les fils de ceux que Cham, que Gavarni ont fixés dans leurs séries des « Enfants terribles », « des Enfants mal élevés ». Mais les mioches de 1915 ont fait des progrès. Leurs attitudes, leurs réparties, commandées par le milieu, les font peu ressemblants à leurs devanciers de 1830 ou bien de 1860. Ils ont les yeux tout remplis des découvertes qui chaque jour se révèlent à eux. Ils voient glisser des taxis, gronder et frémir des autobus, voler des avions. Ils ont modernisé leurs jeux, adapté leur langage, en bonshommes frottés de science, aux inventions qui les émerveillent.

Les Petits Poulbot qui ont figuré dans la *Maternelle* de Frapié, qui ont illustré, le livre douloureux de Raymond Hesse sur l'*Enfance coupable*, qui étaient déjà populaires dans les journaux et dans les rues, sont devenus franchement célèbres, depuis la grande guerre. Ils sont hantés par les exploits des poilus et se livrent, sous l'œil amusé de l'artiste qui les immortalise, à leurs instincts comiques d'imitation, à une verve endiablée d'improvisation. Ils sont patriotes, et avec des trouvailles de gestes et d'expressions qui mettent à nu l'âme populaire.

Les Petits Poulbot qui ont eu tous les honneurs, même celui de l'affichage officiel, de l'appel à l'Emprunt, naissent tout là-haut, à Montmartre, dans un atelier juché à un angle de la rue de Lorient qui...

oriente ses montants zig-zag vers le classique moulin de la Butte sacrée. Dans la vaste salle dont les murs sont tout rutilants d'affiches, notamment celle qui a été consacrée à *l'Or* de Victor Margueritte et qui est un chef-d'œuvre d'exactitude et d'entrain, d'élan passionné, parmi les chevalets recouverts d'esquisses où vivent et se meuvent des enfants, Poulbot courbe sa grande taille sur la table et le papier où il évoque les petits déshérités, les petits déguenillés, où il déchaîne leurs jeux, leurs espiègleries, leur gaieté moqueuse.

Mais ces Petits Poulbot, si nerveux, tout frémissants d'expansion, si naturels, si vraiment enfants, où Poulbot les a-t-il vus, où les a-t-il fixés dans sa mémoire, pour rendre chair et os, attitudes, spontanéité de l'élan, avec un si saisissant réalisme?

Les Petits Poulbot ont été vus et revus à l'École, et dès l'école, par celui qui devait les portraiturer si puissamment; Poulbot, est, en effet, né dans l'école, le 6 février 1879, à Saint-Denis. Il est fils d'instituteur et d'institutrice; sa mère est directrice d'école à Saint-Denis, son père à Saint-Ouen. Il a pu observer de près les petits chiffonniers, enfance maigre et hâve des fortifs : « Ce n'est pas aux Champs-Elysées que j'ai pu les étudier » me disait-il récemment.

Ne demandez en effet aux petits Poulbot ni tenue, ni élégance. Ils n'ont été ni attifés, ni pomponnés par des mamans riches et ils ne connaissent ni les belles manières, ni la politesse des salons. Ils sont effrontés, d'une précocité à la fois naïve et avertie, ils poussent sur les pavés, ramassent dans le ruisseau des mots dont ils éclaboussent les passants.

Ils resteront comme des types non point légendaires, mais étrangement exacts, d'une classe et d'une époque. Nulle charge, nulle caricature. Ils sont les produits à la fois insouciants et douloureux, polissons et lyriques, pétris de vice et d'héroïsme, d'une humanité que broient la misère et l'alcoolisme dans ce que le poète Verhœren appelle une « Cité tentaculaire »

LA GUERRE ET LA POÉSIE

La grande guerre des Nations — la plus Grande Guerre, qui met aux prises tant de peuples et, sur les points les plus distants du globe, déchaîne la plus formidable ruée qu'ait enregistrée l'Histoire — ne semble guère inspirer la poésie, au moins jusqu'à ce jour.

La guerre de 1870 vit surgir une légion de poètes : Paul Déroulède, Delpit, de Laprade, Eugène Manuel, Autran, Banville, Coppée, Theuriet, et encore Emmanuel des Essarts, Léon Dierx, Émile Bergerat, Siebecker, Henri de Bornier, Sully Prudhomme, et d'autres encore qui faisaient cortège à Victor Hugo, chantant en ses vers immortels l'*Année terrible*. Il y eut comme un cycle à la fois dramatique et lyrique qui produisit toute une floraison d'œuvres dont quelques-unes demeureront dans les Anthologies.

D'où vient cette antithèse ? Et pourquoi semble-t-il que l'Année vengeresse doive susciter moins de beaux poèmes que l'Année terrible ?

On ne saurait soutenir raisonnablement que la

France manque d'aèdes. Elle peut mettre en ligne des poètes très habiles, qui pourraient dire et les deuils et les espoirs de la Patrie en des vers qui auraient quelque souffle.

S'ils ne produisent que des chants rares et espacés, n'allant pas à l'âme populaire et ne se gravant pas dans la mémoire de la foule, ce n'est pas que, si artistes et si raffinés soient-ils, ils ne puissent exprimer avec simplicité des sentiments simples, trouver parfois des notes émues pour crier leur haine contre l'envahisseur et retrouver un léger filon dans la veine puissante laissée à leurs successeurs par Victor Hugo, par Auguste Barbier et même par Casimir Delavigne. C'est peut-être que l'inspiration est un peu gênée et comme entravée en eux par la complexité, par l'immensité même du sujet, et aussi par le caractère étrange, imprévu qu'a revêtu la guerre.

Ce n'est plus la guerre de la France et de l'Allemagne, avec la forte unité d'action d'autrefois. La lutte franco-allemande n'est qu'un épisode dans le heurt des intérêts économiques, dans la mêlée des Races.

Ce n'est plus la guerre féconde en grandes batailles, illustrant le nom d'une ville, le nom d'un général, subitement et glorieusement vainqueur. Plus de Waterloo et plus d'Austerlitz.

C'est une guerre où, sur des fronts d'une immense étendue, où des frontières humaines s'incurvent, se pénètrent, avancent et reculent, cherchent plus à s'épuiser qu'à se rencontrer en d'épiques batailles.

C'est une guerre où l'héroïsme individuel se fond dans l'héroïsme collectif et se couvre d'anonymat.

Peu de faits, peu d'épisodes sont à détacher qui

soutiennent et emportent le récit, qui lui donnent fermes contours et couleurs éclatantes, et à les conter, la prose suffit.

C'est une guerre de terrassiers, une guerre de termites, a-t-on pu dire. La pioche, la pelle, la hache, la cisaille y sont les auxiliaires indispensables et peu poétiques du fusil et du canon.

C'est une guerre de machines, a-t-on dit aussi. Et l'avion, le sous-marin, le train blindé, le mortier, l'obusier, le 75 ou le 420 ne serviraient guère à fournir de rimes la poésie descriptive, chère à l'ennuyeuse ingéniosité d'un Delille.

Et voilà peut-être pourquoi la poésie, la vraie poésie, n'a ni ses Pindares, ni ses Tyrtées comme en 1870.

Il est à présumer, en effet, que les Florilèges et les Morceaux choisis à l'usage des écoles ne s'enrichiront guère en 1914 et en 1915 de vers destinés à voltiger sur les lèvres des enfants.

On en demeurera probablement aux extraits dus aux poètes de 1870, élargis de quelques emprunts à Maurice Bouchor, à Dominique Bonnaud, à Henry de Régnier, à Rostand.

Mais, en revanche, quelques belles pages de prose demeureront. Les proclamations du Président de la République, les appels de MM. Viviani, Sarraut et Painlevé, les articles rédigés par des écrivains se réclamant d'opinions très différentes, mais unis dans un même amour de la Patrie : de Mun, Maurice Barrès, Clemenceau, Brieux, Édouard Herriot, Gustave Hervé, Émile Hinzelin, Boutroux, Maeterlink, Lavisse, et aussi les lettres, d'humbles et vivantes lettres de soldats, disant vivement, « à la française », comment on combat dans les tranchées, et où l'esprit le dispute à l'émotion. On sent en elles de la vérité, de la verve s'alliant au sentiment : ce sont des pages de sincérité, de conviction. L'École saura les retenir, graver les plus belles d'entre-elles au profond de la mémoire enfantine.

LA POÉSIE A L'ÉCOLE

Nombre de professeurs et d'instituteurs depuis Eugène Manuel, Frédéric Bataille, François Fabié, Henri Chantavoine, d'amis de l'Enseignement comme Jean Aicard, Maurice Bouchor, — pour ne retenir que les noms les plus connus, — ont dédié des vers aux écoliers, et quelques-uns de leurs chants sont devenus classiques. Il semble que même fortune doive échoir aux poésies qu'une institutrice consacre aux enfants.

Mlle Plan ne se livre pas en composant des vers, à un simple assemblage de mots sonores, de rimes patiemment serties. Elle a du métier certes, mais elle a le don. Son inspiration est sincère et, quand elle s'adresse aux tout débutants, sait échapper par la tenue du langage, par beaucoup d'art et de naturel, à la puérilité où donnent tant d'écrivains qui pratiquent la soi-disant littérature enfantine. Mlle Plan sait être claire, simple, facile, tout en fuyant l'enfantillage de l'expression, comme bégayée et chantonnée, à la façon des nourrices. Elle voit et fait voir. Elle a de la flamme et la communique. C'est une enthousiaste qui a de la mesure et du goût et qui fait rayonner de l'enthousiasme.

M¹¹ᵉ Plan n'a pas édité de volumes. C'est dans une revue d'Association de Jeunes filles qu'elle a donné, feuille par feuille, des poèmes dont la réunion formerait un bien joli recueil.

Qu'a-t-elle chanté? La nature, telle qu'elle la voyait et la comprenait, en sa Provence ensoleillée. Elle dit le mistral :

> « Mistral impétueux faisant gris l'horizon
> Et froid, en plein été, le seuil de la maison,
> Et portant les parfums infinis de la plaine... »

Elle dit le pays natal dont elle exalte le charme enveloppant :

> « ...Mon rêve, ce serait, ô ma Provence aimée
> De jouir de ton ciel, durant toute saison,
> De m'amuser, sans fin, de la longue chanson
> Qui monte de tes flots, caressante et rythmée,
>
> Mon rêve ne va pas hors du décor riant
> De tes coteaux joyeux, aux couleurs d'Orient
> Que les ardents étés brûlent de leur caresse.

Elle chante le petit port de Lansons, près Martigues, et en fait une peinture exquise et vraie qu'elle intitule : « Port de rêve » :

> « ... Plus que la mer du large infinie et grondante
> « J'aime ce port tranquille où s'apaisent les flots,
> « Ce petit port de rêve où d'agrestes coteaux
> « S'inclinent en mourant dans l'onde caressante.

Elle célèbre la mer, les « jours voilés et doux de l'automne », et les pins tordus par le vent, et les

collines chargées de lavande, dont s'enorgueillit la
« Gueuse parfumée » comme l'appelait Paul Arène.

Et elle décrit sa classe, le cadre familier où se meut
sa patiente activité. Elle excelle à peindre les petites
fillettes confiées à sa raison et à sa bonté. On devrait
bien l'enclore dans une Anthologie à l'usage de
l'enfance cette pièce intitulée : « *Le Banc des petits
sommeille* » où s'affirme toute la douceur berceuse de
l'institutrice, de la « Maternelle » qui, aux lourdes
journées d'été, ne veut pas réveiller sa couvée mollement assoupie. C'est une page que n'eût pas désa-
vouée, tant le sentiment y est délicat, Desbordes-
Valmore, l'auteur du « Cher petit oreiller, doux et
chaud sous ma tête » que répètent des générations
d'écoliers :

> « La chaleur invite au sommeil.
> Amis ! que votre front vermeil
> Sur le banc doucement s'incline !
> Dormez ! Dormez ! A petit pas
> Les anges viendront bas... bien bas,
> Vous parler de leur voix câline.
>
> « Dormez ! Dormez mes beaux enfants,
> Dormez ! Sous les cieux étouffants
> Se taisent les divins murmures !
> Tous les oiselets assoupis
> Dans leur nid douillet sont tapis,
> Sous la paix des vertes ramures.
>
> « Dormez ! Dormez ! car toute fleur
> Clôt sa corolle à la chaleur
> Qui rend languissante sa tige !
> Dormez ! à cette heure de feu
> Plus rien ne vibre dans l'air bleu,
> Plus d'insecte d'or qui voltige ! »

Ils ont tu leurs babils joyeux !
Et, lentement, fermé leurs yeux,
Mes amours d'oiselets, si sages!
Les voici tous presqu'endormis...
Sur leurs bras couchés... ils ont mis
Leurs frais... leurs candides visages !

Oui ! le banc des petits s'endort !...
Les cheveux bruns, les cheveux d'or
Se frôlent... moi je les caresse !
Parfois, d'un geste gracieux,
S'élève en l'air silencieux
Une menotte que je presse.

Parfois, sous les cils entr'ouverts,
Se glissent de beaux regards... vers
Quelques adorables chimères !
Sur les fronts... je vois voltiger
Un rêve ineffable et léger
Où chantent les baisers des mères !

« Sommeil sacré ! plein de rayons ! »
Sommeil rempli de visions,
Pour la jeune âme, enchanteresses...
Je te contemple et te bénis !
Toi... dont les songes infinis
Mènent au pays des tendresses !

Oiseaux et fleurs... réveillez-vous !
Venez voir tous ces êtres doux !
Mon nid ! ma floraison vermeille !
Venez ! Oh venez ! doucement...
Venez admirer un moment
Le banc des petits qui sommeille.

Mlle Plan ne s'est pas enfermée dans les descriptions ou de paysage ou d'intérieur. La guerre a fait secousse sur son esprit et lui a dicté pour « les petits » des vers qu'ils n'oublieront pas. C'est à cette série qu'elle m'a communiquée que j'ai dû de connaître ses productions antérieures. On les pourrait appeler : « Les chants du soldat de demain. » Ils ont de l'entrain, de l'élan et, par le refrain nerveux, par la strophe ardente, rythment fortement la colère, l'indignation, la foi dans la victoire. Ils sont pour les écoliers comme une virile initiation au sentiment héroïque que la prose, froide et moins pénétrante, ne saurait graver aussi profondément dans les esprits.

Tantôt Mlle Plan, envoie aux pères, aux mères, l'affectueuse pensée de ceux qui « ne voient pas couler leur sang pour venger la terre chérie. » Et elle s'écrie :

> « Oh! nous les entendrons vos sanglots étouffants,
> Nous souffrons de votre souffrance!
> Pères! Mères, vos fils sont un peu nos enfants!
> Ils sont à tous les fils de France. »

Elle invite ses élèves à vivre, par la pensée, près de ceux qui là-bas luttent, peinent pour eux. Elle leur enseigne le devoir qui s'impose à eux dans les épreuves que traverse la Patrie. Elle leur dit avec une simplicité, grave et forte :

> « Il faut apprendre, il faut savoir :
> C'est là ton simple et beau devoir,
>   Et ta vaillance !
> Emplir ton âme, la grandir :
> C'est ta manière de servir
>   Ta chère France. »

Quand fut fondée la « Muse du Blessé » qui, dans les hôpitaux a essayé d'apporter un peu de consolation et de réconfort.

Mˡᵉ Plan en définit avec bonheur la mission :

LA MUSE DU BLESSÉ

Toi qui consoles et qui charmes,
Qui rêves par les purs chemins,
Et dont les diaphanes mains
Comme un baiser, sèchent les larmes !

O Muse ! Claire vision !
Amante des nuits étoilées,
Qu'enchante l'ombre des vallées,
Et que grise un premier rayon !

O source de joie éternelle,
Impérissable et fraîche fleur !
Cri d'extase ! Cri de douleur
Qui nous emportes sur ton aile !

Viens bercer de ton divin chant,
O Muse immortelle et chérie,
Les fils vaillants de la Patrie !
Prends ton rythme grave et touchant !

Garde, dans des flots d'harmonie,
L'écho sévère du canon...
Des martyrs répète le nom
Avec ta tendresse infinie...

Et redis qu'ils seront vainqueurs
Ayant donné toute leur âme !
Que leur sublime et sainte flamme
Elève chaque jour nos cœurs !

O Muse, apporte l'Espérance
A ceux qui versèrent leur sang !
De ton souffle doux et puissant
Exalte leur noble souffrance !

Chante la terre des aïeux,
La terre féconde et si belle,
Et chante que souffrir pour elle
Est le sort le plus glorieux !

> Toi qui consoles et qui charmes,
> Qui rêves par les purs chemins,
> Viens de tes diaphanes mains,
> O Muse ! viens sécher les larmes
>
> De ces héros... de ces enfants
> A qui la France doit de vivre !
> A ceux que ton amour enivre
> Annonce les soirs triomphants.

Et cet hommage aux souffrances subies pour le salut de la patrie, cet hymne de foi excitait chez les blessés un profond sentiment de reconnaissance pour celle qui avait traduit leurs vœux et leurs aspirations, qui avait été leur âme chantante et vibrante.

Ils oubliaient un instant leurs maux quand devant leurs yeux surgissait le rêve de victoire évoqué par l'institutrice-poète.

Un jour, ce fut avant la Noël de 1914, Mlle Plan eut l'idée de joindre un petit envoi poétique aux cadeaux, aux gâteries que les élèves de l'École Edgar-Quinet adressaient aux soldats du front. Les vers étaient joints au paquet destiné à un instituteur combattant dans le Nord.

Cela s'appelait « Offrande ». C'était simple, délicat et charmant.

OFFRANDE

> O cher petit soldat que j'aime,
> A toi je songe bien souvent,
> Toi qui, sous la pluie et le vent,
> Accomplis ton devoir suprême !
>
> Toi qui souffres, toi qui combats
> Pour me garder ma belle FRANCE,
> Toi dont l'ardeur et l'endurance
> Redoublent, chaque jour, là-bas...

Accepte ma modeste offrande,
Je veux te rendre moins cruel,
Hélas! ce beau soir de Noël :
En te l'offrant, ma joie est grande!

Que l'humble présent te soit doux;
Qu'avec ma pensée, il apporte,
A ton âme attendrie et forte,
Le baiser d'amour de chez nous.

PAULINE PLAN,
Institutrice, Sœur-Aînée,
A Marseille.

Or l'Instituteur à qui parvint l'envoi était poète lui aussi.

Et à l'*Offrande*, il répondit par ce billet vraiment chevaleresque, et digne des Cours d'amour. « Merci » est gentiment attendri.

MERCI

A Mademoiselle PLAN.

C'est NOEL, il fait noir, il neige,
Le canon gronde et hurle au loin,
Et je rêve seul dans un coin
De la tranchée qui nous protège.

Car je songe aux Noëls joyeux,
NOELS de jadis pleins de charmes,
Ce soir, c'est le Noël des armes,
Et j'ai des larmes dans les yeux...

Le cher présent nous est bien doux
Puisqu'en ses plis il nous apporte
Le souvenir qui réconforte :
Le baiser d'amour de chez nous.

LÉON GAUDINE,
Instituteur,
115ᵉ Territorial, 2ᵉ Compagnie.

On est dans les tranchées et en pleins jeux floraux, — dans la bataille et en plein tournoi poétique, tout relevé de bonté, d'héroïsme. L' « Offrande » et le « Merci » sont dans une jolie note, bien française et bien humaine.

Mais dans l'École, l'Association des Anciennes Élèves eut l'idée touchante de dédier un tableau aux instituteurs et professeurs morts au champ d'honneur.

Aux morts pour la patrie, Mlle Plan adresse ces vers, intitulés :

BAISER GLORIEUX

Drapeaux ! flottez autour de ces noms glorieux...
Donnez-leur le baiser d'amour de notre FRANCE,
Inclinez doucement, vos plis harmonieux
Sur ces noms immortels ; sacrés par la souffrance,
Et qui firent courir, ensemble, sous les cieux,
Un immense frisson d'orgueil et d'espérance ;
Drapeaux ! flottez autour de ces noms glorieux !

Elle célèbre aussi les « Morts du *Bouvet* », les « Mutilés » à qui elle adresse un « cri d'amour ».

CRI D'AMOUR

O braves ! que la mort effleura de son aile,
O vous ! qu'elle a laissés sanglants sous les grands cieux,
Héros ! qui partagez le destin glorieux
Des sublimes enfants qui s'endorment en elle...

Ecoutez !... C'est le cri de la FRANCE éternelle !
Il s'élève dans l'air frémissant et pieux...
Et c'est le cri d'amour de nos cœurs anxieux
Devant votre grandeur presque surnaturelle !

Comme un hymne fervent, qu'il monte où vous allez...
Qu'il arrive à votre âme, ô nobles mutilés,
Et vous apporte encor de la douceur de vivre...

O vous ! que sans pleurer nos yeux ne peuvent voir !
Vous ! dont le sacrifice est si beau qu'il enivre...
Symboles douloureux du suprême devoir !

Mais sa Muse ne s'attriste pas toujours. Elle annonce les joies de la victoire prochaine. Elle fait entendre un joyeux hosannah dédié aux drapeaux de 1870, sortis à l'occasion du voyage fait en Alsace par le Président de la République. Elle sait devenir épique, avoir de la force et de l'envolée :

RÉVEIL GLORIEUX

Sublimes, dans le vent libre de notre ALSACE,
Drapeaux, vous le saviez qu'un jour vous flotteriez,
Que vos pâles couleurs près de nos verts lauriers
Chanteraient sous le ciel profond l'hymne de grâce !
Drapeaux vous le saviez, et lors vous demeuriez
Frémissants dans l'attente et superbes dans l'ombre,
Et portant dans vos plis le grand rêve des morts !
Drapeaux ! l'heure est venue et leurs fils sont plus forts
Et leurs cœurs éblouis redoublent de vaillance !
Drapeaux ! l'heure est venue et la FRANCE s'élance,
Et voici que soudain vous claquez sous nos murs !
Et vous êtes si beaux, et vous êtes si purs,
Sacrés de tant d'amour qu'à votre vue on crie,
O vous que nos mourants ont rendus à la vie,
Vous pour qui vont s'ouvrir tant de pieux tombeaux !
Que vous nous arrachez des pleurs, ô fiers drapeaux !
Sublimes dans le vent libre de notre ALSACE,
Drapeaux, vous le saviez qu'un jour vous flotteriez.
Que vos pâles couleurs près de nos verts lauriers
Chanteraient sous le ciel profond l'hymne de grâce !
Drapeaux, vous le saviez que vous nous vengeriez !

Il a vraiment du souffle ce poème d'une Institutrice provençale chantant la libération de l'Alsace. On les a lus et relus ces vers sous le préau d'École qui réunit élèves et anciennes élèves, très fières de compter parmi elles une émule de Desbordes-Valmore et de Mme Tastu qui, elles aussi ont chanté l'École et la France. Je suis convaincu qu'on aura plaisir à les connaître ailleurs que dans un groupement de jeunes filles, car ils sont parmi les meilleurs qu'ait inspirés la Grande Guerre.

CUIVRE ROUGE

Il n'est guère, au front, de soldats qui n'aient été adoptés comme filleuls et, dans les écoles, les marraines, grandes et petites, abondent. Les écolières jouent volontiers au « marrainage », — je risque ce néologisme qui est le frère de parrainage —.

Les marraines cousent, tricotent, travaillent de tout cœur pour leurs filleuls qui, souvent, répondent par un gentil remerciement à la gâterie dont ils ont été l'objet. Des lettres sincèrement émues, respirant l'enthousiasme, et parfois fort spirituelles, ont été adressées par des soldats inconnus à des correspondantes inconnues.

Tout récemment, je me suis trouvé dans une école sise à Paris sur le plateau de Belleville, dans une école qui était la marraine d'un régiment. Chaque classe y a adopté une compagnie. Et entre l'école et le régiment c'est comme une émulation de témoignages, chez les fillettes, d'utile bonté, chez les soldats, de respectueuse reconnaissance.

L'École-marraine envoie des chandails, des chaussettes, des cache-nez, du tabac, du chocolat, mille douceurs.

Le Régiment-filleul répond par de menus objets, fabriqués avec un art très ingénieux et qui font la joie de celles à qui le sort les attribue.

Dans une classe, on m'a montré une bague, un coupe-papier, une liseuse en beau cuivre rouge qui n'étaient pas « made in Germany », par les poilus, mais qui venaient tout droit d'un obus ou bien d'une balle fabriqués à Essen. On avait mis les trois glorieux brimborions en loterie et les trois gagnantes étaient très fières et très heureuses d'avoir été favorisées par la chance.

L'envoi à la classe avait été accompagné d'un dessin à la plume fait par l'un des artistes qui avait façonné les bijoux des étrennes dédiées aux petites fées de l'école. Et en marge du croquis qui représentait deux soldats fignolant, dans une tranchée, un mignon souvenir, était calligraphié un Sonnet, joliment ciselé, ma foi, et où un soldat poète a enfermé le sens symbolique qu'exprimait l'aimable don fait par le Régiment-filleul à l'École-marraine.

Il s'appelle ce sonnet, sonnant fièrement l'entrain et la vaillance, « *Cuivre rouge.* »

Les marraines l'ont appris par cœur et il méritait bien d'être confié à leur mémoire :

      ... Régiment... d'Infanterie.

Hommage respectueux et reconnaissant des Poilus de la 9ᵉ Compagnie,

CUIVRE ROUGE

Rutilant, précieux, j'ai bagué de mon or
Les obus. — Le canon, de son âme de crime,
M'a vomi : sa morsure à mon collier s'imprime...
J'ai peut-être tué car je portais la mort...

Ceux que pouvait toucher mon fulgurant essor
M'ont ramassé, terni. — Patiemment, leur lime
Avec un soin jaloux me nettoie et s'escrime,
Derrière les créneaux, à me refaire un sort.

Liseuse, j'ouvrirai les fébriles missives
Que, les soirs de combats, les pauvres mains hâtives
Des soldats harassés griffonnent au crayon ;

Coupe-papier, j'aurai l'orgueilleux apanage
De frôler tes feuillets, Livre, où sur chaque page
Les Poilus, dans la Gloire, auront inscrit leur nom.

(Tranchée 216, 3 Novembre 1915).

Et l'auteur ?

Il s'appelle Ch. Demigne. Son sonnet a été à l'honneur. Il a fourni matière à une lecture expliquée et à une récitation. Et les marraines ont fait retentir les rimes de « Cuivre rouge » avec toute leur voix d'or.

LES VACANCES DE 1915.

Août et septembre 1915 ont renoué la tradition, interrompue par la guerre, dans l'été de 1914. L'École a connu des vacances qui avaient été vaillamment gagnées.

Sans doute, pour répondre au désir de certaines

municipalités, aux nécessités économiques qui, dans quelques agglomérations urbaines, éloignent du foyer les mères prises par l'atelier, des garderies ont fonctionné. La fréquentation en a été plutôt médiocre. Les femmes que le travail extérieur ne réclame pas — et ce sont, par bonheur, les plus nombreuses — préfèrent, aux heures d'attente et d'épreuve, avoir auprès d'elles l'enfance qui, dans la maison, met la vie, le rire, le bruit, le « divertissement » permis. L'insouciance, la facilité d'oubli, la caresse d'une écolière, d'un écolier, ont ramené parfois le sourire sur des lèvres closes à la gaieté.

Institutrices, instituteurs, à la faveur d'un roulement équitablement établi, ont pu fournir, sans grande peine, le travail qui leur était demandé, et aussi, après deux années d'intense surmenage, prendre un peu de repos.

Demi-repos, au vrai. Les instituteurs, les institutrices, secrétaires de mairie, ou titulaires ou remplaçant les maîtres mobilisés, ont été rivés à l'école, ont continué à assurer le « service de guerre » : statistiques, réquisitions, actes de toutes sortes, lettres, annonce de nouvelles si souvent douloureuses, etc. Ils n'ont pu, ceux-là, prendre un congé qui eût tourné pour eux à remords, qui eût été considéré comme un abandon de poste. Comment interrompre l'exercice de fonctions nécessaires à l'intérêt public? Comment songer à ses commodités personnelles, quand on voit, à la campagne, les paysannes se substituer aux cultivateurs? Entraînés par le noble et généreux élan qui emporte l'activité nationale, ils n'ont pas voulu, ne fût-ce qu'un jour, renoncer à un labeur qui est un honneur et qu'ils effectuent, non en simples salariés, mais en collaborateurs passionnés.

D'autres ont imité leur exemple et sont demeurés au foyer. Dans le milieu qui leur était familier, ils tenaient à attendre les nouvelles des absents qui combattent les uns à la frontière, les autres en Orient. Pourquoi se déplacer et se mettre au hasard douloureux de n'être touchés que tardivement par la lettre anxieusement espérée ?

D'autres aussi, que le deuil avait frappés, ont voulu vivre dans leur douleur, consacrer à la mémoire des chers morts, toute la piété, toute la ferveur de leur amour, eux qui, pris par mille travaux, au cours de l'année scolaire, avaient, en classe, devant leurs élèves, refoulé leurs larmes, dissimulé leur tristesse.

C'est le sort en effet de quiconque exerce une fonction publique. Il a ses soucis personnels qu'il doit écarter pour entrer plus avant dans les soucis des autres qui ne pardonneraient pas une défaillance même chez un père, chez une mère frappés en plein cœur.

Les vacances ont permis aux affligés de s'isoler dans leur glorieuse affliction. A faire sa part à l'humaine nature qui impose ses droits, ceux qui ont souffert trouveront réconfort, passion de se dévouer pour les générations qui montent.

Nombre d'enseignants ont pu quitter l'école. Mais qui d'entre eux aurait pu songer aux excursions, aux voyages qui, les années précédentes, les attiraient souvent au loin ? Ils ont refait en pensée les sorties d'autrefois. J'en ai vu qui m'ont rappelé, avec émotion, le souvenir d'une visite faite en commun aux champs de bataille de 1870, à Metz, à Strasbourg, et qui se promettent bien de la renouveler, un jour, mais sur terre française.

En 1915, même quand ils se sont déplacés, ils ne se sont guère éloignés du centre où ils exerçaient. Ils sont allés vers la famille, dont partout les liens se sont resserrés. Ils ont demandé à la montagne, à la forêt, à la mer, un peu de calme et d'apaisement, après tant de secousses et d'angoisses. Demain, ils pourront reprendre, au village, leur rôle de fermes conseillers, de professeurs d'énergie patriotique. Et demain, les institutrices reprendront leur œuvre, dans l'école, qu'est atelier national.

L'ÉCOLE PRÈS DU FRONT

L'École, au début de 1916, après six saisons de guerre, rentre peu à peu, à l'arrière, en possession des locaux réquisitionnés, reprend ses habitudes, son travail normal.

L'École, dans la zone des armées, dans le voisinage des tranchées, là où les passages de troupes, les services de l'intendance, de la Croix-Rouge, de l'État-Major, n'exigent pas une occupation permanente, l'École, rallie l'enfance rurale, s'ingénie à n'interrompre que rarement sa laborieuse tâche.

Et l'École, près du front, ne se borne pas à travailler, pour l'écolière, pour l'écolier, elle travaille pour le soldat. La France scolaire, à l'Ouest, au Centre, au Sud, a fait un admirable effort pour les œuvres de guerre. La France scolaire du Nord, de l'Est, malgré les pertes subies pendant l'invasion, au lendemain de Charleroi, malgré les obstacles et les dangers, a revendiqué sa part de collaboration patriotique.

Se doute-t-on que dans l'arrondissement de Dunkerque, l'Inspecteur primaire résumant ce qui avait été fait par l'École pour les Œuvres de guerre a pu donner, en avril 1915, cette magnifique statistique : objets confectionnés, 15.688 ; — achetés, 2.108 ; — remis à neuf, 725. Total : 18.521. Somme consacrée à l'achat des matériaux ou des objets : 24.826 fr. 15. Les quêtes ont produit : 21.826 francs.

Veut-on quelques chiffres fournis par la circonscription d'Amiens-Sud ? Dans un rapport dénombrant les objets confectionnés pour les soldats, on peut noter entre autres : 2.664 cache-nez, 4.914 paires de chaussettes, 816 paires de semelles, 1.298 paires de chaussons.

Il serait aisé de donner des statistiques, aussi émouvantes et aussi probantes, pour l'Oise, Meurthe-et-Moselle, l'Aisne, les Vosges.

Un arrondissement du Pas-de-Calais, celui de Saint-Pol, peut être présenté comme un des exemples les plus saisissants de ce qu'est la vie scolaire et post-scolaire, presque en bordure des tranchées, trois sur six des cantons sont à la limite du front. Des soldats par milliers remplissent des petites communes depuis le mois d'octobre 1914 ; les réquisitions se sont forcément succédées ; la plupart, des granges et abris sont troués, éventrés, offrent un aspect lamentable. N'importe. On travaille dans les écoles publiques. On travaille aux cours d'adultes. Et, au son du canon, se mêle le verbe confiant et ferme des institutrices et des instituteurs.

Le 2 décembre 1915, l'Intendance de Boulogne confiait 100 kilos de laine aux écoles de filles. Dans l'espace de huit jours toute cette laine a été transformée en chandails.

Depuis la rentrée d'octobre 1915, les fillettes de la petite ville de Saint-Pol, toutes enfants d'ouvriers et de petits employés, ont participé, avec le « Sou de la semaine » à l'Œuvre de l'Œuf du soldat. Elles en ont distribué 561, avec du chocolat, du beurre, des sous-vêtements, aux blessés, aux malades, qui passent journellement.

La souscription pour les orphelins a produit dans les écoles : 6.400 francs. Celle des réfugiés : 3.400 francs.

La Mutualité scolaire, — le fait est à souligner pour d'autres groupements situés loin, bien loin, de la zone dangereuse, — fonctionne normalement.

L'Aide Agricole, fondée en 1911, et qui associe si étroitement l'École à la vie rurale, a pu souscrire pour 3.000 francs à l'Emprunt.

119 Cours d'adultes ont pu s'ouvrir. La lecture populaire a été en honneur. L'Inspecteur primaire, M. Mercier, écrit : En prose, on a lu des morceaux recueillis dans les journaux, à caractère patriotique principalement, civique, littéraire, moral, récréatif. On a fait des emprunts à Erckmann-Chatrian, About, Rambaud, Theuriet, G. Sand, Mme de Ségur. En vers, les lectures faites ont été des lectures lyriques en premier lieu. L'auteur préféré a été V. Hugo. On en a tiré aussi de Déroulède, Claretie, Manuel, Fabié et même de Molière. Les journaux ont été lus, com-

mentés. On peut dire que toute la population suit la marche des événements, avec fermeté et confiance. »

Et pendant qu'à deux pas de l'ennemi, institutrices et instituteurs font la classe stoïquement, ou bien se rendent en foule, par les routes défoncées, aux Conférences pédagogiques, 80 instituteurs besognent ferme sur le front.

Ce n'est pas seulement au son du canon, c'est sous les bombes que l'École a fonctionné à Reims. On l'a installée dans les caves de maisons de Champagne.

M. Forsant, inspecteur primaire, à qui l'appui d'un maire héroïque, le docteur Langlet ne manqua jamais, a fondé « l'École souterraine », ainsi qu'il l'appelle.

Depuis décembre 1914 fonctionnent l'École Joffre, avec les classes Foch, Sarrail et Albert Ier, l'École Dubail, l'École Garibaldi, l'École Maunoury situées en pleine zone dangereuse, parfois dans des quartiers où, par ordre, on ne laisse pas circuler les facteurs. Au mois de juin 1915, sur 715 élèves, 498 recevaient l'enseignement dans les caves.

Et les leçons n'ont pas été infructueuses. Le certificat d'études a été passé par 28 enfants, dont 18 garçons. Ce fut la promotion du bombardement.

Autour de M. Forsant et du docteur Langlet, un personnel d'élite n'a cessé de se grouper. La plupart des maîtres étant mobilisés, ce sont surtout des institutrices qui, quatre fois par jour, risquent leur vie dans des rues où il reste peu de maisons indemnes, offrant un abri en cas de danger. Elles affrontent bravement le péril, pour se rendre au poste de devoir et de dévouement, à l'École « souterraine ».

La classe finie, les 20 institutrices disponibles à Reims travaillent pour le soldat.

L'ingénieuse innovation, due à M. Forsant ne vaut pas seulement par son originalité forcée, elle a pu arracher quelques centaines d'enfants à la rue, a facilité la continuation de leurs modestes études. Elle a rendu service à des familles durement éprouvées. Elle a économisé quelques vies humaines.

14 institutrices, 4 instituteurs, « cavistes » improvisés, assurent le fier service de l'École souterraine. N'ont-ils pas bien mérité de l'École et du pays ?

V

CHEZ LES ADOLESCENTS

RENTRÉE DE COURS

Que deviendra l'éducation populaire en ces années sanglantes où tous les actes, toutes les pensées sont comme absorbés par la guerre, où le travail intellectuel est consacré tout entier à l'exaltation du sentiment patriotique, où rien ne compte, et à raison, qui n'est pas, d'une part collaboration étroite aux œuvres d'assistance, de santé, ou bien, d'autre part, lutte pour la libération du territoire et la victoire finale ?

Une circulaire, d'éloquence prenante, a été adressée aux instituteurs, aux institutrices, qui en nombre de villes et de villages remplacent, avec tant d'ardeur à l'ouvrage, les instituteurs partis au front, aux Sociétés d'instruction populaire qui maintiennent de leur mieux les chaires dont les titulaires ne sont plus en âge de porter les armes.

Mais il faut s'attendre à une forte diminution dans

le nombre des Cours d'adolescents et d'adultes. Les locaux manquent qui abritent des troupes, les maîtres manquent, et les élèves aussi qui, illettrés ou non, font, avec même bravoure, leur devoir à la mouvante frontière de poitrines et de baïonnettes opposée à l'ennemi.

Pourtant, sur quelques points du territoire, les classes du soir et de demi-temps ont repris. L'auditoire est surtout féminin, et, chez les garçons, ce sont presque des enfants qui sont devenus les Étudiants Populaires.

La rentrée qui, si souvent, s'accompagnait de distribution de prix, de concert, et aussi de discours, s'est faite simplement, modestement, et a revêtu partout un caractère empreint et de gravité et d'intimité familiale.

J'ai assisté à une réouverture à Marseille, où la vieille Association Polytechnique a une filiale prospère.

Le président, M. de Montricher, en costume de commandant, — il est mobilisé, — préside la séance qui a lieu dans une salle prêtée par une Société amie, car, pour cause de cantonnement et de convenance militaire, la Polytechnique est chasssée, dans la ville et la banlieue, de ses Pénates accoutumées[1]. Il fait une causerie sur la guerre, sur ses origines diplomatiques. Il rappelle les luttes de 1870 où déjà il était sous les armes. Il dit sa foi dans le triomphe du droit. Il fait, sans phrases, sa « première classe », comme on l'a fait dans toutes les écoles de France, avec l'autorité que

1. M. de Montricher est mort, noble victime du devoir, en janvier 1916.

donne en lui, à l'orateur, le témoin doublé de l'acteur. Un silence empreint de religieuse émotion accueille ses paroles, et au récit des atrocités commises par la horde teutonne, dans le regard de plus d'un jeune auditeur qui prématurément sera soldat, on voit luire une flamme de colère vengeresse.

Le président annonce que le nombre des leçons sera réduit, car bien des maîtres et des élèves ont échangé le livre pour le fusil. Il indique les matières qui seront professées, et dans quels locaux de fortune, car les écoles sont et seront longtemps occupées et cherchent souvent en vain, elles-mêmes, un asile leur échappant à mesure qu'elles croient le tenir.

Il fait savoir qu'une conférence d'actualités sur la guerre sera donnée, chaque semaine, par un collaborateur versé dans la critique militaire. C'est un essai de Journal parlé expliquant et commentant le communiqué, avec croquis au tableau, et s'appliquant aux différents fronts de guerre. Au vrai, ce sera un Cours de géographie mondiale qui fournira à plus d'un l'occasion de s'initier à la connaissance du globe.

Et le président-officier termine en parlant de tricots, de chandails, de bas et de cache-nez, et il fait savoir que la Polytechnique s'ingéniera à tenir un Ouvroir où l'on tricotera pour les soldats. Dans la guerre actuelle, la laine que tresse la main des femmes rend des services à la Patrie comme le fusil et comme le canon.

La défense de la santé assure la défense du sol.

ÉD. PETIT.

DANS UN COURS D'ADULTES

Le Cours d'adultes n'a pas été emporté par la tourmente, en 1915, en 1916 comme en 1871.

Certes il a changé d'aspect; il a modifié ses programmes; il les a adaptés aux nécessités inspirées par la guerre.

L'âge des disciples n'est plus le même.

Vous n'y verrez plus le jeune homme qui vient réviser son savoir, à la veille de l'examen des recrues, car, pour la grande levée nationale, on n'a guère procédé qu'à un examen de santé, et souvent sommaire. N'y cherchez pas l'illettré que l'on dépistait hier encore, à si grand'peine, pour le débrouiller, avant l'entrée au régiment. L'illettré se bat, et se bat bien. Le fusil est moins lourd à sa main que la plume et le livre. Et bien souvent je le trouve dans une salle d'hôpital, priant l'infirmière d'écrire de ses nouvelles à la famille anxieuse.

Les auditeurs ont de quatorze à dix-sept ans, et ceux-ci s'attendent à ne pas être oubliés et à grossir l'Armée de la Revanche.

Hors de l'École, ils s'entraînent déjà sous les ordres des moniteurs qu'ont suscités les Chéron, les Lattés, les Mérillon, les Charles Cazalet, les Désiré Séhé, qui ont tant fait pour la culture physique et la préparation militaire.

Le plus grand nombre a quinze ans. C'est l'âge moyen que j'ai noté dans de nombreuses visites faites, au cours de l'automne et de l'hiver, et dans des régions différentes.

Je revois à X... une école du soir ouverte en plein quartier populeux et fréquentée assidûment.

Il fait froid, il fait noir dehors. Et pourtant l'assistance est nombreuse et le registre des présences, tenu avec une scrupuleuse probité, m'informe que, trois fois par semaine, on vient régulièrement au Cours. Ils sont là une trentaine qui se penchent sur les cahiers, font des problèmes pratiques ajustés à leur profession, qui s'exercent à des rédactions, à des lettres dont ils tireront parti, sous l'intelligente direction d'un maître qui connaît à fond le milieu et qui sait entraîner la jeunesse populaire dans le sens de l'orientation qu'il faut lui imprimer.

Elle est vraiment méritante cette élite qui consacre sa veillée à conquérir de haute lutte un savoir élémentaire, dont l'obligation d'obtenir vite un gagne-pain l'a forcée d'abandonner la lente et sûre acquisition, aux années d'enfance.

Ces demi-adolescents qui se courbent sur les pupitres ont peiné de l'aube au soir. Ils remplacent, bien qu'encore faibles, les aînés partis à la guerre. Ils fournissent de dures et longues journées de labeur. Ils se surmènent.

Celui-ci m'informe, et sa déclaration est exacte, qu'il est, le jour, employé de banque, qu'il aide, la nuit, à faire le pain, quand il ne vient pas recevoir un supplément d'instruction. D'autres sont garçons de magasin, commis, ouvriers, sans avoir presque fait d'apprentissage. On m'en signale un qui est maçon et qui a été le héros d'une aventure récente, signalée par la Presse. Il a quinze ans à peine et, au départ des « Coloniaux », il s'est glissé à leur suite pour accompagner son père qui partait pour le front. On ne l'a pas voulu. Il a été ramené au pays et il travaille ferme pour aider à nourrir frères et sœurs qui sont nombreux au logis.

Il va de soi qu'une lecture patriotique est faite avant la clôture et que, devant la carte, déployée près du tableau noir, a lieu le commentaire toujours attendu, et avec quelle émotion profonde, du Communiqué officiel. Il va de soi aussi que le Cours d'adultes est associé aux OEuvres d'assistance qui, dans ce coin de France, comme dans tout le pays, ont si souvent comme foyer d'action l'école publique.

L'école du soir, comme l'école du jour, chez les garçons, fournit le plus d'argent qu'elle peut à l'école de filles qui, elle, fournit le travail. C'est l'aide mutuelle pour la Mutualité nationale qu'est la Patrie.

L'ÉLITE ET LE DÉCHET

L'idée d'obligation semble, depuis la guerre, gagner du terrain en matière d'instruction populaire, — je ne dis pas d'éducation sociale, car le champ ouvert aux OEuvres qui se réclament de l'initiative privée sera toujours le domaine de la liberté.

J'entends dire, et par des amis de l'école, sincères et dévoués : « Peut-être faudrait-il d'abord assurer tout modestement et simplement l'obligation scolaire. »

J'entends dire aussi par les témoins attristés de

tentatives plutôt décourageantes : « L'obligation obtient un franc succès en théorie. Elle est matière à de belles discussions parlementaires. Elle triomphe dans les textes législatifs. Mais passe-t-on à l'application ? Seuls réussissent les articles de loi qui, sans aucun sacrifice, apportent un avantage aux intéressés. Voyez la loi sur les retraites. Voyez... »

N'importe. Comme des milliers d'adolescents à qui le dévouement des instituteurs offre l'aide des cours d'adultes, librement organisés, n'en profitent pas librement, on veut qu'ils soient contraints d'en bénéficier.

L'essai peut et doit être tenté si l'on est sûr, et d'obtenir des sanctions suffisantes, et surtout d'obtenir qu'elles soient appliquées.

Ce que l'on est en droit d'exiger, c'est un minimum de connaissances que doit posséder un homme qui fait partie du Souverain.

Il n'est pas interdit d'espérer que, sauf pour les affaiblis et les anormaux dont le nombre va d'ailleurs croissant avec les progrès de l'alcoolisme, l'on arrive, avec un système convenablement organisé, à réduire à un minimum acceptable le nombre des illettrés.

Mais ce que l'on peut appeler le programme limitatif étant atteint, aura-t-on achevé l'œuvre nécessaire ?

Non certes. L'instruction post-scolaire est à deux degrés.

Il n'est pas inutile d'entraîner malgré eux, dans l'école prolongée, les indifférents, les paresseux, les mal-doués, qui seront obligés d'apprendre quelques notions élémentaires.

Mais, en démocratie, il est urgent d'enseigner surtout ceux qui veulent être enseignés, qui n'ont pu, faute d'un peu d'argent, continuer leurs petites, leurs courtes études.

Comme le dit avec un rare bon sens, dans la Revue lyonnaise *L'Adolescence*, un professeur très distingué, M. Dutacq : « L'éducation post-scolaire n'est pas, ne doit pas être un rouleau niveleur créant l'égalité par en bas, mais un moyen d'élever, d'élargir l'élite indispensable. A ceux qui ne peuvent ou ne veulent tendre leurs facultés, nous n'avons rien à imposer, sauf à venir tenter l'épreuve d'amélioration avant de les jeter dans la masse inerte et inconsciente qu'on diminuera peut-être, qu'on ne supprimera jamais. C'est par une sélection sans cesse poursuivie, jusque dans les couches les plus profondes de la nation, qu'un pays vit et prospère, et non par l'égalisation démagogique des intelligences et des incapacités, des activités et des paresses. »

Le Cours d'adultes — on l'oublie trop — a servi et servira encore longtemps à l'élite, aux étudiants volontaires, toujours sûrs de trouver devant eux des professeurs volontaires.

L'élite se réclamera toujours de la liberté.

Quant au déchet laissé par l'école, qui, légalement, est obligatoire, on doit essayer, peut-être par la force légale, de lui inculquer une culture rudimentaire. Mais qu'on ne s'y trompe pas. Les raisons économiques et sociales qui, à l'heure où la main-d'œuvre se raréfie, valent pour l'enfance ou plutôt contre l'enfance, vaudront encore plus contre l'adolescence — dont les aînés auront disparu.

Mais en attendant la contrainte de la loi, ayons la sagesse et la prudence, malgré critiques et railleries, de continuer patiemment et modestement l'effort libérateur. Les jeunes gens de douze à dix-sept ans qui formeront de plus en plus les recrues de l'école prolongée, seront forcés par les événements de réclamer un supplément d'instruction. Sous la poussée de l'intérêt, ils accourront nombreux au Cours d'adultes, qui deviendra de plus en plus un Cours d'adolescents. Et d'elle-même se formera l'élite, de lui-même s'éliminera le déchet. Nécessité fait loi, — plus que la loi.

LES « PETITES A » TRICOTENT

Les « Petites A » féminines, Cercles d'amitié, d'entr'aide, étaient, avant la guerre, de petites personnes rieuses, qui, disait-on, aimaient fort le chant, la danse, invitaient volontiers parents et relations, dans les quartiers populeux des villes et dans les villages, aux fêtes données dans l'École. Elles mettaient de côté, avec grand soin, leur épargne collective pour faire une excursion, un voyage, les citadines, aux champs, les rurales, aux cités prochaines.

Certes, elles se réunissaient pour s'instruire un peu, revoir ce qui avait été si vite entrevu aux primes années, entendre de belles lectures, des causeries d'actualité, surtout quand la lanterne magique faisait défiler, devant les yeux, monuments célèbres et sites pittoresques. Étaient-elles volontiers gourmandes ? Peut-être. Elles cultivaient l'art culinaire, et s'initiaient aux recettes permettant de faire chez soi bonne chère à bon marché. Même elles se haussaient à la science de l'Économie domestique. Elles vivaient ainsi, donnant leurs loisirs à d'utiles délassements, se fiant à la sécurité de l'heure présente, insoucieuses de l'avenir.

Les « Petites A », secouées profondément par les événements tragiques qui éclatèrent comme un coup de tonnerre dans un ciel serein, devinrent tout à coup sérieuses. On disait volontiers d'elles : « Elles aiment trop les réunions frivoles pour faire œuvre utile. Qu'attendre de groupements qui ont voulu surtout être récréatifs ? » Mais vite, elles se sont ressaisies. La critique a dû désarmer. En quelques jours, grâce à la souplesse de leur organisation, grâce à la volonté d'action, au sens des réalités pratiques qui animaient les Éducatrices encadrant leurs Comités, grâce à l'esprit d'initiative dont toutes les « associées » étaient pénétrées, et à l'élan patriotique qui exaltait leurs jeunes énergies, les « Petites A », patiemment, continûment, ont offert et fourni une large part de collaboration dans la Défense Nationale. Elles ont contribué à protéger la santé du soldat, contre le froid, la pluie, les changeantes intempéries des saisons. Elles ont ouvert combien « d'Usines de guerre » aux fournitures et munitions toujours renouvelées, selon les besoins de l'heure. Elles sont devenues, s'élargissant en Ouvroirs et en Vestiaires, dans des milliers de villes et de villages, l'ardent foyer de l'action féminine ralliant au drapeau les travailleuses, les vaillantes qui oubliant les différences d'opinions politiques ou bien religieuses, ont répondu à leur appel, communié dans la même foi nationale. Elles ont couru à leur arme : l'aiguille, — l'aiguille à coudre, puis l'aiguille à tricoter.

Les « Petites A », certes, n'ont pas laissé d'éprouver quelques difficultés quand elles ont assemblé et les écolières, et les sœurs aînées, et les mères de famille, quand elles ont formé en faisceau bonnes volontés et dévouements dans la grande conscription des « tricoteuses ».

Car les « Petites A », faut-il l'avouer, ne savaient guère tricoter. Mais où est la perfection? Que de fois, au cours de tournées, quand fillettes, jeunes filles et mamans, s'activant à l'ouvrage, sous un préau, dans une classe, étalaient devant mes yeux, non sans légitime fierté, des monceaux de cache-nez, passe-montagnes, chandails et bas de laine, dûment faits par elle, oui, que de fois, après avoir félicité les ouvrières improvisées, ne leur ai-je pas posé cette question peut-être indiscrète : « Combien d'entre vous, en juillet dernier, savaient tricoter? » Peu de lèvres disaient : « Moi ». Peu de mains se levaient dans un geste affirmatif. Même, par pli de métier, j'ai, sur mon carnet de route, noté de probantes statistiques. Il résulte de mes petits calculs que neuf coopératrices sur dix, surtout à la ville, ne savaient pas tricoter avant la guerre. Et ce furent les mères et les grand'mères, qui, héritières de la tradition, les initièrent, dans les campagnes, à une science dont le secret se serait perdu, sans la grande pitié qui régna dans l'hiver de 1915 au pays de France, pour les souffrances du petit soldat.

Les « Petites A », n'ont pas, comme la femme de

l'Écriture, filé la laine, mais, quand elles ont su la manier, elles l'ont pliée à tous les usages qu'a commandés le bien-être des imberbes « poilus » qui combattaient au front. Elles ont tricoté sans trêve, sans lassitude, avec une sorte de passion. Elles ont tricoté à l'École, au foyer, à la promenade, et aussi à la veillée. Elle ont accompli des miracles d'économie, d'ingéniosité, pour se procurer la laine, quand elle devint rare et coûteuse. Elles s'étaient mises un peu tard à l'ouvrage, car elles ne croyaient pas à une campagne d'hiver. Elles s'imaginaient volontiers, un peu comme tout le monde, qu'avec les engins de destruction dont on disposait, deux ou trois grandes batailles rangées mettraient vite fin à la mêlée sanglante. Mais l'erreur a été courte et le temps perdu en hypothèses stratégiques, vite rattrapé. Elles ont assuré en province, avec l'École dont on ne peut les séparer, un vrai service public de l'arrière qui a permis de tenir à ceux de l'avant.

Les « Petites A » ont tricoté tout l'automne, tout l'hiver, elles qui avaient chanté tout l'été. Elles tricotèrent encore au printemps. Elles tricoteront tout l'été, avec entrain, en modifiant les « articles » de leur production gratuite. Elles demandent qu'on leur indique avec précision quelles pièces, quels objets elles doivent œuvrer et fournir. Elles ont le désir sincère qu'on les tienne au courant des progrès et améliorations que réclame la fidèle et reconnaissante clientèle de leur vraiment économique manufacture. Même elles délaissent la laine pour la toile, pour le tulle, pour la corde. Elles fabriquent des éventails, des moustiquaires, des pare-soleil, des « suroîts », des

« cagoules », des masques, — que les commandants appellent, par dérision, des « cataplasmes », — pour protéger les soldats contre les gaz asphyxiants. Et comme elles sont devenues prévoyantes, elles reviendront bientôt à la laine, aux temps chauds, pour les temps froids. Et elles répéteront, pour se donner du cœur à l'ouvrage, de l'agilité au doigts, la *Chanson des aiguilles* composée pour elles par Marylie Marcovitch, et dont la dernière strophe synthétise leurs espérances :

« Pouce à pouce et maille après maille
« Nous repousserons l'Allemand.
« A chacun son champ de bataille :
« Aiguilles de France, en avant ! »

LES PETITES A COMBATTENT

Les Associations d'anciens élèves, nées autour des écoles, qui, en 1914, tenaient des Congrès à Amiens, à Charleville, à Saint-Etienne, à Lyon, à Cherbourg, qui venaient de fonder deux Offices, l'un pour les Ardennes, l'autre pour la région du Sud-Est, qui donnaient des fêtes, des concerts, organisaient excursions et même voyages, ont reçu fortement le contre-coup de la guerre.

On en comptait 4.960 en 1914, elles sont 3.162 en 1915. Il est vrai qu'il faut défalquer du premier total 107 Petites A de l'Aisne, 21 des Ardennes, 61 de la Marne, 62 de la Meuse, 303 du Nord, 93 de l'Oise, 401 du Pas-de-Calais, 216 de la Somme...

Les Petites A ont passé brusquement de l'École au front de guerre. Elles ont vu partir de leurs formations civiques plus de 250.000 jeunes hommes qui ont pris le fusil et qui ont vigoureusement agi dans « l'active ».

L'adolescence ouvrière et rurale était d'ailleurs soumise dans un très grand nombre de Petites Amicales à un entraînement singulièrement intensif dont on ne parlait guère, car il était inutile de mettre en relief ce que l'on obtenait dans le présent, d'escompter bruyamment ce que promettait et ce qu'a tenu l'avenir. Ceux qui devaient être les conscrits de demain, les Marie-Louise de 1915, fréquentaient les stands, les terrains de jeux, les champs de manœuvre. La culture physique était fort poussée. Par mode, par désir et nécessité de fortifier la race, on avait comme exalté le goût, parfois tournant à la passion effrénée, qui se manifestait, parmi la jeunesse, pour les sports, la marche, la course, le foot-ball. Des instituteurs, sortis de l'école de Joinville, et qui devaient se couvrir de gloire dans la grande guerre, servaient d'instructeurs, combinant leurs efforts avec des officiers d'élite qui se transformaient, de jour en jour davantage, en éducateurs populaires.

Tantôt des groupements autonomes de jeunes gens étaient institués dans les communes, se donnant pour objet exclusif la formation du soldat, la préparation au Brevet d'aptitude militaire; tantôt des sections s'organisaient dans les Petites A même, qui se rattachaient à l'U. F. S. A. (Union française des sports athlétiques), ou aux trois grandes Sociétés de tir, de gymnastique, de préparation militaire, dont les trois présidents, qu'on n'admirera jamais assez pour leur fougueuse et patiente propagande : Mérillon, Charles Cazalet, Adolphe Chéron, ont tant contribué à donner vigueur et adresse aux générations nouvelles, à entretenir dans leur cœur la flamme du patriotisme.

Dans le Rapport officiel de 1914, paru quelques semaines avant la déclaration de guerre, je signalais l'existence de 2.000 sociétés scolaires ou post-scolaires de sports athlétiques, de tir, de préparation militaire.

A Rennes, en 1914, au Concours national des Sociétés de gymnastique, les Petites A avaient obtenu de prendre part, pour la première fois, aux épreuves et fait bonne figure à côté des délégations des lycées et des régiments.

Charles Cazalet avait compris quel parti l'on pouvait tirer des groupements qui, depuis vingt ans, se constituaient et s'affermissaient patiemment et qui contenaient l'élite de la jeunesse populaire, destinée à servir de cadre à « ceux de demain », dans la Cité et dans l'Armée.

L'U. F. S. A. avait sa section, sa Commission spéciale des Petites A dont les athlètes se distinguaient dans les matches annuels.

Les Petites A, grâce aux inspirations, aux leçons, à la formation méthodique et pratique qu'elles avaient reçues, ont pu faire succéder au jeu : la bataille. L'éducation, et physique et morale, avait été sûre et continue des recrues subitement appelées sous les drapeaux.

Et les Petites A ont eu leur part de mérite et d'honneur dans la longue et terrible guerre.

Il faut lire les Bulletins de Sociétés amicales qui sont publiés, à Paris et en province, pour voir quelle proportion de sous-officiers, d'officiers, l'armée de la solidarité a fourni à l'armée de la République. Les citations à l'ordre du jour sont nombreuses dont les termes justement élogieux prouvent combien est développé l'esprit d'initiative parmi la jeunesse associée, et comment, apprise à la fraternité des cœurs, elle sait pratiquer la fraternité des armes. Nombreuses aussi sont les promotions conquises avec une « jolie vaillance ». Mais aussi combien s'allongent les listes des morts dont on donne les portraits, la courte biographie et à qui l'on rend le pieux hommage dû par l'amitié! Et les disciples n'oublient pas les maîtres qui sont tombés au champ d'honneur et à qui l'on paye, et un tribut d'admiration et une dette de reconnaissance.

Mais les morts ne font pas oublier les vivants. Bien que Comités et Bureaux soient souvent désorganisés par le départ des dirigeants dont les classes sont successivement appelées sous les drapeaux, les Petites A pensent à ceux qui sont au front. Elles ont une caisse spéciale, trouvent pour eux quelque argent. Sont-ils ou blessés ou malades? Elles leur envoient quelques douceurs. Sont-ils prisonniers? du pain.

Même, et le trait est charmant, les Petites A de garçons n'hésitent pas à recevoir, dans plus d'une ville, l'aide délicate des Petites A de jeunes filles. Elles l'ont acceptée avec la même spontanéité charmante qu'elle a été offerte. Je sais des Amicales féminines d'anciennes élèves qui ont tricoté pour les anciens élèves partis au front et qui leur ont fait d'amples envois de vêtements chauds. Les remerciements qui ont été reçus par les ouvrières improvisées avaient souvent une forme attendrie et singulièrement émouvante.

La guerre finie, quand les anciens élèves, devenus, si jeunes, des « anciens » sur le champ de bataille, reviendront au pays natal, ils n'oublieront pas les services rendus par des Œuvres dont ils demeureront les ouvriers convaincus et passionnés.

LA LECTURE ET LA GUERRE

Les bibliothèques municipales, à Paris, obtiennent en temps de guerre plus de succès qu'auparavant. Il résulte d'une statistique que le total des prêts, dans les quatre premiers mois de l'année 1915, a dépassé de 13.796 volumes celui de la même période en 1914, — que, dans les quartiers populeux surtout, l'on a fait de nombreux emprunts aux « librairies » publiques.

De plus le roman est, paraît-il, un peu en défaveur. Les volumes les plus demandés sont relatifs à la guerre de 1870, aux pays, ou ennemis ou alliés.

Les causes de l'attrait qu'exerce la lecture, en temps de crise, on les a vues dans la diminution de la vie nocturne. On rentre plus tôt chez soi et l'on n'en sort guère la nuit tombée. Les réunions publiques, les séances de vulgarisation n'ont pas lieu, et ce que l'on demandait à l'orateur, au professeur, on le demande à l'écrivain.

D'autres raisons qu'on n'a point données expliquent l'appétit de lecture que ressent la population parisienne. La curiosité n'est pas seule à lui servir de stimulant.

Le commerce de luxe a beaucoup souffert à Paris. Nombre d'ateliers, de bureaux ont été fermés. Le chômage, pour certaines catégories de métiers, est long. Contre le désœuvrement, quel meilleur soutien que le livre ? Et quel plus sûr réconfort contre le découragement et l'attente anxieuse ? Les mères, les femmes, qui ont leur fils, leur mari au loin, lisent beaucoup. Elles sont sans travail. Elles jouissent de l'allocation. Il en est, dit-on, qui dans l'alcool trouvent un « paradis artificiel ». Mais, pour la majorité d'entre elles, le livre berce rêves et espérances.

Mais, par une saisissante antithèse, pendant qu'à Paris on lit beaucoup, on lit peu en province, moins, beaucoup moins que les années précédentes. L'enquête officielle que j'ai récemment dépouillée est formelle.

De tous côtés, on signale que le mouvement des prêts a diminué dans les bibliothèques populaires et scolaires. On apporte des précisions et l'on dit : « La revue illustrée, la brochure d'actualités, le journal remplacent le livre. »

La courbe de fréquentation aux bibliothèques, qui est ascendante à Paris, fléchit, au contraire, à mesure qu'on s'éloigne de la zone militaire.

Dans les villes où la sécurité... aérienne est absolue, la vie industrielle, commerciale, reprend peu à peu. On a « travaillé pour la guerre », et d'un effort intense. Le temps manque pour lire.

Il en est de même à la campagne où femmes, demi-adolescents, enfants mêmes remplacent les hommes partis au front. On s'est penché sur la bêche et la charrue, non sur « la lettre moulée ». Le travail manuel l'emporte sur l'activité cérébrale.

Tout rentrera, après la guerre, dans la règle accoutumée. La province, qui a besoin d'occuper ses heures de loisir, lira plus que Paris qui vit dans une continuelle fièvre de travail.

Mais la rupture d'équilibre était à noter. Elle caractérise un moment de la « petite histoire » et, dans une heure d'action, peut fournir matière à philosopher.

L'ÉDUCATION POPULAIRE PENDANT LA GUERRE[1]

L'impression qui se dégage, et des documents rédigés par les administrateurs universitaires, et des tournées faites sur différents points du territoire, est singulièrement réconfortante pour le présent, rassurante pour l'avenir.

Certes, l'éducation populaire a subi durement les atteintes de la guerre. Mais elle a résisté à l'épreuve que lui ont imposée les événements et elle a montré quelle était sa force et sa vitalité, comment elle pouvait évoluer, s'adapter avec souplesse aux circonstances, s'affirmer par d'utiles initiatives, et, dans une heure de crise, en un mot : « servir ».

Les cours d'adolescents et d'adultes, grâce sans

(1) Extrait du rapport annuel, — le 21e, — sur l'Éducation populaire. Il a été adressé à M. Albert Sarraut, ministre de l'Instruction publique et a paru le 2 juillet 1915 au *Journal Officiel*.

doute aux contreforts qui les protègent ; œuvres et institutions annexes, n'ont pas été emportés par la tourmente, ainsi que le furent les cours d'adultes, fondés à la fin du second empire par Victor Duruy, arrivés au total de 27.000, en 1870, et tombés au chiffre de 5.000 à peine, au lendemain du désastre impérial. On n'aura pas, à la fin des hostilités, à opérer l'œuvre de reconstitution qui demanda vingt années et dont on célébrait les victorieux résultats, dans l'été de 1914, la veille de la mobilisation, par la Fête des écoles, inspirée par la Ligue de l'enseignement et dédiée à la renaissance de l'éducation populaire, sous le titre de « Vingt ans après ».

La vingt et unième année a été une année de crise douloureuse, glorieuse aussi, car l'on peut affirmer que si, en de nombreuses localités, il y a eu fléchissement, si, dans les régions envahies, il y a eu abandon forcé des œuvres, tant de vulgarisation que de solidarité, la reprise aura lieu dès l'hiver qui suivra la cessation de la lutte.

D'ailleurs, dans aucun des départements indemnes, il n'y a eu solution de continuité. Certes, le départ de 25.000 instituteurs, leur remplacement par des institutrices, le travail imposé aux secrétaires de mairie absorbés par les réquisitions, le service des réfugiés, des rapatriés, des femmes recevant une allocation, le resserrement des classes qui a grossi les effectifs dans chacune d'elles, et qui a augmenté le travail des maîtresses et des maîtres, l'occupation des écoles par les blessés, ou bien par les troupes, etc... ont fait fléchir le nombre des Cours et des Œuvres auxiliaires de l'école.

Mais le mouvement n'a pas été interrompu. On a compris partout la pensée et le sentiment qui inspiraient la circulaire ministérielle du 6 novembre 1914, éloquent appel aux professionnels et aux volontaires de la seconde instruction : « Les enfants sont rentrés en classe, l'heure est venue de songer aux plus âgés. Les écoles se sont ouvertes malgré la guerre, les œuvres complémentaires de l'école doivent reprendre leur activité. » Et la circulaire résumait ainsi la mission à remplir : « Comme l'école elle-même, elles adapteront leur programme aux devoirs comme aux besoins créés par les hostilités. Et, dans la mesure où ils collaborent à ces œuvres, nos maîtres s'efforceront de les faire servir à la défense nationale... et le soir, devant les vieillards, les adolescents et les femmes de leur commune ou de leur quartier, instituteurs et institutrices commenteront les nouvelles, expliqueront les événements, parleront de la patrie, liront les belles pages inspirées à nos écrivains par les faits glorieux de notre histoire passée et présente. Chacun d'eux, chacune d'elles sera le guide moral de ses concitoyens. »

L'appel a été entendu. Partout où l'éducation populaire a pu fonctionner, l'on a assisté à un spectacle vraiment émouvant. Cours du soir — cours d'adolescentes surtout, car les cours destinés aux jeunes hommes ont été souvent vidés par les départs successifs des auditeurs allant au front — associations d'anciennes élèves, patronages de jeunes filles, ont été, dès le début, transformés en Ouvroirs où accourait toute la famille s'assemblant dans la plus grande classe ou bien dans le préau.

D'abord, dans la première période de l'organisation improvisée, on a cousu, on a fourni du linge, des bandes de pansement aux hôpitaux, puis on a tricoté et confectionné vêtements et sous-vêtements de laine, chaussettes, chandails, plastrons, par milliers, pour l'armée. Selon le cours des saisons, on a modifié le travail de façon à l'ajuster au bien-être du soldat, à la protection de sa santé. L'école prolongée, toutes ses annexes entrant en action, n'a été qu'un vaste atelier national où, par milliers, des équipes d'ouvrières gratuites, et dans les villes, et dans les villages, ont tendu toutes leurs pensées, tout l'élan de leur labeur, sans lassitude et sans découragement, dans la veillée nationale, vers la défense de l'armée nationale, contre le froid, la pluie, la neige, l'assaut des intempéries.

Si une statistique exacte pouvait être dressée des objets de toutes sortes, et toujours d'utilisation pratique, fournis par des collaboratrices volontaires qui se sont portées spontanément vers l'école pourvue d'œuvres complémentaires, pour y offrir leur part de labeur et aussi pour y puiser, idées directrices, plan d'action collectif, l'on serait émerveillé des résultats produits par la fièvre de travail patriotique qui s'est emparée de la population féminine et qui a exalté son ingéniosité, sa passion de dévouement[1].

Associations, patronages, réunions de jeunes filles, ouvroirs, dont le centre était l'école, ont vu s'accumuler des ballots de marchandises qui ont alimenté les œuvres locales et parisiennes et qui ont pris le

---

1. Cf. *L'Instituteur et la Guerre*, par Paul Lapie, directeur de l'enseignement primaire. (*Revue pédagogique*, janvier-février 1915).

chemin des préfectures, des mairies, puis des armées. Et à l'école prolongée, devenue vraiment la Maison commune, la famille assemblée venait demander autre chose que la participation à une tâche généreusement acceptée, mais aussi, aux séances éducatives, des lectures appropriées aux circonstances, un commentaire explicatif des nouvelles, la parole qui instruit et qui soutient l'intelligence, qui réchauffe et console le cœur. L'école, surtout là où était organisée, avant la guerre, une des nombreuses institutions, aux modalités si variées, qu'avait fait surgir l'éducation populaire, a été comme le centre de ralliement et de concentration où l'on est venu, et se rendre utile, et prendre confiance, où l'on a trouvé comme un refuge et un abri contre le découragement, où l'on a puisé des leçons de patience et d'énergie.

Mais l'atelier n'a pas fait oublier l'école. Les instituteurs que l'âge retenait loin de l'armée ont eu le dessein arrêté et le souci d'attirer à leurs leçons les tout jeunes gens que l'âge n'appelait pas encore au régiment. Les générations qui sortent à peine de l'école élémentaire attirent à elles la sollicitude inquiète, et des éducateurs, et de tous ceux qui, après avoir passé par de cruelles angoisses, tournent leurs regards et leurs espérances vers l'avenir, qui après avoir assisté aux destructions ont la volonté de reconstruire. On se rend compte qu'il faut entourer de soins l'adolescence, lui donner une solide culture générale, physique, et aussi professionnelle et civique, qu'il faut l'orienter dans le sens de ses aptitudes. La jeunesse populaire qui monte et qui est destinée à remplacer les aînés, si jeunes eux-mêmes, qui sont morts pour la justice et pour le droit, porte en elle les destinées du pays. Il faut, par des méthodes exactement appropriées, par des procédés intensifs, l'élever, au vrai sens du mot, pour remplir sa mission.

Mais ce qui a été fait hier est la garantie et la promesse de l'œuvre qu'on continuera à réaliser en l'élargissant et en la fortifiant encore. La formation avait été bonne, droite et sûre, dans les cours d'adultes, où partout on enseignait le culte de la patrie, dans les groupements mutualistes, dans les associations d'anciens élèves, où l'on enseignait la solidarité civique, qui vite s'est changée en solidarité militaire ; dans les sociétés de gymnastique, de tir, de préparation militaire, où l'on enseignait la discipline, l'initiative. On lui a dû des légions de héros, et la preuve de ce que l'éducation populaire voulait et pouvait, a été faite par les événements.

Quand la paix renaîtra, il n'y aura guère à innover. Les cadres où l'éducation populaire devra se mouvoir demeureront les mêmes. Le ressort moral qui soutenait maîtres et disciples, la doctrine dont ils se réclamaient, ne varieront pas.

Mais il conviendra de modifier les horaires et les programmes de l'école élémentaire pour faire enfin sa place à l'école complémentaire. Il faudra que l'adolescence, comme l'enfance, puisse, sans surmenage, faire un apprentissage physique, professionnel et civique, se préparer aux devoirs qui l'attendent dans le monde économique, dans la Cité, dans la patrie.

LES ADOLESCENTS

(AU SORTIR D'UN COURS D'ADULTES).

Les adolescents, en raison de la guerre, doivent être entourés de soins jaloux, d'une protection n'admettant ni retard ni relâche. Comme la mort fauche leurs aînés, sur les champs de bataille, ils auront demain à les remplacer dans la mêlée économique. Déjà on les dispute aux cours complémentaires aux écoles primaires supérieures. Le commerce, l'industrie, qui ne veulent et ne peuvent chômer, se tournent vers eux, leur offrent les places laissées libres par la génération que moissonne la mitraille. C'est sur eux que l'on compte pour combler les vides, pour assurer la continuité du travail national.

Les adolescents acquièrent, dans le champ de la production et des affaires, une importance qui, la veille, leur était refusée. Ils « valent » beaucoup, comme on dit aux États-Unis. Et plus l'on appelle de classes sous les drapeaux, plus la « jeunesse » est décimée, plus l' « adolescence » est recherchée, attirée, et même accaparée. Les adolescents étaient l'avenir. Ils sont le présent et, au foyer domestique, assurent la succession du père, du frère aîné qui ont disparu. On devient tôt chef de famille quand sévit la guerre. Dans les bureaux, dans les ateliers, de tout jeunes gens sont appelés subitement à fournir un service improvisé qu'on hésitait auparavant à confier à leur inexpérience.

Sans doute les adolescents, qui ont passé par des

heures d'angoisse, ont mûri dans l'épreuve. Ils savent ce qu'on attend d'eux, le comprennent et le sentent profondément. Ils ont reçu le coup au cœur des événements tragiques dont ils sont les témoins. Ils ont acquis du sérieux et de la réflexion. Ils exercent sur eux-mêmes la discipline qu'exigent les heures d'histoire qui se précipitent sous leurs yeux. Ils se rendent compte des responsabilités qui tout à coup leur incombent, les acceptent, tâchent à se rendre dignes des postes qu'on leur confie et qui ne sont plus de début et d'attente.

Les adolescents de 1915, de 1916 ne connaissent pas les lenteurs de l'apprentissage. Il faut qu'ils mettent la main à l'œuvre, dans les diverses spécialités du labeur humain, et fassent vite et bien.

Mais quels que soient leur bon vouloir, leur jolie vaillance, ils ont d'autant plus besoin d'être aidés, encouragés, soutenus qu'ils sont forcés de plus et de mieux faire.

Plus le devoir au-devant duquel ils s'élancent est urgent et impérieux, plus les éducateurs ont, eux aussi, l'obligation de les préparer, de les façonner, de les armer pour la lutte.

Il importe que les adolescents de la Grande Guerre trouvent devant eux des organisations souples, pleines d'initiative, à la recherche de méthodes pratiques et rapides qui les instruisent, leur donnent, en leur évitant tout surmenage, et les connaissances générales et le savoir professionnel dont ils ont été brusquement privés.

Cours officiels, cours tenus par les Sociétés d'enseignement, associations, doivent modifier horaires, programmes, les adapter aux besoins d'une élite dont il faut ménager la santé, abréger le temps de formation intellectuelle et manuelle.

Toute une pédagogie nouvelle doit être élaborée qui joue un rôle et d'instruction et d'assistance, qui exerce un affectueux patronage sur la Nation nouvelle.

Plus la « seconde adolescence » devient une valeur rare et précieuse, plus la seconde instruction, la seconde éducation doit intensifier son action, prendre une influence active et précise à côté de la famille, du bureau, de l'atelier.

Mais on peut être assuré, car le passé répond de l'avenir, que si l'effort des adolescents est grand, grand sera le dévouement des maîtres qui, de disciples, hier encore des enfants, sauront faire des hommes sur qui pourra compter la Patrie, en paix comme en guerre.

DE L'ÉBAUCHE A L'ACTE

La guerre a fortement éprouvé l'École. Mais elle n'a pas laissé, malgré elle certes, de produire quelques effets, parfois heureux. Le bien est, par paradoxe, né du mal.

Comme il fallait, et pour cause, économiser personnel, travail et temps, on a resserré les horaires, condensé les programmes, simplifié les méthodes. Et souvent l'improvisation forcée a réussi. Les organisations de fortune ont prouvé qu'elles « avaient du bon », comme on dit en langage populaire, et qu'il serait expédient de retenir la leçon qu'avaient imposée les événements, recueillir le fruit d'expériences auxquelles la routine n'avait pu se dérober.

La femme a réussi dans nombre d'écoles ou mixtes ou de garçons.

La femme perdra-t-elle, après la guerre, le bénéfice matériel de la petite victoire morale et éducative qu'elle a remportée? Il y aura, par malheur, tant de manquants à l'appel final, qu'on recourra forcément à ses services, même dans les postes longtemps réservés à l'homme.

Les programmes ont été momentanément débarrassés de broutilles et d'inutilités qui les encombraient. On a été au plus pressé. On a fait besogne pratique et adapté, en bien des régions, le travail scolaire au milieu économique.

Est-on obligé, demain, car il faudra, vite et bien, former la génération nouvelle, attendue, réclamée par la ferme, le bureau, l'atelier, de retomber dans les enseignements multiples, trop divisés et subdivisés, ambitieusement encyclopédiques?

Les classes de demi-temps, surtout à la ville, ont été en usage. On a jugé possible, nécessité faisant loi, de n'enfermer des enfants que trois heures par jour à l'école, de leur laisser le temps de réfléchir, de faire leurs devoirs à tête reposée, de venir en aide à la famille, soit le matin, soit l'après-midi, d'être des demi-élèves, des demi-apprentis. Ce sont essais qui, par régions, par localités, pourraient être repris.

D'ailleurs, il sera nécessaire qu'on n'y renonce pas. Comment éviter une réforme que réclament et l'opinion et le bon sens, et le souci des intérêts vitaux du pays, et qu'imposera la rareté de la main-d'œuvre?

L'Adolescence ouvrière et rurale, dont la seconde instruction, dont la formation professionnelle et civique importent à la prospérité économique, ne devra-t-elle pas obtenir la part de temps, de travail, de sollicitude effective qui lui est due et que l'on peut, sans préjudice pour l'École, prélever sur la part trop large faite à l'Enfance?

Pourquoi ne pas consacrer aux jeunes gens qui ont à se plier à un triple pré-apprentissage : manuel, intellectuel, civique, deux séances par semaine l'après-midi? Pourquoi ne pas profiter des circonstances pour obtenir des commerçants, des chefs d'industrie, que les débutants puissent suivre, sans retenue sur leur salaire, des cours de perfectionnement, le jour, en adoptant des heures qui ne nuisent pas à l'activité industrielle et commerciale, — et qui ne nuisent pas non plus à la santé d'une élite laborieuse? Pourquoi ne mettrait-on pas fin au surmenage que la veillée ajoutée à la journée de rude travail, fait peser dans les Cours d'Adolescents sur les maîtres et sur les disciples? Pourquoi l'ébauche, l'utile évolution, due à la guerre, ne se transformerait-elle pas en acte permanent pendant la paix?

L'ÉCOLE ET LE DISPENSAIRE
D'HYGIÈNE SOCIALE [1]

L'École et, avec elle, toutes les œuvres d'éducation

---

[1]. Rapport présenté au Congrès de l'Alliance d'hygiène sociale à Lyon (15 et 17 juin 1914).

populaire, sont intéressées au succès du Dispensaire d'hygiène sociale, et à la ville et à la campagne. Elles doivent participer, dans une pensée de patriotisme et d'humanité, à un acte de défense vraiment nationale : la défense de la santé, de l'enfance et de l'adolescence ouvrière et rurale, et, avec une sollicitude d'autant plus inquiète, que la courbe des naissances fléchit davantage, et que, selon le mot pittoresque et troublant de Pasteur : « Il faut d'autant plus sauver la graine qu'elle se fait plus rare. »[1]

Mais le devoir qui incombe à l'École du jour et à l'École prolongée, comment le rempliront-elles? Comment créeront-elles le milieu favorable à une action efficace? Par quelles mesures précises pourront-elles fournir une utile collaboration au nouvel organisme dont l'urgence est égale à la nécessité? Comment pourront-elles l'aider, et solliciter son aide?

I

AVANT L'ÉCOLE. — LA FORMATION DES MAITRES

Et d'abord il faudra entreprendre et assurer l'éducation des éducateurs.

Les Écoles Normales peuvent et doivent apporter une contribution directe et féconde à la formation de l'instituteur, surtout de l'institutrice, dans le sens du

---

1. La création du Dispensaire d'hygiène sociale a été votée par le Sénat (novembre 1915). C'est une organisation « d'Après guerre » à laquelle l'école sera associée demain, — car il faudra par des Œuvres de vie, réparer l'Œuvre de mort accomplie par la guerre.

« devoir social » qu'ils revendiqueront avec joie.

Dans la 3ᵉ année d'études, tout entière consacrée à l'éducation professionnelle, et où la plus large initiative est laissée pour les programmes et les horaires au personnel administratif et enseignant, l'apprentissage de l'hygiène préventive qui s'impose, peut être introduit partout, dès demain. Il est aisé d'imiter l'exemple donné par des directeurs et des directrices, par des professeurs qui ont hardiment innové et qui déjà ont initié leurs disciples à une science et à un art qu'on ne peut livrer aux impulsions, si généreuses soient-elles, de l'improvisation sentimentale.

Il importe que des leçons liées et méthodiques soient faites aux enseignants de demain pour qu'ils s'attachent à étudier de près, non seulement le caractère de l'enfant, mais sa santé dont le progrès scolaire dépend le plus souvent. Les observations psychologiques auxquelles on les habitue justement, sont inséparables des examens physiologiques, sommaires sans doute, sans prétention à l'inspection médicale échappant à leur compétence, mais combien utiles pourtant, si discrets, si rapides soient-ils, car ils donnent l'éveil aux familles, car ils préviennent ceux qui doivent guérir !

Cet enfant est-il pâle, amaigri, attristé, peureux et tremblant? Est-il d'une nervosité qui fait obstacle à son travail? Incline-t-il tout à coup à la paresse, à l'inaction? Tousse-t-il? Là où l'inspection médicale fonctionne, qu'on le lui signale aussitôt. Et puisque légalement le Dispensaire de santé existera dans toutes les communes, qu'on le confie à ses soins.

C'est là, en apparence, une tâche toute élémentaire

Il y faut pourtant être préparé, pour ne pas renseigner à faux et surtout pour renseigner à temps.

L'apprentissage doit être systématique.

J'ai assisté, dans certaines Écoles normales, à des cours faits par des docteurs : cours de puériculture, cours d'hygiène. J'ai assisté aussi, dans une école de médecine à un cours de vulgarisation professé pour les institutrices. Dans quelques écoles les élèves sont visiteuses ou bien assistantes, s'emploient aux « *Goutte de lait* », aux » *Ouvroirs* », aux « *Crèches* », aux « *Pouponnières* », aux *Œuvres de secours aux blessés*, s'initient au mécanisme des Mutualités Maternelles. J'en sais où elles conquièrent, et dans un vif élan d'émulation, le diplôme d'infirmière.

C'est la voie dans laquelle il convient de s'engager résolûment.

Non qu'il s'agisse de former des praticiennes.

Mais le pays a besoin d'institutrices qui soient les éducatrices de la santé.

Certes, elles n'auront à exercer ni la médecine ni la pharmacie, mais elles seront habilement exercées au « dépistage » des candidats à la maladie. Demain elles seront, avec les instituteurs, dont la préparation sera parallèle, dans l'École publique, les indispensables auxiliaires d'un autre grand service public : « le Dispensaire d'hygiène sociale et de préservation anti-tuberculeuse ».

D'ailleurs la loi nouvelle prévoit l'entrée d'un instituteur ou d'une institutrice dans le Conseil d'Administration gérant un ou plusieurs dispensaires. Le délégué sera désigné par l'inspecteur d'académie.

Le représentant de l'École, dans le Conseil du Dispensaire aura, l'on en peut être assuré, et grâce à une préparation spéciale, la compétence et le savoir qu'exigeront ses fonctions nouvelles.

II

DANS L'ÉCOLE

Le « dépistage » ne suffit pas, non plus qu'un certain savoir théorique et pratique.

Connaître le mal, le signaler, n'est pas contribuer à le guérir.

Il faut que l'institutrice, que l'instituteur, aient recours à toutes les Œuvres et de bienfaisance et de préservation, qui sont comme l'armature du Dispensaire.

Le Dispensaire a déclaré que cette écolière qui, chez elle, « vit de privations », selon l'expression populaire, a besoin de se fortifier, d'être suralimentée, que cet écolier est dans un état de faiblesse qui réclame un supplément de nourriture qu'on ne peut lui donner au pauvre logis de ses parents.

La *Cantine scolaire*, qui existe en tant de milliers de communes, doit être saisie de l'ordonnance pour que le nécessaire soit fait.

Ne dispose-t-elle pas de ressources suffisantes pour rien ajouter au menu commun à toute la petite clientèle ?

Le *Bureau de bienfaisance* n'a-t-il pas alors un rôle à jouer ?

La *Caisse des Écoles*, enfin réorganisée et dotée, n'a-t-elle pas aussi le devoir de prêter son appui au Dispensaire, à la Cantine, à l'École ?

L'institutrice, l'instituteur — si souvent secrétaire de mairie — (il l'est dans 28.000 communes) ne semblent-ils pas tout désignés pour sceller l'alliance : — *l'Alliance d'hygiène sociale*, entre le Dispensaire et les Œuvres, ou d'initiative privée ou bien officielle, qui ne sauraient être séparées par des cloisons étanches, agir comme à part, s'ignorer et même se méconnaître, et que, pour le bien public, il faut au contraire rapprocher, fondre en harmonie, en unité d'efforts !

Les *Délégations cantonales* qui sont comme la représentation des familles dans l'École ne sauraient manquer de revendiquer aussi leur part d'action. Elles voudront contribuer à sauvegarder la santé physique de l'enfance, gage de la santé intellectuelle et morale.

III

AUTOUR DE L'ÉCOLE

Guider l'enfance vers le Dispensaire est bien. Aider l'enfance à n'avoir pas à en prendre le chemin est mieux.

Le Dispensaire aura pour clientèle les malingres, les débiles, les souffreteux, tout ce déchet d'humanité dolente que laisse une ascendance d'alcooliques.

Pour les arracher à la mort, pour leur rendre espérance et joie de vivre, il faut les arracher à l'alcool.

Tout ce que les hommes et femmes d'école, tout ce que les amis de l'École, tout ce que les volontaires de l'éducation populaire, dans les *Cours d'adultes*, dans les *Conférences*, dans les *Associations d'anciens élèves*, dans les *Patronages*, feront pour détourner et les pères et les mères, et leurs filles et leurs fils, du fléau meurtrier, les empêchera d'accroître la clientèle du Dispensaire dont le cabaret est comme le vestibule

La « seconde instruction » doit se proposer comme objet la vulgarisation de l'hygiène, des sports pratiqués sans excès, de la gymnastique, scientifiquement réglée. Elle doit, sans jamais se lasser, recommander la vie en plein air, s'efforcer, par de saines distractions, de retenir la jeunesse au village, de lui montrer les dangers qui la menacent dans son exode vers les « villes tentaculaires », comme les appelle le poète Verhaeren. Elle doit s'assigner la noble mission d'être comme un *Dispensaire d'hygiène morale*, mettant en garde l'enfance et l'adolescence contre les entraînements qui les font se vouer elles-mêmes à la maladie.

Plus l'influence de l'éducation sociale grandira, plus s'étendra son rôle préventif parmi les masses populaires, moins s'élargira la fonction curative du Dispensaire.

IV

L'ÉCOLE MUTUALISTE ET LE DISPENSAIRE

« Mieux vaut prévenir que guérir », selon la classique formule.

Le Dispensaire peut guérir.

La vie en pleine nature peut prévenir le mal.

L'École doit donc multiplier les *Colonies de vacances*, les *Cures de soleil*, les œuvres de : *Grand air pour les petits* » qui les enlèvent aux taudis malsains, aux rues étroites, pleines de péril, aux classes surpeuplées.

L'éloge n'est plus à faire de ces admirables institutions qui, en trente-deux ans, ont pris une si forte extension et qui déjà envoient près de 80.000 enfants à la mer, aux bois, aux monts, s'efforçant, selon le mot du professeur Pinard, « de corriger la mauvaise qualité des générations actuelles ».

Mais les *Colonies de vacances* ne durent que trois semaines ou un mois.

Les *Ecoles de plein air*, qui sont en si grande faveur en Allemagne, en Suisse, en Italie, peuvent conserver les pupilles tout un trimestre et même un semestre.

Déjà quelques municipalités en ont établi, et notamment Lyon. Mais rares sont encore les villes qui ont consenti des sacrifices.

Une solution nouvelle apparaît qui, dans un temps où la vertu de l'effort semble s'affaiblir, permettrait d'initier l'enfance au sentiment et à la pratique de l'initiative et de l'association, de lui enseigner la beauté morale de l'entr'aide et, par un geste de solidarité fraternelle, de lui apprendre à secourir le camarade, menacé par la maladie, à être secouru par lui, en évitant l'humiliation de l'aumône, par l'utilisation intelligente de la *Mutualité scolaire*.

Les *Mutuelles* de l'*École*, les « *Petites Cavé* » semblent s'orienter dans le sens de l'*Hygiène préventive*. Elles ont une tendance à préférer pour l'enfance un avantage tangible, dont elle peut tirer un profit immédiat et réparateur, sans fonder uniquement ses espérances sur la perspective lointaine d'une pension pour ses vieux jours, à l'heure aléatoire où tant d'appelés ne seront pas élus. Elles optent pour le *Capital-santé* qui, *d'ailleurs*, est la promesse et comme la garantie du *Capital-retraite*.

Une partie des boni de fin d'année que l'on répartissait entre les livrets individuels de retraite, ou bien que l'on confiait au fonds commun, servent, depuis 1914, au livret *individuel* et au *fonds commun de santé*, pour les écolières et les écoliers mutualistes de Paris, dans cinq arrondissements, et de Clichy, et de Saint-Denis, et de Bordeaux, et de Lille, et bientôt de Reims.

Le 7 juin 1914, une innovation sociale s'est produite dont on ne saurait trop souligner l'importance. L'Union nationale des Mutualités scolaires a inauguré l'annexe nécessaire du Dispensaire d'hygiène sociale : l'*École de plein air mutualiste*, qui a été fondée à Montigny-sur-Loing, près de la Forêt de Fontainebleau, grâce au dévouement de MM. André, inspecteur primaire, Durot, instituteur, et d'un ami de l'École, M. Drouard [1].

Les Écoles de plein air et les Colonies de vacances mutualistes recueilleront bientôt de plus en plus les pupilles de la « Solidarité enfantine » désignés par les docteurs, par les dispensaires et qui, exception faite pour ceux qui sont atteints de maladies contagieuses, doivent faire un séjour prolongé à la campagne.

D'une part, la Société scolaire des secours mutuels recueillera le bénéfice de son ingénieuse initiative car les petits colons seront moins souvent malades

---

1. Cf. Les études de M. André (revue : *Le volume*), chez A. Colin, et de M. Lépine, dans le *Bulletin des Œuvres de voyages scolaires*, Reims.

l'hiver et pèseront moins lourdement sur les budgets.

D'autre part, le Dispensaire d'hygiène sociale dont les docteurs seront consultés, là où l'inspection médicale n'existe pas et qui, après accord, avec elle, là où elle fonctionne, guidera la Mutualité scolaire dans ses choix, ne saurait manquer de voir quelque peu diminuer sa navrante clientèle.

Les *Colonies mutualistes des vacances* élargiront le champ d'action où s'exerce la généreuse initiative de l'*Œuvre Grancher* qui s'applique à la « Préservation rurale des Enfants sains nés de parents tuberculeux ». L'Œuvre Grancher, qui a pris les devants comme auxiliaire libre du Dispensaire officiel, répartit chaque année, environ cinq cents enfants entre les dix-huit Foyers qu'elle a ouverts et, par le placement médical et familial, ne protège pas seulement l'enfance contre la tuberculose, mais, comme l'a dit le docteur Granjux, « réalise aussi un sauvetage moral ».

V

LA CROISADE SCOLAIRE POUR LA SANTÉ

Colonies de vacances organisées, sous la forme ordinaire, par l'initiative privée, par les Caisses des Écoles, par les Municipalités ; Colonies et Écoles de plein air mutualistes, Œuvre Grancher, et d'autres encore ; Ligue fraternelle des enfants de France, Jardins d'enfants, Société de Sports, de Gymnastique rationnelle, de tempérance, etc. : toutes ces institutions surgies en si magnifique floraison, depuis un quart de siècle, doivent être soutenues, encouragées, propagées par les maîtres de l'enfance et de l'adolescence qui, à tous les degrés de l'enseignement doivent, eux aussi, entreprendre un effort de solidarité bienfaisante, pour assurer le sauvetage des écolières et des écoliers affaiblis, anémiés, par suite des conditions néfastes du milieu où les enferme la misère familiale.

Lycées et Collèges et de garçons et de jeunes filles auront à cœur d'adhérer de plus en plus aux *Mutualités interscolaires* et de consacrer les boni réalisés en fin d'année à l'envoi en colonie, de pupilles choisis dans les écoles parmi ceux qu'auront désignés les médecins. C'est la formule préférable du rapprochement qui doit s'opérer entre les élèves de l'enseignement secondaire et les élèves de l'enseignement primaire.

Là où la Mutualité ne pénétrera pas, la charité s'exercera utilement au profit d'une institution qui a été recommandée dans les Congrès de Colonies de vacances (Amiens, Troyes) : le *Sou des lycées* que versent déjà, à l'appel de M. Liard, vice-recteur de l'Académie de Paris, au profit de l'Œuvre Grancher, des lycéens, adoptant des enfants envoyés dans le centre de la France.

Les Étudiants universitaires, s'associant à cette grande « Croisade », à cette alliance des jeunes suscitées par le péril que court la Race, ne sauraient manquer de se rapprocher aussi des Étudiants populaires, des apprentis, des débutants de la vie économique qui seront si souvent les tributaires forcés du

Dispensaire légal, car ils s'étiolent aux magasins, aux ateliers.

L'*Association des Étudiants* de Paris et l'*Union des Étudiants*, ont organisé aux Tuileries (10 mai 1914), une kermesse en faveur des Colonies de vacances. Il n'est pas douteux qu'elles persévéreront dans leur geste de générosité et que, bientôt, toutes les « A » de France, toute l'adolescence qui a le bonheur et le privilège de s'instruire, emportées par un sentiment de fraternité, se pencheront, non seulement sur l'enfance, mais aussi sur la jeunesse ouvrière pour lui donner quelques jours d'air, de santé, de joyeux soleil [1].

Ce sera ainsi, par des moyens indirects, restreindre encore l'action du Dispensaire d'Hygiène sociale.

Mais nul ne le saurait regretter puisque c'est l'Hygiène sociale elle-même, pratiquée dès l'École et par l'École, vulgarisée par l'Éducation populaire, qui prendrait sa part de responsabilité et de devoir.

Ce serait d'ailleurs se bercer de vaines illusions que de ne pas être assuré que le Dispensaire d'hygiène sociale et de préservation anti-tuberculeuse aura encore assez de maux à combattre, assez de plaies à panser pour ne pas solliciter lui-même la coopération de l'École, tout entière, dans l'intérêt de la Cité.

[1]. La Fraternité des armes survivra à la guerre entre la Jeunesse universitaire et la jeunesse populaire. Elle deviendra fraternité des sentiments et aussi des intérêts.

L'ÉCOLE APRÈS LA GUERRE

Ce que sera l'enseignement de demain?...[1] La doctrine ne saurait être autre que celle d'hier. Elle a fait ses preuves. L'idéal de culture vraiment humaine dont se sont réclamés et les maîtres et les disciples, les étudiants des Universités et des Lycées, les élèves sortis de l'école primaire, a pénétré l'âme d'une génération qui a su faire le sacrifice de sa vie pour la cause de la liberté, du progrès, de la patrie.

Les études dans les Universités, dans les Lycées et Collèges, tout en demeurant noblement désintéressées, tout en se rattachant à la tradition antique, devront, d'une part, fournir à la Nation une élite intellectuelle, d'autre part une autre élite à la fois scientifique et pratique, dont ne peuvent se passer le commerce et l'industrie et en qui l'on s'efforcera de développer l'esprit d'initiative et aussi d'organisation. Il faut que les jeunes veuillent entreprendre, persévérer dans leurs desseins. Il faut que la théorie leur serve aux applications s'ajustant aux nécessités de la vie contemporaine. Le laboratoire doit être le collaborateur de l'usine. On lui demandera demain de former, outre les savants qui inventent, les chimistes qui réalisent les formules. Et tous ceux qui naissent riches, l'éducation nouvelle aura pour tâche de les incliner à ne pas demeurer oisifs, à faire preuve d'audace, non sans prudence certes, mais avec

---

1. Réponse à une interview du journal *Le Matin* (septembre 1915).

énergie et avec suite, à donner au capital son utilisation nationale.

L'École primaire devra s'adapter au milieu économique de chaque région, faire une part, à côté de l'enseignement général, dont les notions sont nécessaires à tout citoyen, au travail s'ajustant, après la douzième année, aux besoins agricoles, industriels, maritimes, commerciaux. Elle s'ingéniera à dégager les vacations pour que, par voie de concours et de bourses, toute valeur, tout mérite puissent émerger.

L'École de l'adolescence ouvrière et rurale devra être enfin organisée, recevoir son statut.

C'est vers l'Éducation de l'adolescence qu'il est urgent et nécessaire de faire converger tous les efforts, car ce sont les tout jeunes gens, travailleurs improvisés, qui déjà remplacent les aînés, moissonnés au champ d'honneur. De la formation qu'auront reçue « ceux qui auront vingt ans » dépend l'avenir du pays.

L'État et l'initiative privée devront combiner leur action pour donner à la jeunesse qui peine aux champs, aux bureaux, aux ateliers, l'enseignement qu'elle est en droit de réclamer, non plus le soir, à la veillée qui la surmène, mais le jour, et sans retenue sur son salaire, la loi s'accordant avec l'humanité.

Aux trois ordres d'enseignement : supérieur, secondaire, primaire, qui ont budget, horaire, programme, il faut ajouter le quatrième ordre : l'enseignement populaire qui doit être École de formation pratique où chacun sera dirigé dans le sens de ses aptitudes et au mieux de l'intérêt général, École de formation physique fortifiant la race, École de formation sociale façonnant à l'Entr'aide les enfants d'un même pays,

École de formation patriotique qui sache unir au maintien de la tradition historique, au culte du souvenir, la préparation de l'avenir.

L'ÉCOLE DE LA GUERRE

La guerre, la guerre du Droit, du Devoir aussi, laissera après elle plus d'un enseignement.

Survenue à l'improviste, imposée par la Barbarie cultivée et scientifique, le premier coup au cœur passé, le saisissement de « l'attaque brusquée » dissipé, elle a révélé la France à elle-même.

La guerre a été École d'énergie, de volonté consciente, d'initiative organisatrice. Elle a prouvé que ce peuple qu'on disait impressionnable, mobile, prompt à l'enthousiasme comme au désespoir, excessif dans ses joies comme dans ses colères, savait se raidir contre les difficultés, posséder la maîtrise de ses nerfs, et, confiant dans la victoire finale et durable, accepter les plus durs sacrifices, faire l'offrande de son travail, de ses ressources et de son sang.

La guerre a été École de patience, de calme, au moins apparent, encore que l'angoisse étreignît souvent les cœurs. J'ai vu avec quel sérieux, quel sang-froid, les foules, et des foules très différentes, que j'ai pu observer à la ville comme au village, supportaient l'attente du Communiqué Officiel, souvent rédigé comme une énigme par un Œdipe adroitement subtil. La nouvelle paraissait-elle bonne ? La promenade se prolongeait par la rue et aussi l'échange de vues entre les stratèges locaux. Avait-on quelque peu fléchi, cédé une tranchée? Nul commentaire, nulle plainte. Chacun rentrait s'enfermer dans sa maison, la rue devenait silencieuse. L'éducation de la raison et du sentiment se faisait chaque jour davantage parmi ces populations que n'animait pas une simple curiosité s'exprimant en cris et en gestes inutiles, mais que soulevait une immense espérance, jamais complètement déçue, noblement silencieuse, malgré les déconvenues de l'heure, car chacun avait foi dans les destinées de la France éternelle.

La guerre a été École de simplicité. L'on a compris, tout superflu manquant au début, combien le luxe était inutile, comme il était facile de se passer de petites commodités, de riens coûteux dont on embarrasse et complique l'existence. On s'est habitué à se guérir des besoins factices, et pour beaucoup qui ont mûrement réfléchi, la cure aura des effets durables.

La guerre a été École de bonté et l'on a partagé spontanément le peu qu'on avait avec ceux qui souffraient, les évacués, les réfugiés et du Nord et de la Belgique, tous si près de notre cœur, car l'on aurait eu honte de jouir d'un bien-être relatif quand les soldats combattant pour la conservation de leur foyer et du nôtre, quand les infortunées victimes de l'invasion, auraient eu faim et froid.

La guerre a été École de solidarité nationale, chacun se sentant frappé, comme par une épreuve personnelle, dans la ruine, dans les souffrances, dans les deuils de ses concitoyens.

La guerre a été École d'union, de concorde intérieure, et les intérêts de la politique ont fléchi devant l'intérêt de la nation, qui, le danger du dedans écarté, a pu conjurer le danger du dehors.

La guerre a été École d'égalité fraternelle car le sang du riche et le sang du pauvre se sont mélangés sur les champs de bataille, les larmes des mères et des sœurs se sont confondues et les cœurs ont battu à l'unisson, partageant mêmes tristesses et mêmes espoirs.

Ce sont là les vertus que la guerre, criminel attentat contre l'humanité qu'a perpétré une nation de proie, avide de conquêtes et de rapines, fléau exécré des mères, a fait naître et qui forment comme une vivante antithèse aux vices détestables qu'elle a déchaînés : la ruse, la basse passion du lucre, la violence, la haine, la jalousie, la férocité, la fureur de la délation, le retour aux instincts sauvages et bestiaux.

Les maux disparaîtront. Les jours de colère passeront. La paix refleurira sur la terre. Estimons-nous assez pour espérer que les vertus demeureront après avoir été suscitées par la guerre, comme malgré elle, et par une étrange contradiction.

Et surtout sachons entretenir dans nos âmes le culte du souvenir et de jamais plus négliger ni l'effort ni l'action.

FIN

TABLE DES MATIÈRES

	Pages.
Avant-Propos....................................	VII

I. — L'École avant la Guerre.

La préparation morale...................	3
De la doctrine à l'acte..................	6
La préparation matérielle, l'union de l'École et de la Patrie.................................	9
Los nôtres.............................	12

II. — De l'École à la Guerre.

Se rendre utile........................	16
Près des instituteurs blessés...........	20
Pour les instituteurs blessés...........	23
L'École à l'Hôpital.....................	26
L'École pour l'ambulance...............	29
Le soldat instituteur...................	32
La Muse du Blessé.....................	35
I. — *Le Théâtre du blessé*...........	35
II. — *Dans la salle Joffre*...........	38
III. — *Mon vieux Lycée*.............	42
IV. — *A bord de l'Aquitaine*........	45
Les instituteurs à l'hôpital.............	48

TABLE DES MATIÈRES

Pages.

Entre deux devoirs. 51
Un rescapé. 54
Jeune héros. 57
L'autre héroïsme. 61
L'entr'aide au feu. 64
Leurs lettres. 66
L'École des prisonniers. 79
Justes hommages. 83
Le culte du souvenir. 86
« Gloire à ceux qui sont tombés au champ d'honneur pour la Patrie ». 87

III. — L'École et les œuvres de guerre.

Qu'a fait l'École pendant la guerre ?. 90
Les institutrices et la guerre. 92
L'Inspection pendant la guerre. 95
La tâche à remplir. 98
Où est l'École?. 101
La classe en 1915. 104
Œuvres locales. 107
Patriotisme d'écolières. 113
L'École de la Victoire. 117
L'École et l'Assistance. 128
Le bas de laine. 133
Œuvres fédérales. 136
L'École et les œuvres de guerre. 139
Marseille. 139
Lyon. 143
L'École professionnelle des mutilés à Lyon. . . . 147
L'École Marseillaise des mutilés. 152
L'École pour l'école, l'entr'aide des écoliers mutualistes. 154
Fraternité d'écoliers. 167
L'Entr'aide normalienne. 171
L'Autre usine. 173
De l'École à la Banque. 175
    L'Or de la France. 177

TABLE DES MATIÈRES

	Pages.
En conférence pédagogique.	179
Paroles d'un ancien.	181
Les pupilles de la guerre.	185
Œuvres fédérales.	188

IV. — D'École en École.

L'École-Cantonnement.	192
L'École-Refuge.	195
L'École-Atelier.	200
Une École en 1915.	203
Dans l'École-Hôpital des noirs.	206
L'École des petits exilés.	209
L'École de notre Joffre.	214
Les professeurs volontaires.	217
Le gouvernement féminin.	219
Pour la petite histoire.	222
L'École-sœur.	225
Les petits Poulbot.	229
La guerre et la poésie.	232
La Poésie à l'école.	235
Cuivre rouge.	245
Les vacances de 1915.	247
L'École près du front.	250

V. — Chez les Adolescents.

Rentrée de cours.	255
Dans un cours d'adultes.	258
L'Élite et le déchet.	260
Les « petites A » tricotent.	263
Les « petites A » combattent.	267
La lecture et la guerre.	271
L'Éducation populaire pendant la guerre.	273
Les Adolescents.	279
De l'ébauche à l'acte.	281

TABLE DES MATIÈRES

	Pages.
L'École et le Dispensaire d'Hygiène sociale.	283
I. Avant l'École. — La formation des maîtres.	284
II. Dans l'école.	287
III. Autour de l'école.	288
IV. L'École mutualiste et le Dispensaire.	289
V. La croisade scolaire pour la santé.	292
L'École après la guerre.	295
L'École de la guerre.	297

Saint-Denis — Imp. Vᵉ Bouillant et J. Dardaillon.

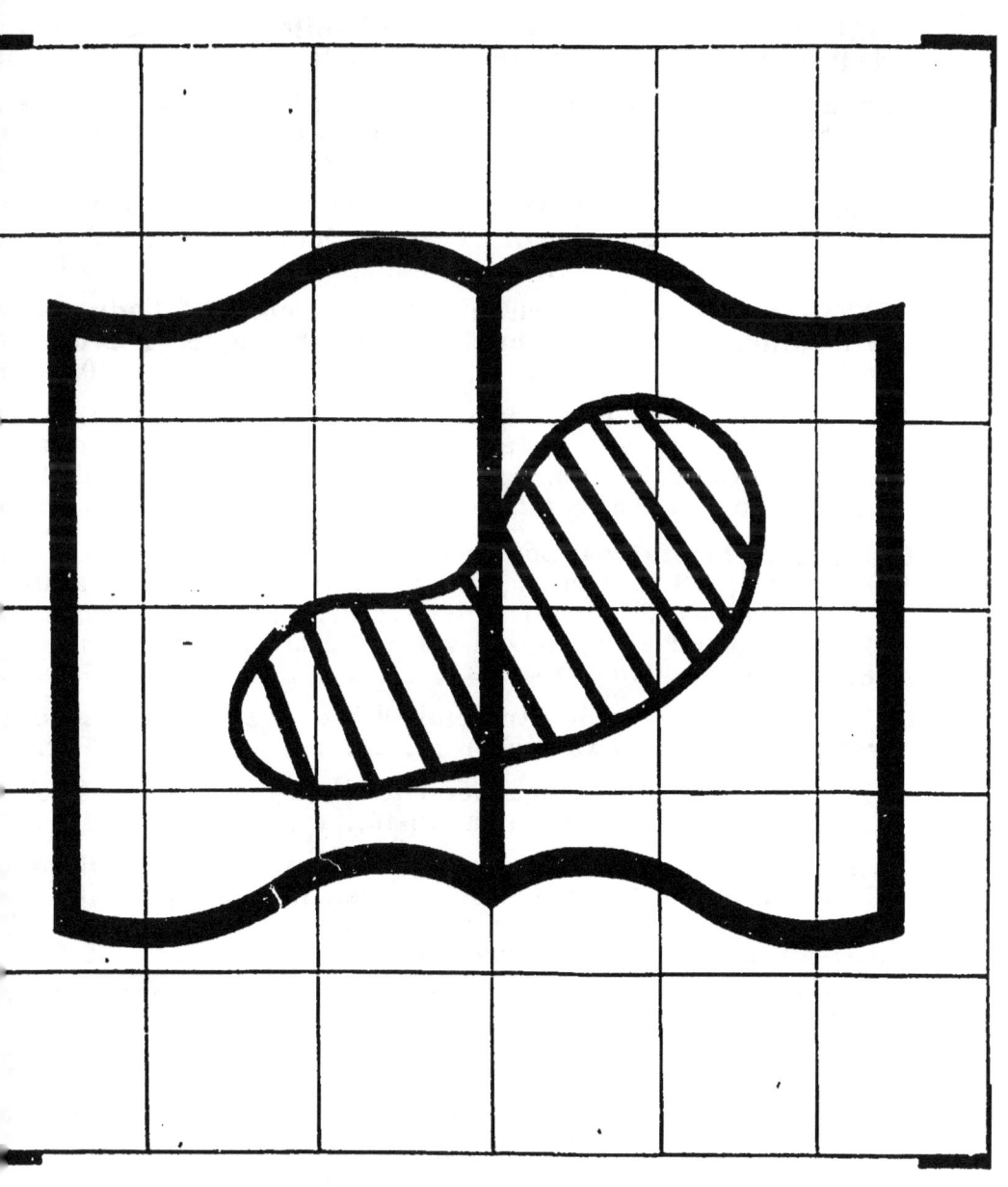

LIBRAIRIE FÉLIX ALCAN, boulevard Saint-Germain, Paris (VI°)

CONSTANT (M⁰ A.). — **Le rôle sociologique de la guerre et le sentiment national**, suivi de *la guerre moyen de sélection collective*, par le D⁰ Steinmetz. 1 vol. in-8, cart.. . . . . 6 fr.

DRIAULT (Ed.), agrégé d'histoire. — **L'Unité française**. Préface de H. Welschinger, de l'Institut, 1 vol. in-16. . . . . . 3 fr. 50

Éducation de la démocratie (L'), par MM. E. Lavisse, A. Croiset, Ch. Seignobos, P. Malapert, G. Lanson, J. Hadamard. 2ᵉ édit. 1 vol. in-8, cart. à l'angl. (*École des Hautes-Études sociales.*). . 6 fr.

Enseignement et démocratie, par MM. Appell, J. Boitel, A. Croiset, Devinat, Ch.-V. Langlois, G. Lanson, A. Millerand, Ch. Seignobos. 1 vol. in-8, cart. à l'angl. (*École des Hautes-Études sociales*). 6 fr.

LANESSAN (J.-L. de), ancien ministre. — **Comment l'éducation allemande a créé la barbarie germanique**. 1 brochure in-8. . . . . 0 fr. 60

Méthode positive (La) dans l'Enseignement primaire et secondaire, par MM. Berthonneau, Bianconi, Bourgin, Brucker, Brunot, Delobel, Rudler, Weill. Préface de A. Croiset. 1 vol. in-8, cart. à l'angl. (*École des Hautes-Études Sociales.*). . . . 6 fr.

Œuvres périscolaires (Les), par MM. les Dʳˢ Calmette, Gallois, De Pradel ; MM. G. Bertier, Ed. Petit, Coudirolle ; Dʳˢ Regnier, Cayla, Doleris, P. Legendre, Boulloche, L. Bougier. Préface de M. le sénateur Paul Strauss. 1 vol. in-8, cart. à l'angl. (*École des Hautes-Études Sociales.*). . . . . 6 fr.

PAYOT (Jules), recteur de l'Académie d'Aix. — **L'éducation de la volonté**. 39ᵉ édit. 1 vol. in-8. . . . . 5 fr.

PETIT (Édouard), inspecteur général de l'Enseignement primaire. — **De l'École à la Cité**. 1 volume in-16. . . . . 3 fr. 50

Nation armée (La), par MM. le général Bazaine, Haglés, C. Bouglé, E. Bourgeois, Cᵗ Bouquet, E. Boutroux, A. Croiset, G. Demeny, G. Lanson, L. Pineau, le capitaine Potez, F. Rauh. 1 vol. in-8, cart. à l'angl. (*École des Hautes-Études Sociales.*). . . . 6 fr.

L'ÉDUCATION

REVUE TRIMESTRIELLE D'ÉDUCATION FAMILIALE ET SCOLAIRE.
Couronnée par l'Académie des sciences morales et politiques (grand prix Audiffred, 1914).

(Huitième année, 1916)

Directeurs : G. BERTIER et L. CELLERIER.

Abonnement (du 1ᵉʳ Janvier). Un an : France et colonies, **7 fr. 50**. Étranger, 8 fr. 50. — Le numéro, 2 fr. 50. — Envoi gratuit d'un spécimen sur demande.

Saint-Denis. — Imp. Vᵉ Bouillant et J. Dardaillon, 17, boul. de Châteaudun.

www.ingramcontent.com/pod-product-compliance
Lightning Source LLC
Chambersburg PA
CBHW070623160426
43194CB00009B/1352